나주최씨 문헌총서

나주최씨
금남가문의 형성과 역사적 전개

나주최씨 문헌총서 편찬 연구회

차례

이 연구는 '금남공 최부의 계보 확인'과 '나주최씨 사료집' 편찬을 통해 선대의 정신을 되새기기 위한 나주최씨의 숭조사업의 일환으로 이루어졌다. 이를 위하여 연구진은 계보적 확인을 통해 금남공의 본관과 금남공의 아들 최적의 본관에 관한 근거를 찾고자 하였다. 여기에 나주최씨가 나주에서 충청도 청양·서산·보령 일대에 세거하기 시작한 시기와 그 배경에 대해 밝혀내는 일이었다. 사실 우리의 연구는 지금까지 나주최씨가 걸어온 자취를 더듬어 가는 것이다. 연구를 통해 그동안 나주최씨가 금남공 최부 후손으로서의 지니고 있었던 정신적 자부심과 면면히 이어져 내려온 가승의 업적을 묵묵히 이어나가고 있음을 확인하게 되었다는 것이다.

연구진은 먼저 나주최씨 분관分貫을 밝히기 위한 기초 사료로서 전국에 현전하는 『탐진최씨족보』를 모두 입수하였다. 이번 연구 결과 가운데 계보학적 측면에서의 성과는 금남최부의 외손들에 의해 제작된 『삼성보』(1715)를 발견했다는 점이다. 『삼성보』는 탐진최씨 족보 중 금남최부선생의 세계를 알 수 있는 가장 오래된 족보로써, 『삼성보』를 통해, 최부의 본관과 그의 아들 최적崔迪에 관한 명확한 세계世系를 파악했다는 점이다. 한편 『탐진최씨세보』 가운데 현전하지 않는다는 1751년 신미보[2권 2책]와 1804년 갑자보[1800년 경신보 중간본, 9권 9책], 1834년 갑술보[1권 1책], 1857년 정사보[11권 11책]를 찾아내었다. 이들 족보는 현재 탐진최씨 성지파에서 관리하고 있는 금남 최부선생의 재실[경모재]에 소장되어 있었다. 비록 복사본이기는 하지만 그동안 현전하지 않는다고 알려져 있던 족보들을 찾아냄으로써 탐진최씨세계의 분파 시기 등을 파악할 수 있게 되었다는 점에 있어서는 이번 연구를 통해 얻게 된 계보학적 의미로서의 성과라고 할 수 있다. 특히 1834년 갑술보의 서명書名은 『탐진최씨세보』이지만 세보의 이력은 '탐진최씨성지파'의 세계를 보여주고 있다. 계보사적 관점에서 보면 이 족보의 발견은 이번 연구를 통해 얻어낸 값진 성과라고 할 수 있다.

익히 알려져 있듯이 금남공 최부는 김종직金宗直의 문하에서 수학하여 사림파 학통을 계승하였고, 김굉필金宏弼 등 점필재 문하 동문들과 교유하며 15세기 사림문화의 융성에 크게 기여하였다. 또한 『동국통감東國通鑑』, 『동국여지승람東國輿地勝覽』 등의 편찬에도 참여하는 등 왕조 초기 문물의 정비를 주도함으로써 국조 명신名臣의 반열에 오른 인물이다. 특히 1488년 해상 표류의 전말을 기행문 형식으로 기술한 『표해록漂海錄』은 15세기 동아시아 풍속·문화사 연구의 보고로 평가받고 있다. 성종 후반 관계에 복귀한 최부는 현달한 관료로서 그 자질과 역량을 인정받았고, 직도直道와

충언忠言으로서 이도쇄신吏道刷新과 민복民福의 증진을 위해 혼신의 열정을 다하던 중 1498년 무오사화戊午史禍에 피화被禍되어 함경도 단천으로 유배流配되었고, 이로부터 6년 뒤인 1504년 갑자사화甲子史禍가 발생하자 참형斬刑을 당하여 파란만장한 생을 마감했다.

그는 뛰어난 학식과 문장, 국리민복國利民福을 중시했던 애민愛民의 관료였음에도 공경의 반열에 올라 탁월한 경세관經世觀을 펼쳐보지도 못한 채 불운한 생을 마감하였지만 조선의 문치文治와 예치禮治를 한 단계 격상시키는데 크게 기여하였다. 특히 그의 학자적 기풍은 내외 자손들을 통해 면면히 계승되어 '금남학풍錦南學風'으로 결정結晶되어 조선시대 호남유학의 자양분으로 기능하게 되는데, 윤효정尹孝貞·유희춘柳希春·이중호李仲虎 등이 바로 금남학풍을 이끈 주역들이었다.

최부의 선대는 지금의 강진군 관할인 '탐진耽津' 사람이었으며, 그 자신이 생장한 곳은 나주였다. 이런 이유로 인해 그의 본관을 두고 종래從來에는 '탐진耽津'과 '나주羅州'가 혼용되는 경우가 있었지만 이번 연구에서 그의 본관이 '탐진耽津'임을 실증한 것은 매우 중요한 성과 가운데 하나로 평가할 수 있다. 그렇다면 탐진최씨인 금남최부의 자손들, 특히 청양·서산·보령 등지에 세거하는 호서파의 본관이 나주인 까닭은 무엇인가? 이를 해명하기 위해 본 연구에서는 금남 최부의 자녀에 주목했다. 핵심 전거로는 1715년에 편찬된 『삼성보三姓譜』 및 외후손 나두동羅斗冬이 1723년에 찬술한 '금남선생묘비문錦南先生廟碑文'을 활용했다. '금남선생묘비문'과 나두동의 주관 하에 편찬된 『삼성보』에는 '무남유삼녀無男有三女'라 하여 부인 해남정씨와의 사이에서 아들[적자嫡子]을 두지 못했고, 딸만 셋을 두었음을 명기하고 있다. 그럼에도 아들[적迪]의 존재는 밝히고 있으며, 모계에 대한 정보는 기술하지 않았다.

위 두 문헌을 종합할 때, 최부는 정실正室 해남정씨와의 사이에서 세 딸을 두었고, 『탐진최씨성지파세보』(1834)와 『나주최씨세보』(1965)를 통해 부인 함양박씨와의 사이에서 아들 적迪을 둔 것으로 확인된다. 최부의 입장에서는 1남 3녀를 둔 것이지만, 당시 조선 사회가 가지고 있는 특수한 분위기를 감안하다면 최적崔迪과 세 딸의 지위는 대등했다고는 할 수 없었다. 최부의 제사가 외손봉사外孫奉祀라는 변형성을 갖게 된 이유도 여기에 있다. 변형성에 대한 사실관계를 자세하게 알 수 없는 것은 문헌의 부재였다.

문헌의 부재는 연구 진행에 있어 하나의 난관으로 작용했고, 그만큼 추론의 여지가 넓어졌다. 어느 가문이든 서파庶派에 대한 기록은 풍부하지 않으며, 그것은 사회적 활동의 보폭과 비례한다. 서파에 대한 과거 및 출사권出仕權의 제약은 사회적 활동의 범위의 축소로 이어졌고, 그것은 또 기록의 대상으로부터의 멀어짐을 의미했다. 물론 최적의 손자 최번崔蕃[최번崔蕃]은 임진왜란 당시 김천일金千鎰의 막하에서 활동한 공功으로 '선무원종공신宣武原從功臣'에 녹훈된 사실이 확인되지만 그것이 자신을 둘러싼 신분적 제약을 해소할 수 있을 만큼의 강력한 동력으로 작용하지는 못했다.

　최적의 자손들이 언제부터 '나주羅州'를 본관으로 삼았는지, 또 모든 자손들이 일시에 '탐진耽津'에서 '나주'로 이관移貫했는지에 대해서는 현재로서는 확언이 쉽지 않다. 그렇다면 나주로 이관한 까닭은 무엇인가? 그것은 선대, 즉 최부의 생장처가 나주이고, 자신의 생장 및 세거지가 나주라는 점에서 그것은 매우 자연스럽고도 합리적 판단이었다. 그러나 이러한 합리적 판단만으로는 연구의 객관성을 높일 수가 없었다. 이를 위하여 연구진은 나주최씨의 관향에 대한 조사를 실시하였다. 관찬자료에 관한 조사는 광범위하게 이루어졌다. 마침내 『증보문헌비고』(1903)에서 나주최씨 관향에 관해 기록되어 있다는 것을 발견하였다. 『증보문헌비고』는 각 고별考別[1]로 역대의 사실들을 공사公私의 사적史籍과 기록에서 넓게 뽑아 편년 순으로 배열한 유서類書이다. '나주최씨'가 기재되어 있는 『증보문헌비고』(1903) 「제계고」 9에는 '보補'자가 표식 되어 있다. 보補'자의 표식은 증보·수정 과정에서 1790년(정조 14)을 기준으로 이전의 사실이 본문에서 빠진 것을 보충한 것이다. 이를 통해 1790년 이전에 이미 '나주최씨'가 관향으로 존재했다는 추정이 가능해졌다. 관찬자료의 역사적 맥락을 고려할 때, '나주'로의 분관은 나주 거주기에 이루어졌을 개연성이 크다. 이후 나주최씨들은 최번의 아들 및 손자 대에 청양·서산·보령 등 호서지역으로 이주하게 된다. 이주의 배경은 자세하지 않지만 경제적 상황과 무관치 않아 보인다. 호서 이거와 관련하여 최창기는 '나주최씨족보서문'(1964)에서 최초 정착지를 홍주(洪州 ; 洪城)로 기술하고 있다. 이는 호서지역의 나주최씨가 홍성을 거점으로 청양·서산·보령으로 분거했음을 의미한다.

---

1) 고별考別: 『증보문헌비고』의 가장 큰 범주인 16고考는 「상위고象緯考」, 「여지고輿地考」, 「제계고帝系考」, 「예고禮考」, 「악고樂考」, 「병고兵考」, 「형고刑考」, 「전부고田賦考」, 「재용고財用考」, 「호구고戶口考」, 「시적고市糴考」, 「교빙고交聘考」, 「선거고選擧考」, 「학교고學校考」, 「직관고職官考」, 「예문고藝文考」이다. 이 가운데 「제계고」 7~14는 당시 우리나라의 모든 성씨를 집대성한 기록이다. 『증보문헌비고』 47권부터 53권까지 총 7권에 걸쳐 이씨·김씨·박씨를 비롯해 497개의 성씨를 수록하였다.(본문 3부 1장 참고)

나주최씨 서산파의 파조는 최번의 3남 최용운의 차자였던 최논금崔論金이다. 최논금과 그 자손들은 선대의 가업인 유업儒業을 유지하지는 못했던 것 같다. '선비의 옷을 벗어 던지고 어부의 무리에 편입되어 왕궁을 멀리하고 사우의 교제를 끊었으며, 고향[나주羅州]을 생각할 겨를도 없이 생계를 해결해야 할 땅에 안착하며 지내다 보니 더불어 대화하는 이는 모두 시골사람[야인野人]들 뿐이었으니, 그 누군들 우리가 유현[최부崔溥] 및 충신[최번崔蕃]의 후손임을 알 수 있었겠는가' 라고 한 최창기의 '나주최씨족보서'는 서산파를 비롯한 호서지역 나주최씨들의 사회경제적 환경을 여실히 대변한다. 『서산읍지』 등 각종 지방사 관련 문헌에서 나주최씨의 존재가 잘 포착되지 않는 이유도 여기에 있다.

　　여기서 중요한 것은 정치사회적 현달을 통한 문호門戶의 외적 팽창이 아니라 계승의식이다. 서산파를 비롯한 호서지역 나주최씨들은 '금남錦南 최부崔溥 → 석정石亭 최번崔蕃'으로 이어지는 가통의식家統意識이 강고했고, 나아가 그 조상들이 남긴 학술學術·문장文章·지조志操 및 충의忠義의 전통을 가법으로 계승하고 있었음에 주목해야 한다. 나주최씨들은 명가의 이름에 걸맞게 자신들의 선현이 이루어 놓은 찬란한 유산에 대해 자부심과 자긍심을 가지고 있다. 이 점에서 나주최씨는 최부의 후손으로서 어느 재상 집안에도 뒤지지 않는 명가로서 손색이 없다.

　　2년여에 걸친 연구를 통해 연구진은 선현이 남겨 놓은 지조 및 충의의 정신을 담은 자료들을 조사 수집하여 『나주최씨문헌총서 - 나주최씨금남가문의 형성과 역사적 전개』라는 자료집을 편찬하였다. 이 문헌총서가 지니고 있는 중요한 의미는 나주최씨가 금남공 최부의 후손으로서 정신적 자부심을 지니고 살아왔고, 또한 선현들의 정신을 묵묵하게 이어나가는 후예임을 확인할 수 있었다는 점이다. 연구책임자로 감히 당부하건대, 선현들이 이루어 놓은 찬란한 정신문화를 꾸준히 계승해서 명가의 가풍을 잘 보존해 나가는 자랑스러운 후손이 되기를 바란다.

2020년 7월

연구책임자
한국학중앙연구원 글로벌학부 조교수, 문학박사 김학수 씀

인간은 개인으로서나 집단으로서 이해하기 어려운 존재입니다. 그렇지만 인간은 어려서부터 배워 온 예절이나 생장 과정에서 경험했던 수많은 일들이 우리의 지식이 되고, 지혜가 된다는 것을 쉽게 알 수 있습니다. 대체로 인간의 활동은 불수의不隨意적이고, 무의식적이라고 합니다. 즉 오래도록 우리의 삶에서 보고 배워 습관화 된 것들은 인류심성의 어떤 보편적인 요소가 되고, 우리의 의식과 습관 안에 혼재되어, 우리가 굳이 의식하지 않아도 일상에서 드러난다는 것입니다. 예를 들면 어린 시절 집안의 어른들로부터 올바른 교육을 받은 사람은 성장해서도 '예절 바른 사람', '효를 행하는 사람' 그리고 '선현이 남겨주신 고귀한 정신을 보존하고자 하는 사람'으로 살아간다는 것입니다.

우리의 문화에서 도덕이나 윤리교육은 가장 중요한 관심사였습니다. 공자의 제자였던 자하의 말씀은 인간에게 도덕이나 윤리의 교육이 얼마나 중요한지를 알게 합니다. 자하는 "어진 분을 어질게 대하면서, 얼굴색은 온화하게 하고, 부모를 섬기는 일에 온 힘을 다하고, 임금을 섬기는 일에 자신의 몸을 바칠 수 있고, 친구와 교제할 때, 믿음으로 대한다면 비록 배우지 못했다고 하더라도 나는 반드시 그를 배웠다고 말 할 것"[2]이라고 했습니다. 인간에게 도덕과 윤리를 교육하는 것은 그 사람의 본바탕을 알게 하려는 것입니다. 도덕은 사람으로서 마땅히 따라야 할 올바른 도리, 행위, 인류의 태도를 배우게 하는 것이며, 윤리는 한 집단이나 사회의 도덕적 기준을 알게 하는 것이기 때문입니다. 우리의 선조들은 오륜五倫과 같은 도덕규범을 통해 '아버지와 아들[부자유친父子有親]', '임금과 신하[군신유의君臣有義]', '남편과 아내[부부유별夫婦有別]', '어른과 아이[장유유서長幼有序]', '친구와 친구 사이[붕우유신朋友有信]'의 관계 규율을 교육하셨습니다. 자연스럽게 일상에서 배워 온 전통적 가치에 대한 교육은 우리의 무의식 속에 남아, 습관이 되어, 의식하지 않아도 윤리적인 행동을 하게 된 것입니다. 저의 경우만 보더라도 어린 시절부터 배워 온 윤리적 행동은 습관화 되어 저의 내면에 그대로 남아 있습니다.

제 어린 시절 기억 속에 온연溫然히 남아 있는 것은 할아버님의 행보行步였습니다. 추운 겨울, 동 틀 무렵의 한기寒氣는 살을 에이는 추위였습니다. 새벽의 한기에 발을 동동거리며 기다리던 것은 할아버님의 방문 열리는 소리였습니다. 할아버님 방에 모여 계신 한학자분들의 말씀이 끝나기를 기다리면서 혹시 떠놓은 세숫물이 식었을까봐 부엌을 오가며 연신 더운 물을 준비하던 그때의

---

2) 『論語·學而』 : "子夏曰 : 賢賢 易色, 事父母 能竭其力, 事君 能致其身, 與朋友交 言而有信, 雖曰: 未學, 吾必謂之學矣."

일들은 제 기억 속에 가득 남아있습니다. 간혹 할아버님의 방문이 열리기라도 하면 문중의 족보들과 고서 그리고 고문서들이 온 방안을 차지하고 있었습니다. 당시 학생이었던 저는 까만 밤이 찬란한 새벽을 맞이할 때까지 끊임없이 지속되었던 말씀이 무엇인지 궁금했습니다. 할아버님의 행보가 가문의 뿌리를 찾고자 하는 노력이었다는 것은 아주 오랜 세월이 흐르고 난 뒤였습니다. 그렇지만 할아버님께서 몸소 보여주셨던 우리 가문에 대한 긍지와 자부심은 제 기억 속에 고스란히 남게 되었습니다. 역사적 존재양식은 시대마다 다르고, 그것을 표현하는 방법 또한 다릅니다. 그러나 오랫동안 존재해 왔던 '조상숭배'와 '친족질서' 그리고 전통과 관습을 유지하고 보존하려는 도덕적이며 윤리적 사고는 어느 시대에든 존재해 왔고, 앞으로도 존재할 것입니다. 때문에 지금 우리가 우리의 가문을 어떤 가문으로 만들어 나갈 것인가에 대한 문제의식을 갖는 것은 '앞으로 우리의 가문이 어떠한 가문'으로 나아갈 것인지를 결정 짓게 하는 것이기도 합니다. 우리는 작금의 시대를 도덕과 윤리가 타락한 시대라고 합니다. 하지만 인간의 삶 속에서 실천되어야만 찬란한 가치가 드러나는 도덕적이며 윤리적인 가치를 회복하는 일은 후손들의 노력 없이는 이루어질 수 없습니다. 후손들 스스로가 우리 선조들의 고귀한 정신을 회복하려는 태도를 보여야만 우리 가문이 지니고 있는 전통적 가치관은 회복될 수 있을 것입니다.

유학의 종주인 공자를 '만세萬歲의 사표師表'라고 부르는 것은 공자가 고대의 문화적 공동 재산을 체계적으로 편집하여, 인간 세상에 필요한 윤리적 가치기준을 세웠다는 점일 것입니다. '우리가 어떻게 지금 이 자리에 왔고', '지금 우리의 이 자리는 어떤 자리'이며, '우리는 누구인가' 하는 것은 우리의 정체성에 관한 문제이면서 동시에 우리 가문의 윤리적 가치기준을 세우는 일입니다. 1964년 나의 조부이신 청호당淸湖堂 공公의 주도 아래 『나주최씨족보』가 간행된 이후 반세기가 넘는 시간이 흘렀습니다. 우리는 그간 엄청나게 먼 길을 왔고, 선조에 대한 자부심을 느낄 자격이 있음에도 불구하고 이런 저런 평계를 대가면서 정체성을 찾고, 가문의 윤리적 체계를 갖추는 일에 부족하였습니다.

우리가 할 수 있는 일 가운데 가장 현명한 길은 우리 자신의 역사를 찾는 일로 우리 가문에 대해 품고 있는 강한 호기심을 풀어 나가는 것이었습니다. 그러한 호기심은 계보적 확인이 필요한 것으로 금남공錦南公 최부崔溥와 금남공의 아들 최적崔迪의 본관에 관한 근거였습니다. 연구 과정에서 우리 '나주최씨'에게 있어 위대한 선조로 알려져 있는 '금남공'의 본관은 '탐진최씨'로, 우리 '나주최씨'는 금남공의 본관인 '탐진최씨성지파'에서 분관되었음을 알 수 있었습니다. 그렇다면 '나주최씨'가

'탐진최씨'에서 분관된 시기와 호서지역으로의 이거 시기 그리고 이거의 배경은 무엇이었나 하는 것이었습니다. 그러나 이 과정에서 많은 어려움들과 마주하게 되었습니다. 무엇보다도 선조들이 살아내시며 기록하셨던 일들, 선조께서 생각하시면서 전개해 나가셨던 논리들을 기술해 놓은 체계적인 저술을 찾지 못했다는 점입니다. 오랜 연구 과정 기간 동안 선조들의 저술을 발견하지 못한 것은 여러 가지 이유가 있을 것입니다. 우선 환경적인 면에 있어서는 금남공께서 사화를 당한 후 금남공의 아들 적迪과 후손들의 거주지가 해남 모목동에서 성지촌, 그리고 호서지역으로 이동을 했기 때문일 것입니다. 이는 곧 해남에서 나주로 그리고 다시 호서지역으로의 이동으로 인해 문중의 유물이 유실된 원인으로 작용했을 가능성이 매우 높다고 할 수 있습니다. 다른 하나는 호서 지역으로 이거한 후 나라의 안 밖 사정 또한 연속적으로 고난의 시기가 계속되었다는 것입니다. 나라 안 밖의 연속된 고난은 가족의 생계를 이어가는 것이 급선무였음을 이야기 해 주는 것입니다. 그 시기가 굳어지고 다져지는 동안 우리 선대들에 대한 체계적인 사실을 기록하는 일은 시간 속에 묻어져 갔을 것입니다. 이에 우리 '나주최씨'의 의무는 금남공의 업적과 금남선생 이후에 펼쳐진 우리 가문의 역사를 수집하고 기록하는 것에 있다는 것을 알게 되었으며, 이것이 『나주최씨문헌총서』를 편찬하게 된 이유입니다.

『나주최씨문헌총서』의 편찬은 우리 '나주최씨'가 금남공의 후손으로서 자긍심을 지니고, 금남공의 후손으로서 자랑스러운 삶을 살아가기 위한 것입니다. 『나주최씨문헌총서』를 통해 알 수 있듯이 우리가문이 형성해 놓은 학문學問과 예교禮敎의 역사는 선조들이 남겨 주신 훌륭한 유산입니다. 이렇듯 훌륭한 유산을 가진 후예가 지녀야 할 태도는 우리 가문의 역사에 대한 탐구와 고찰을 끊임없이 해 나가는 것입니다. 이것이 바로 몸소 숭조崇祖사업에 솔선수범을 보이셨던 할아버님이 우리들에게 가르쳐 주신 것입니다. 할아버님께서는 우리 모두가 선현의 찬란한 뜻을 기억하고 우리가문이 지니고 있는 전통적 가치관을 회복하는 것이야말로 우리 가문이 지켜가야 할 윤리적 가치를 세우는 것이라고 생각하셨던 것입니다.

『나주최씨문헌총서』가 2년 여라는 시간을 감내堪耐한 끝에 큰 결실로 다가왔습니다. 『나주최씨문헌총서』의 발간은 우리 가문의 역사를 돌아보는 일로써, 저를 비롯한 우리 '나주최씨'들에게 의미 있는 일이라고 생각합니다. 큰 결실을 맺을 수 있도록 애써 주신 한국학중앙연구원 김학수 교수님은 현 한국계보학회 회장으로 수 십 년간 한국학중앙연구원 장서각의 수석 책임연구원으로 재직하면서 한국학의 위상을 드높이신 분입니다. 김학수 교수님의 그간의 업적은 널리 알려진 명문 가문에서 발간한 문집 총서를 통해 그 진가가 드러났습니다. 김학수 교수님은 자신의 경험을 살려 우리 『나주최씨문헌총서』 발간에 정성을 쏟아 주셨습니다. 안보경 박사님은 한국학중앙연구원에서 철학박사 학위를 취득하고, 김학수 교수님의 지도 아래 다년 간 장서각 고문서실에 근무하며 공부를 해 오신 분입니다. 이종록 연구자님은 한국학중앙연구원 한국학대학원 역사학과 박사과정을 수료한 촉망받는 역사학도로 장서각 고문서실에서 근무하면서 한국학에 대한 공부를 꾸준히 해 나가고 있는 역량 있는 연구자입니다. 이병유 연구자님 역시 한국학중앙연구원 한국학대학원 역사학과 박사과정을 수료하고 한국학 연구에 매진을 하고 있습니다. 마지막으로 권지은 연구자님은 현재 한국학중앙연구원 한국학대학원 글로벌학부 박사과정생으로 한국학을 위한 초석을 다지고 있습니다. 이렇듯 우수한 연구진들이 만들어낸 『나주최씨문헌총서』는 우리 '나주최씨' 선대들의 문헌을 심도 있고 체계적이게 수집, 정리해 나가면서 우리의 자랑스러운 역사를 담아냈습니다. 역사란 과거의 사실을 정확히 알아낸다는 것뿐만이 아니라 현재까지 사람들의 마음속에 쌓여있는 기억을 이해하기 위한 필수적인 통로입니다. 이것은 객관적 사실로서 역사를 넘어 경험과 기억 그리고 연속과 불연속의 의식과 무의식의 역사를 의미합니다. 이를 재구성하는 일은 쉬운 작업이 아니었습니다. 그러나 이러한 역사 작업을 통해 우리는 그동안 심연에 가라앉아 보이지 않았던 우리 선대들의 모습을 눈앞에서 마주하게 되었습니다. 우리의 작업은 과거를 재구성하는 일일 뿐만 아니라 현재 우리의 모습에 접근할 수 있는 길이었습니다. 부디 『나주최씨문헌총서』 발간을 시작으로 '나주최씨'로서의 자긍심이 고취되기를 바랍니다.

끝으로 『나주최씨문헌총서』 발간을 위한 자료 조사에 적극 동참해 주신 고故 최동현 회장님, 최준세 회장님, 최국경 고문님, 최병룡 총무님께 감사의 인사를 드립니다. 아울러 『나주최씨문헌총서』 발간에 감수監修를 해 주신 전前 한국학중앙연구원 부원장이시며, 한국학중앙연구원 명예교수이신 도성달 교수님께 감사를 드립니다. 마지막으로 연구 시작부터 『나주최씨문헌총서』 발간에 이르기까지 성의를 다해 주신 최문수 서산파 회장님의 노고에 경의를 표합니다. 감사합니다.

2020년 8월

금남공錦南公 18세손十八世孫 관수寬洙 근서謹書

I 금남가문의 연원과 역사적 전통

: 탐진연원^{耽津淵源}

탐진최씨의 시조는 고려 인종 때 공신으로 책록되었던 최사전^{崔思全}(1067~1139)이다. 하지만 최사전의 아들 최변^{崔弁} 최열^{崔烈} 이후의 세계^{世系}는 도도한 역사적 흐름 속에서 실전되었다. 탐진최씨가 역사 속에 재등장한 것은 각 파의 중시조^{中始祖}들이 각자의 세거지에서 파조^{派祖}로 자리매김하면서 부터이다.

나주최씨 금남가문에서 상정하고 있는 중시조는 최정원^{崔井元}이다. 최정원의 아들 최택^{崔澤}은 1469년(예종 1)에 진사에 입격하면서 가문을 문한의 길로 이끌었다. 최택의 아들 최부^{崔溥}는 생원과 진사를 거쳐 문과에 급제하면서 탐진시대의 전성기를 열었다. 금남가문은 최부의 혈맥^{血脈}이라는 자긍심을 바탕으로 그 정체성을 꾸준히 이어 오늘에 이르고 있다.

| 제 1 장 |

장경공莊景公의 의자손宜子孫

■ 탐진최씨耽津崔氏 선계先系 계보도系譜圖

崔哲	崔靖	一世 崔思全(1067~1139)	二世 崔弁
尙藥直長	將作監	本貫：耽津 字：恤世 諡號：莊景公 推忠衛社功臣	本貫：耽津 吏部尙書

崔烈[孝仁]
本貫：耽津

中祖

		崔應奎 華城派
		崔浚良 康津錦川派
		崔孝老 羅州草洞派
		崔聰 寶城兆內派
		崔奉時 康津城東派
失傳		崔允德 光州旨村派
		崔弘建 光州㳫你派
		崔碩祚 康津大口派
		崔沉 光州泉谷派
		崔黽祥 光州西外派
		崔世 靈巖西面派
		崔漢洪 光州當夫派
		崔以福 谷城竹谷派

崔井元	崔澤	崔溥(1454~1504)
錦南派[羅州聖智派]	本 貫: 耽津	本貫 : 耽津 字 : 淵淵 號 : 錦南 文科 : 承文院校理

최사전崔思全 장경공莊景公 영정影幀

소재지 : 전라남도 강진군 군동면 라천리 1044
소장처 : 강덕사

최사전(1067~1139)은 고려전기 추충위사공신推忠衛社功臣에 책록 된 공신이다. 조부는 상약직장
尙藥直長 최철이고, 아버지는 장작감將作監 최정으로 모두 의술로 벼슬에 나아갔다. 최사전 또한 의술
에 정통하여 고려 선종宣宗이 공의 이름을 써주었다고 한다. 이때부터 여러 대에 걸쳐 벼슬을 하며
근신近臣으로 활약하였다.

고려 인종仁宗이 왕이 되었을 때 외척 이자겸이 권세를 오로지 하자 인종이 적신을 없애려 하였
다. 하지만 이자겸이 이를 먼저 알고 대궐을 침범하고 궁궐을 불태워 종묘에 위기가 닥쳤다. 이때
최사전은 척준경을 회유하여 이자겸의 난을 제압한 공로로 수태위문하시랑평장사守太尉門下侍郎平章
事에 임명되었다. 이후 인종의 묘정에 배향되었다.

1-2
최사전崔思全장경공莊景公 묘역墓域

소재지 : 전라남도 강진군 군동면 파산리 산34

　　현재 장경공 최사전의 묘역으로 알려진 곳은 강진 비파산 일대이다. 하지만 일제시기 최사전의 묘지명이 발견됨으로 인하여 최사전의 묘가 개성 남쪽 장미산 와곡에 조성되었음이 밝혀졌다. 최사전의 묘역을 강진 비파산 일대로 비정比定하였던 것은 고래로부터 큰 분묘가 있어왔으며 이 분묘가 정승의 무덤이라는 구전이 있었는데, 이 지역 출신으로 정승이 된 사람이 최사전 뿐이기 때문이었다. 따라서 현재의 위치가 최사전의 묘역으로 비정比定될 수 있는지의 여부는 검토될 필요가 있다. 고려시대 상경종사했던 인물들은 개성 및 그 근교에 분묘를 조성하는 것이 관행이었던 바, 최사전 묘소의 위치는 장미산 일대로 비정하는 것이 보다 역사적 설득력을 지닌다.

최사전묘지명崔思全墓誌銘

소장처 : 국립광주박물관

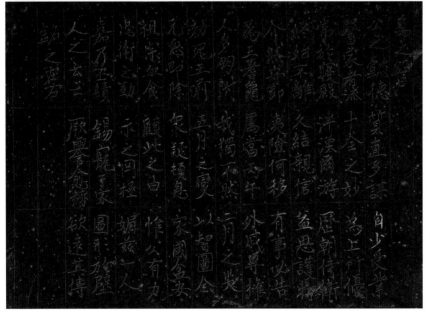

　　최사전의 묘지명은 일본 동경제국대학 박물관에 소장되어 있었는데 1919년 조선총독부에서 간행한 『조선금석총람』에 실림으로써 그 존재가 알려졌다. 1921년 후손들의 노력을 통해 반환되었다. 이 묘지명을 통해서 탐진최씨 시조 최사전의 조부 및 부친 등 세계가 복원되었다. 묘지명에는 최사전의 묘역이 개성의 성 남쪽 장미산薔薇山 기슭 와곡瓦谷에 있다고 기록되어 있다.

■ 최사전묘지명崔思全墓誌銘 간략簡略 해제解題

1. 정의

최사전의 행적을 기록하여 무덤에 부장한 묘지명

2. 체제 및 내용

최사전묘지명은 앞면에는 20행의 계선界線에 묘지墓誌를, 뒷면에는 16행의 계선에 명銘을 새겨 넣은 금석문이다. 일반적인 묘지명의 체재와 내용을 따르고 있다. 주된 내용으로는 최사전의 조부와 아버지의 관직과 이름을 기록한 가계에 대한 정보, 출사한 뒤 세운 공적 등을 기록한 사환기에 대한 정보, 관직에서 물러난 이후 졸년 및 장지葬地 등에 대한 정보가 있다.

3. 특성 및 가치

최사전묘지명은 1919년 조선총독부에서 간행한 『조선금석총람朝鮮金石總覽』에 실리기 전까지는 그 존재의 유무조차 파악되지 않았다. 최사전묘지명이 공개되면서 최사전을 둘러싼 여러 이론異論들이 극복되고 알려지지 않았던 사실들이 확인되었다.

대표적으로 기존에는 탐진최씨가 해주최씨에서 분관한 것으로 이해되기도 하였다. 하지만 최사전의 조부와 아버지의 이름이 확인되면서 해주최씨에서 분관한 것이 아님이 확인되었다.

최사전이 사환기에 세운 여러 공적들에 대한 정보도 보강되었다. 묘지명에는 최사전이 출사하게 된 계기부터 공을 세운 과정에 대한 서사구조가 자세히 기록되어 있기 때문이다.

한편 최사전의 묘소 위치에 대한 논란을 불러일으키기도 하였다. 기존에 최사전의 묘소로 비정比定된 장소는 강진 비파산 일대였다. 하지만 강진 비파산 일대가 최사전의 묘소로 비정比定 되기에는 명확한 근거가 부족하였다. 묘지명에 따르면 최사전의 묘소는 개성의 성의 남쪽 장미산 기슭으로 기록되어 있다.

■ 최사전묘지명 崔思全墓誌銘

崔思全墓誌銘：原文

公諱思全字恤世姓崔氏其先耽津縣人也祖尙藥直長名
哲父將作監名靖皆以醫術進仕於朝公性質直忠正智
謀過人自少精於其術年十有五歲宣宗時召入殿內謂
曰醫者宜也十全爲上汝是上醫也因稱名曰思全御筆
賜之自是歷仕數代常見親信時外戚擅權政令私出
肆其惡於中外一國之民至於婦人小子擧皆疾首
相非不忍毒上患之丙午春二月與一二大臣欲擧義
除害而賊臣先認犯闕以至宮室焚蕩上失所依
辟在私第受制於外家其時附外者立見功賞衛上者
反被流殺時滿朝卿士盡皆附外公獨不然忠誠奉
上終始一節時賊類益熾權臣跋扈將肆不測之謀上
稍認欲以全身遠害將讓位於外家公諫曰三韓者
三韓之三韓也非止陛下之三韓也先君太祖勤勞以致請
勿忽之上哭泣良久乃曰汝若復之生死而肉骨也公稽首
再拜密告以謀和誘彼黨之渠魁掃蕩凶類上謂
曰復正三韓載安宗社皆公之力也特下詔旨以爲三韓
後壁上功臣仍許子孫入仕公以功曾任守大[太]尉門下侍郎
平章事年六十三引年乞退不居成功敬信佛法
不事産業至己未年三月六日以疾卒卽收其骨越翼年二
月二十七日葬于城南薔薇山麓瓦谷欲遠其傳强

爲之銘曰

公之懿德　質直多謀　自小受業　醫家者流　十全之妙　爲上所優
常於寢殿　泮渙爾游　歷朝侍衛　終好不離　久結親信　益思護持
介然守節　夷險何移　有事必告　爲王耆龜　屬當丙午　外戚專權
人多朋附　我獨不然　二月之災　效死王前　五月之變　以智圖全
元惡卽除　衆疑頓息　家國益安　祖宗血食　顧此之由　惟公有力
忠衛之勤　示之罔極　媚玆一人　嘉乃丕績　錫寵于家　圖形於壁
人之云亡　厥譽愈赫　欲遠其傳　銘之在石

최사전묘지명 : 국역

　공은 이름이 사전이고 자는 휼세이며 성은 최씨다. 그의 선조는 탐진현 사람인데, 조부는 상약직
장 철이고 아버지는 장작감 정이니 모두 의술로 나아가 조정에서 벼슬을 하였다.

　공은 성품이 꾸밈이 없고 곧았으며 충성스럽고 정의로웠다. 지혜와 꾀가 다른 사람들보다 뛰어났
으며, 어려서부터 의술에 정통하였다. 나이 15세 되던 해(선종1, 1084년) 선종이 궁궐로 불러 들여
"의원은 마땅히 모든 것을 온전하게 하는 것[십전十全]을 으뜸으로 삼아야 하는데, 그대가 바로 최고
의 의원이 될 것이오"고 하면서, 이에 이름을 사전이라고 하고 친히 글을 써서 내려주었다. 이때부터
여러 대에 걸쳐 벼슬을 하였는데, 항상 친밀한 믿음을 보여 주었다.

　당시 외척이 권세를 오로지 하여 정령이 사사로운 데서 나와 나라 안팎의 온 나라 백성들에게
악을 마음껏 행하였으므로 아낙네와 어린아이에 이르기까지 모두가 싫어하고 서로 상심하여 해독
을 참지 못했다. 임금이 그것을 근심하여 병오년 2월에 한두 명의 대신과 함께 의를 들어 해악을
없애려 하였다. 그러나 적신이 먼저 알고 대궐을 침범하여 궁궐이 타버리게 되자, 임금이 의지할 데
가 없어서 사제로 피하여 머물면서 외가의 제압을 받았다. 그때 외척에 붙은 자들은 출세하여 공과
상을 받았으나, 임금을 호위했던 자는 도리어 유배를 가거나 죽임을 당하였다. 이때 온 조정의 공
경 및 사대부들이 모두 외척에게 붙었으나, 오직 공만은 그렇지 아니하고 충성으로 임금을 받들어
끝까지 한결같은 절의를 지켰다.

　이때 적의 무리들의 기세가 더욱 사나워지고 권신이 발호하여 장차 불측한 흉계를 자행하려 하
였다. 임금이 점차 이 사실을 깨닫고 몸을 보전하고 해를 멀리하고자 하여 장차 외가에 왕위를 넘
겨주려고 하였다. 공이 간언하기를 "삼한은 삼한의 삼한이지, 폐하의 삼한에 그치는 것이 아닙니다.
선왕 태조께서 부지런히 힘써서 국가를 이루셨으니, 청컨대 소홀하게 하지 마옵소서"라고 했다. 임
금이 오랫동안 울면서 말하기를 "네가 만약 군왕의 권위를 회복시켜준다면 이는 죽은 사람을 되살
려 백골에 새살이 돋아나게 하는 것이다."고 했다. 공이 머리를 조아리고 두 번 절한 뒤 비밀스럽게
꾀를 아뢰고는 적당의 수괴를 유인하여 흉악한 무리들을 소탕하니 임금이 "삼한을 다시 바르게 하
고 사직과 종묘를 받들어 편안하게 한 것은 모두 공의 힘이오"라 하고, 특별히 조서를 내려 삼한후
벽상공신으로 삼고, 자손들도 출사할 수 있도록 했다.

공은 공功으로 일찍이 수태위 문하시랑평장사에 임명되었는데, 63세에 나이를 이유로 물러나기를 청하였다. 공을 이룬 것에 안거安居하지 않고 불법을 공경하고 믿었으며, 재산을 모으는 것을 일삼지 않았다. 기미년(1139) 3월 6일 병으로 돌아가시니, (화장하고) 곧 그 유골을 수습하여 다음해 2월 27일에 성 남쪽 장미산 기슭 와곡에 장사지냈다.

(공에 대한) 멀리 후세에까지 전하고자, 힘써 명을 짓는다.
공의 아름답고 뛰어난 덕이여, 꾸밈이 없이 바르고 지혜가 많았네.
어려서부터 업을 배우니, 의가의 갈래로다.
십전의 오묘한 솜씨는 임금을 위한 훌륭한 임무였네.

항상 침전에서, 함께 하며 총애를 받았다.
여러 임금을 모시면서, 끝까지 곁을 떠나지 않으니.
오랫동안 친신한 관계를 맺어,
더욱 지키고 보호할 것을 다짐하였다.

개연하게 절개를 지키니, 험하거나 평탄하거나 어찌 바뀜이 있겠는가.
일이 있으면 반드시 고했으니, 임금의 오랜 원로로다.
병오년에 이르러, 외척이 권세를 오로지 함에.
사람들이 많이 무리 지어 붙었으나, 자신만은 홀로 그러하지 않았다.

2월의 재난에는, 임금 앞에서 죽음을 무릅쓰고.
5월에 변란에는, 지모로써 온전함을 도모하였도다.
원악이 제거되니, 뭇 의구심도 일순간에 사라졌네.

나라는 더욱 편안해지자, 조종을 받드는 혈식의 예도 이어졌네.
그 까닭을 살펴보면, 오로지 공의 힘이 있었으니.
충성스럽게 호위하는 근면함을, 끝도 없이 보였네.

아름답도다! 이 한 사람이여, 가상하게 큰 공을 세웠으니.
집안에 은총을 내리고, 벽 위에 그 형상을 그렸다.
사람은 죽었다고 하나, 그 영예는 더욱 빛나니.
그것을 멀리 전하고자, 명을 지어 돌에 기록하노라.

무양서원武陽書院 무양사武陽祠

소재지 : 광주광역시 광산구 월계동 535-1

　무양서원은 최사전 묘지명을 보관하고 최씨 및 그 외파계열의 명사들을 제향하기 위해 1927년에 건립한 서원이다. 제향 인물은 최사전, 최윤덕, 최부, 유희춘, 나덕헌 등 5현이다. 최윤덕은 광주 지촌파의 중조이다. 이를 통해 무양서원의 건립은 광주 지촌파를 중심으로 이루어졌음을 짐작할 수 있다. (현재 최사전 묘지명은 국립광주박물관에 보관중이다.)

무양서원武陽書院 사세오위단四世五位壇

무양서원의 별사로 사세오위단이 있다. 사세오위단에는 최사전과 그 선대인 최철과 최정, 후대인 최변과 최효인[열]을 모시고 있다. 묘지명 발견 이전에는 최사전의 선계에 대해 밝혀진 바가 없었으며 해주최씨에서 분파한 것으로 이해 되기도 하였다. 묘지명 발견 이후 최사전의 조祖인 최철과 부父인 최정의 존재가 해명되게 되었다.

강덕사康德祠

소재지 : 전남 강진군 군동면 호라길 199-39

　강덕사는 강진군 군동면 라천리에 있는 사당으로 시조 최사전을 주향主享으로, 후손 최응규, 최표, 최부, 최극충을 배향하고 있다.

　최응규는 화성파의 중조, 최표는 보성 조내파의 중조 최총의 아들로 목은牧隱 이색李穡의 문인이다. 최극충은 강진 금천파 최준량의 9대손이다.

　이에 따라 강덕사는 주로 탐진최씨 화성파와 보성 조내파 및 강진 금천파를 중심으로 건립된 사당임을 알 수 있다.

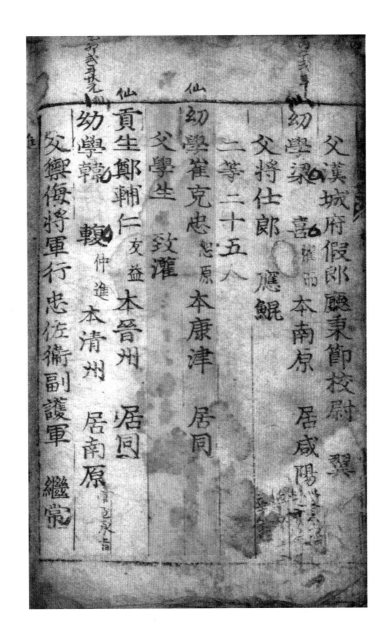

최극충은 본관本貫은 탐진이고 자字는 서원恕原이다. 1540년(중종 35) 식년시에서 진사 2등 1위로 입격하였다. 하늘이 내린 효자로 5세 때 양친이 전염병으로 신음하고 있을 때 물을 길러오고 미음을 끓여 정성껏 간호하였다고 한다. 명종 때 전강殿講에 응했으나 29세 때 사망하였다.

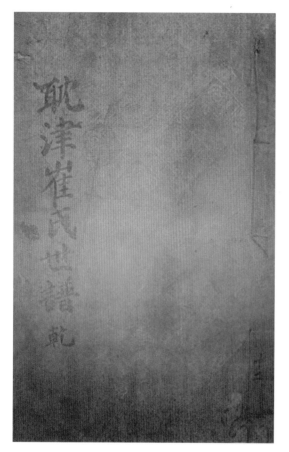

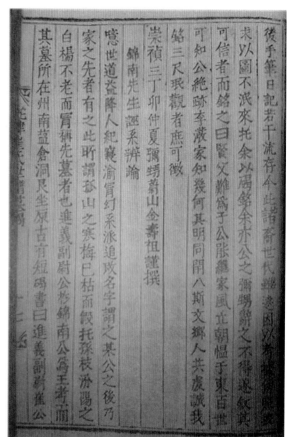

　　탐진최씨 족보는 크게 두 계열로 나뉜다. 나주 초동파의 주도로 편찬된 족보와 강진 금천파의 주도로 편찬된 족보가 그것이다. 나주 초동파에서는 최부의 조부가 되는 최정원을 독자적인 중조로 파악하여 금남파로 명명하였다. 「금남선생무계변론」은 나주 초동파가 주장하는 세계의 내용이다. 그 본문은 아래에 있다.

1. 정의

강진 금천파의 주도로 편찬된 족보에 대해서 주로 금남 최부의 세계를 둘러싼 내용이 사실과 다르다고 주장하는 나주 초동파 주장을 기록한 변론

2. 체제 및 내용

1808년(순조 8)에 나주 초동파의 주도로 편찬된 『탐진최씨세보』는 기존에 강진 금천파의 주도로 편찬된 족보를 바로잡기 위한 목적으로 탄생하였다. 이에 앞서 강진 금천파에서 편찬된 「탐진최씨족보」의 무계함을 밝히고자 「금남선생무계변론」을 저술하였고 이후 나주 초동파의 족보에 기재되게 된다. 「금남선생무계변론」은 무계를 비판하는 변론과 이를 가지고 예조에 신고한 제사題辭와 그에 대한 관문關文, 본도의 감영에 도부한 제사 및 이러한 노력에도 불구하고 무계에 대한 일이 해결되지 않고 그친 것에 대한 아쉬움을 토로한 글 등으로 이루어져 있다.

3. 특성 및 가치

강진 금천파의 주도로 편찬된 『탐진최씨족보』는 1751년(영조 27)의 족보와 1804년(순조 4)의 족보가 있다. 이 족보에서는 최부를 강진 금천파의 중시조인 최준량崔浚良의 후손으로 파악하고 있다는 점이 특징이다. 「금남선생무계변론」에 의하면 최부의 조부인 최정원의 선계에 대한 기록을 상고할 수 없기 때문에 최부를 최준량의 후손으로 파악할 수 없다고 이해한다. 「금남선생무계변론」이 금남 최부의 세계를 파악하는 근거는 『삼성보』이다. 『삼성보』는 최부의 사후 실전되었던 세계와 끊어진 제사를 외손들이 복원하면서 만들어진 최부의 외손보이다. 물론 『삼성보』 또한 최부의 외 6세손인 나두동의 주도로 편찬된 만큼 당대의 기록은 아니지만, 가장 신뢰할만한 근거가 되었기 때문이다. 따라서 『삼성보』의 내용과 어긋나거나 언급되지 않았던 기록은 무계된 것이라 파악하고 비판하였다.

錦南先生誣系辨論 : 原文

噫. 世道益降, 人紀寢渝, 冒幻系派, 追改名字, 謂之某公之後, 乃家之先者有之, 此所謂孤山
之寒梅, 已枯而假托孫枝, 汾陽之白楊, 不老而冒稱先墓者也.

進義副尉公, 於錦南公爲王考, 而其墓所, 在州南鹽倉洞艮坐原, 古有短碣書曰, '進義副尉崔公
井元之墓', 寒山片石, 爲百世可語之蹟, 而數十年前, 康津崔氏, 猝然來拜, 謂之其先自湖之墓.

噫. 石面二字, 猶不足徵, 而林逋無孫, 而有孫崇韜, 無祖而有祖也. 副尉公以上世系之失傳,
似由於甲子酷禍之後, 而盖副尉公的無兄弟子, 進士公亦無兄弟, 而至于錦南公, 全家覆沒,
以致文獻之遺逸無徵矣. 若使副尉公, 有四仲季, 而進士公, 亦有四兄弟, 則豈以一錦南之禍,
而副尉公之世系·墓所失傳, 無徵之理乎.

此則考諸柳眉巖希春之日記, 羅進士斗冬之外姓譜, 而可知也. 眉巖以錦南公之親外孫, 錄其
外曾祖諱, 及資階墓所, 而初未有兄弟之錄, 又無改名之文, 羅進士亦以錦南公外六世孫, 通
[痛?]其外先世系之失傳, 積加搜考, 未得其眞的文獻, 則只以副尉公, 爲始至錦南三世, 而刊
載于集中世譜焉. 以羅進士, 追述之誠, 博識之工, 實非後人之所可及, 而只錄三世者, 豈非
莫徵之致, 而副尉公·進士公, 果有兄弟之多行, 則亦豈有不錄之義乎. 然則錦南公, 家世之單
子, 無賴無望於記蹟, 而三姓譜之所以作也.

今其譜註曰, 改名井元, 噫嘻痛矣. 何其巧, 且謬也. 人之改名, 古今有之, 而兄弟之間, 改則
同改, 而未聞有兄不改弟不改, 而獨爲改者也. 此豈非石面刻字, 難掩於十目之視, 而强爲此
改名之謊說, 傍註而欲掩之者也耶, 此則可謂掩而不掩, 巧而反拙者也.

且其辛未譜, 元無改名之註, 又無配位永川崔氏之錄, 則未知. 庚申譜之改註配錄, 別有考蹟
之可據而然歟, 抑亦石面刻字, 不見於辛未以前, 而始見於辛未以後, 而猝辨者歟. 自庚申距
辛未, 僅五十歲, 而譜錄之前後, 舛訛若是, 無稽則孰不駭異而起疑也哉.

據此一款, 自湖公之自爲自湖, 井元公之自爲井元, 不待卞而可卞也. 若進士公之無兄無弟,
雖以漂海錄觀之, 亦可詳矣. 而今其譜, 以進士公, 書於自湖之子行, 謂之第三子, 而且謂四兄

弟云, 謊誣悖理, 胡至此極, 錦南公漂海時, 桃渚問情供辭有曰, "父名澤, 格進士試, 以養親不仕.云. 豈有有二兄有一弟, 而以養親不仕之理乎. 又曰, "闋孝服僅四載, 又死于羅州.云. 以一又字看之, 則副尉公之死於羅州不啻的然, 況其墓所之在於所居鄉者乎. 然則副尉公之無他子, 見養於進士公者, 不亦明乎?

假如其譜所錄, 則副尉公·進士公, 兩世叔伯昆季, 極其蕃衍, 厥後子姓, 不甚單弱, 而自康距羅, 未滿百里之地, 則宜無邈然, 無知之理, 而便同吳越之根角, 自作路人之視耶.

蓋墓所, 則無人守護者, 殆至二百餘年, 而後錦南公外六世孫羅進士, 始乃考得於柳眉巖日記中, 始爲行祭加土, 而自羅氏家歲祭而守護之者, 又爲百餘年之久, 則去戊戌以前, 通三百餘年之間, 胡無一人來拜, 稱爲子孫者乎, 以今觀之冒稱子姓者, 不知幾百, 則雖欲無疑於其間, 其可得乎.

大抵此事, 專由於錦南公外裔三姓之世遠誠弛, 而庚譜之所以竢時闖發, 欺其無與立卞之致也. 然則外裔三姓之必以恬視爲心, 而不爲辨明者, 似涉未安, 而羅氏家尤難免, 不守其先意之責矣. 若吾派, 則居在同鄉, 非但原委之詳悉於錦南公, 雖無分派昭穆之可詳, 自莊景視之均是懿親也, 今當修譜之日, 不忍越視其誣系, 傷倫之僞譜, 故一依錦南公本集中, 世譜所刊載錄于派, 次以爲百世卞明之斷案焉. 至於知我罪, 我一聽後來之公議而已.

上之八年戊辰六月下澣宗末 世愚謹識

呈禮曹題辭 附背關及營題 壬戌八月 日

近世僞譜之弊, 誠一變怪, 每欲痛革而未果, 今見狀辭, 益見遐鄉蔑倫之習, 不可但以痛駭言, 詳查虛實, 火其書人其人之意, 背關本道向事

背關

禮曹爲背關事, 背書呈單及題辭, 相考施行爲乎矣, 係關倫紀, 不可仍置, 詳查眞僞, 照法嚴繩, 以懲蔑倫之習, 宜當向事.

到付本道營門 題辭

係是倫紀, 依禮關, 詳查決處事, 康津官.

康津扶安等居崔氏庚申譜, 錦南先生王考, 進義副尉公之改名誣系之由, 壬戌八月, 自羅州
派, 往呈于禮曹, 而該曹題辭及背關, 到付于本道營門 營題如右云云 故造卜次定, 送三去員
于康津官, 適値官家有事, 不得造卜而歸.

금남선생무계변론 : 국역

아아. 세도가 더욱 낮아 감에 인사의 벼리가 거꾸러지고 변하니 계파를 함부로 미혹해서 이름과
자를 더하고 바꾸며 어떤 분의 후예라 일컬어 곧 집안의 선조가 되는 경우가 있으니, 이것이 이른바
'고산의 한매는 이미 말라서 새 가지에 가탁하고, 분양의 백양은 아직 늙지도 않았는데 선조의 무
덤이라 함부로 칭한다'는 것이다. 진의부위공은 금남공에게 할아버지가 되는데 그 묘소는 주의 남
쪽 염창동 간좌 언덕에 있다. 옛날에 단갈이 있었는데 '진의부위최공정원지묘'라고 쓰여 있었으니
쓸쓸한 산의 한조각 비석일지라도 백세토록 말할만한 유적인데 수십 년 전에 강진최씨가 갑자기 와
서 참배하고는 이곳이 자신들의 선조 자호의 묘라고 하였다.

아아. 석면의 두자는 오히려 징험하기 부족하다. 임포[3]와 같이 손자가 없어도 곽숭도[4] 같은 손자
가 생기면 할아버지가 없다가도 할아버지가 생긴다. 진의부위공 상대의 세계가 실전된 것은 아마도
갑자년에 혹화를 당한 뒤로 연유한 듯한데, 진의부위공은 결단코 형제가 없고 진사공 또한 형제가

---

3) 중국 송宋 나라의 은자隱者. 항주抗州 서호西湖의 고산孤山에 초막을 짓고 20년 동안 출입하지 않은 채 매화를 가꾸고 학을 기르면서 독신으로 살았음.
4) 곽숭도는 중국 오대五代 때의 후당後唐의 재상이었다. 그 근본을 잘 알 수 없는 사람인데, 당 나라의 곽자의郭子儀가 그의 조상이라고 자칭하고 그의 무덤에
절하였다 하여 모든 사람들이 비웃었다고 한다.

없는데 금남공에 이르러서 온 집안이 침몰된 탓에 문헌이 일실되어 징험할 수 없는데 이르렀다. 만약 부위공이 4명의 형제가 있고 진사공 또한 4형제가 있었다면 어찌 금남 한 사람이 화를 당했다고 해서 부위공의 세계와 묘소가 실전되어 징험할 수 없는 이치가 있겠는가?

이는 미암 유희춘의 일기와 진사 나두동의 『외성보[삼성보]』에서 고증해보면 알 수 있다. 미암은 금남공의 친외손으로 외증조의 휘 및 품계와 묘소를 기록하였으나 처음부터 형제가 있다는 기록은 없으며 또 이름을 바꾸었다는 표현도 없다. 나진사 또한 금남공의 외 6세손으로 그 외가의 선대 세계가 실전된 것을 통탄스럽게 여겨 조사 및 고증의 노력을 더했지만 아직 그 적실한 문헌을 얻을 수 없어 진위공을 시작으로 그 손자 금남공에 이르는 3세까지만 세보에 실었던 것이다. 나진사의 조상을 추술하려는 정성과 박식한 공부는 진실로 후인이 미칠 수 있는 바가 아닌데도 고작 3세만 수록하는데 그친 것이 어찌 징험이 불가한 데 따른 결과가 아니겠는가. 부위공과 진사공이 과연 여러 형제가 있었다면 또한 어찌 기록하지 않는 이유가 있었겠는가? 그러한 즉 금남공은 집안의 의지할 데 없는 외아들이라 기록과 유적에서 기대할 것이 없었는데, 이것이 삼성보가 그런 체제로 만들어질 수밖에 없었던 이유이다.

지금 족보의 주석에 정원으로 개명했다고 하니, 아아 애통하다. 어찌 그 공교하고 또 그릇되는가. 사람이 이름을 바꾼 적은 예나 지금이나 있는 것이나 형제의 사이에 바꾸면 같이 바꾸는데도 형이 바꾸지 않고 동생도 바꾸지 않았는데도 홀로 바꾼 자는 아직 들어보지 못했다.[5] 이것이 어찌 석면의 각자로 세상 사람들의 눈을 덮을 수 없는 것이 아니겠는가. 강제로 이 이름을 바꾸었다는 황당한 설을 만들고 주를 곁들여서 가리고자 하는가. 이것은 가린다고 일컬을 수 있으나 가려진 것이 아니고 교묘하다고 일컬을 수 있으나 도리어 졸렬한 것이다. 또한 신미보(1751, 영조 27)에는 원래 이름을 바꾸었다는 주석이 없었고, 또 배위인 영천최씨에 대한 기록도 없으니 알지 못하겠다.[6] 경신보(1800, 정조 24)에 배위에 대한 기록을 개주한 것은 별도로 자취를 상고함에 의거할 만 한 것이 있어서 인가? 아니면 또한 석면 각자에 신미보 이전의 기록은 보이지 않고 비로소 신미보 이후의 기록만 보여서 빠르게 분변한 것인가. 경신년으로부터 신미년에 이르기까지 겨우 50년인데 족보 기록의 전후에 착오가 이와 같으니 계고할 것이 없으면 누가 다름에 놀라지 않으며 의심을 일으키지 않겠으리오.

---

5) 『택당집澤堂集』 권12, 「삼자개명설三子改名說」, "兒輩初名以煌字者. 從族稱也. 而以晜紳端字. 加以別之. 今改煌以夏者.", 이식은 세 아들을 면황, 신황, 단황이라고 이름 지었다가 면하, 신하, 단하로 바꾸고 개명설을 지었다.

6) 『신미보』는 일세一世 후손後孫 준량浚良 계열의 오세五世 운용雲龍이 네 아들 자읍自浥, 자호自滈, 자조自潮, 자정自汀 등을 두었는데, 이 중 자읍, 자호, 자조에 대해서는 주석이 없으며 자정은 후대를 기록하지 않았다. 자호에게는 네 아들 지沚, 월계月桂, 택澤, 침沉 등이 있는데, 이중 지와 택의 세계만 기록하고 월계와 침의 후대는 기록하지 않았다. 택은 부溥를 두었는데 부는 나질羅晊의 처, 유계린柳桂隣의 처, 김분金雰의 처와 측자側子 적迪을 둔 것으로 기록하였다.

이 한 조목에 의거해보면 자호공을 절로 자호공이라 하고, 정원공을 절로 정원공이라 하면 변명을 기다리지 않아도 변명할 수 있다. 만약 진사공이 형도 동생도 없더라도 비록 『표해록』으로써 본다면 또한 상고할만하다. 지금 족보에는 진사공을 자호의 아들 항렬로 기록하여 제 3남이라 하였고 또 4형제가 있었다고 하니, 황무하고 이치를 어그러트림이 어찌 이런 지경에 이르렀는가. 금남공은 표해시에 도저소에서 사정을 묻자 사실을 진술하여 말하기를, "아버지의 이름은 택인데, 진사시에 입격하였으나 어버이를 봉양하기 위하여 벼슬하지 않았다"고 말하였으니, 어찌 두 형이 있으며 한 동생이 있는데도 어버이를 봉양하기 위하여 벼슬하지 않는 이치가 있겠는가! 게다가 다시 말하기를 상복을 벗은 지 겨우 4년 만에 또 나주에서 죽었다"고 말하였으니, 이 '또'자를 살펴보면 부위공이 나주에서 돌아가신 것뿐만이 아닌데, 하물며 그 묘소가 사는 고을에 있는 경우야 더 말해 무엇 하겠는가. 이러한 즉 부위공이 다른 아들이 없어서 진사공에게 봉양을 받은 것이 또한 명확하지 않겠는가?

가령 그 족보가 기록한 바대로면 부위공과 진사공 2세에 걸쳐 숙부와 백부와 형과 동생이 그 번성함이 지극하였고 그 후의 자손도 심히 단약하지 않았으며, 강진에서 나주까지 백리가 채 되지 않는 땅이면 마땅히 멀지 않은데도 아는 이치가 없으니 곧 오월[7]의 뿌리나 뿔과 같아서 스스로 길가는 행인을 보는 시선을 만든 것인가. 대개 묘소가 지키는 사람이 없이 거의 이백 여년에 이르렀다가, 후에 금남공의 외 6세손 나진사『나두동』가 비로소 이에 미암 유희춘의 일기 중에서 상고할 수 있었고 비로소 제사를 행하고 가토하니 나씨가에 의해 해마다 제사하고 수호한 것이다. 또한 백여 년이 오래됨에 곧 1778년(무술, 정조 2) 이전에는 삼백여년의 사이에 어찌 한사람도 와서 절하고 자손이라고 칭하는 자가 없었는가. 지금 자손이라고 함부로 칭하는 자는 몇 백인지 알지 못하겠다. 비록 그 사이에 의심이 없고자 하나 할 수 있겠는가. 대저 이일은 오로지 금남공의 외손 삼성이 세대가 멀어지고 정성이 늦추어짐에서 말미암아 경신보가 때를 기다리다 나온 까닭이니 양립하여 변별에 이르지 않은 것이다. 그러한즉 외손인 삼성들이 반드시 태연히 보는 것으로 마음을 써서 밝게 변별되지 않는 것은 미안할 듯하며 나씨가는 더욱 면하기 어려운데도 선조의 뜻이 가진 책무를 지키지 않는가. 만약 우리파가 동향에 있다고 비단 금남공에 대해서 근원과 말단을 모두 상세히 하여도 비록 분파의 소목이 상세할 수는 없지만 장경공으로부터 똑같이 정의가 두터운 친족들이다. 지금 마땅히 족보를 보수하는 날에 차마 그 무계로 인륜을 상하게 하는 위보를 남의 일 보는듯하면 안 된다. 그러므로 한결같이 금남공의 문집 중에 의거해서 세보소에서 간행함에 우리 파에 기록하고 이어서 다음에 백세의 분명한 단안이 되게 한다면 우리 죄를 알아 그쳐서 우리는 한결같이 후래의 공의를 들을 뿐이다.

---

7) 춘추전국 시대의 오나라와 월나라

재위 8년 1808년(무진, 순조 8) 6월 하간 후손 최세우[8] 삼가 짓다.

예조에 올린 문서의 제사. 배관 및 감영에 내린 제사 첨부. 1802년(임술, 순조 2) 8월 일.

근세의 위보의 폐단은 진실로 변괴이니 매번 통렬히 뜯어 고치고자 하나 아직 실행에 옮기지 못하였는데 지금 장계를 보니 더욱 외진 시골에서 인륜을 멸시하는 습성이 보이니 단지 비통하고 놀라운 것으로 말만하는 것은 불가하니 상세히 허실을 조사하여 그 글을 불태우고 그 사람을 원래 계보대로 환원하라는 뜻을 본도에 배관背關[9]할 일.

배관背關

예조는 다음과 같이 배관한다. 배서한 정단 및 제사題辭[10]를 상고하여 시행하오되, 인륜과 벼리에 관계된 것은 내버려두어선 안되니 진위를 상세히 조사하여 법에 따라 엄하게 다스려서 인륜을 멸시하는 습성을 의당 징계할 일.

본도의 감영에 도부한 제사題辭
인륜과 벼리에 관계된 것이니 예조의 관문에 의거하여 상세히 조사하여 처결할 일, 강진관.
강진과 부안 등에 세거하는 최씨들의 『경신보』는 금남선생의 할아버지인 진의부위공의 이름을 바꾼 무계의 연유로 1802년(임술, 순조 2)에 나주파가 예조에 가서 올림으로부터 예조제사題辭 및 배관이 본도 감영에 도부하여 감영의 제사題辭에 오른쪽과 같이 운운하였다. 그러므로 조사하여 처치할 자를 차정하여 3번 강진관아에 보냈으나 때마침 관가에 일이 있어서 조사하여 처치할 수 없이 돌아왔다.

---

8) 효로-윤원-진-숙-학령-사물-정-천립-수중-간-성덕-세우
9) 하급 관아官衙의 첩보牒報 뒤에 기록한 관문關文.
10) 조선시대 관부에 올린 민원서의 여백에 쓰는 관부의 판결문 또는 처결문[데김]

　　강진 금천파에서 편찬한 탐진최씨 족보에서 최부는 강진 금천파로 기록되어 있다. 중조 최준양崔浚良을 파조로 삼아 2세 최령崔齡, 3세 최직림崔直霖, 4세 최봉崔鳳, 5세 최운룡崔雲龍으로 내려온다. 최운룡은 '自'자 항렬을 쓰는 최자읍崔自浥, 최자호崔自湖, 최자조崔自潮, 최자정崔自汀등의 4형제를 두었는데, 여기서 최자호가 최정원崔井元으로 개명을 하였다는 것이다. 최자호崔自湖에게는 다시 수변水邊을 쓰는 항렬자의 4형제를 두었는데 최부崔溥의 아버지 최택崔澤은 3자가 되어 최지崔沚, 최담崔潭, 최택崔澤, 최항崔沆 등의 순서로 족보에 기재되었다. 「변무사」는 강진 금천파가 주장하는 세계의 내용이다.

　　그 본문은 아래에 있다.

1. 정의

　강진 금천파의 주도로 편찬된 족보의 세계를 무계라고 변론한 나주 초동파 주장을 반박하는 강진 금천파의 논리를 기록한 글

2. 체제 및 내용

　나주 초동파에서 저술한 「금남선생무계변론」에 대응하기 위해 저술된 강진 금천파의 논리를 적은 글이다. 글의 주된 논지는 강진 금천파가 세계를 복원하고 조상을 추숭하기 위해 노력하는 본의를 나주 초동파가 무함誣陷하고 있다고 반박하는 것이다. 특히 외손들이 편찬한 『삼성보』 또한 후대의 자료이므로 자세하지 않은 자료라고 보았다. 즉, 「변무사」는 「금남선생무계변론」을 강진 금천파에 대한 무고誣告라고 이해하는 관점에서 저술된 글이다.

3. 특성 및 가치

　「변무사」를 통해서만 확인할 수 있는 사실들이 있어 흥미롭다. 먼저 시조 장경공의 묘소가 어떻게 현재 위치로 비정되었는지가 기술되어 있다. 강진 비파산에 정승의 무덤이라고 전래되어오는 분묘가 있었는데, 강진 출신으로 정승이 된 자는 오직 장경공 뿐이기 때문에 장경공의 묘소로 비정할 수 있었다는 것이다.

　두 번째로 언제부터 최부의 조부인 최정원에 대한 정보가 확인된다. 최정원의 묘소는 나주에 조성되었고 최부 사후 묘역의 관리와 제사가 끊어졌다가 외 6세손 나두동에 이르러 재개된다. 나주나씨가 관리하던 최정원의 묘역과 제사는 강진 금천파의 족보가 편찬되게 되는 시점인 약 1751(영조 27)을 계기로 강진 금천파에게 이관된 것으로 보인다.

■ 변무사辨誣辭

辨誣辭 : 原文

噫而笑哉. 人之明於責人, 而暗於責己者, 從古有之而甚矣哉, 羅州崔氏, 誣罔本宗之言也. 蓋我崔氏, 庚譜之規, 悉依於辛未之舊譜, 而諸道之宗, 同聲合議, 以成九冊, 而獨羅崔矜愎, 角立謀害庚譜, 吹毛覓疵, 妄作誣說其曰, "始祖墓所僞塚", 亦曰, "進義公諱字誣改", 又曰, 錦南公世系紊亂, 以指庚寶, 所謂僞譜, 此乃變怪也.

莊景公墳山, 在於康津琵琶山手掌形, 自麗及今人孰不知, 載于本縣邑誌, 明乎樵童牧竪口傳, 而不幸壬·丙之亂, 諸家奔竄, 未得守護者, 有年矣. 及其中年, 子孫稍集, 的知古蹟, 依舊守護者, 亦歸數百年矣. 修立石碣, 完然文字, 則入路之孫, 孰不來省.

惟彼羅崔, 有何意見, 妄作訛說, 有曰, "指一古塚"云, 不孝無義, 何其甚也. 康津琵琶山, 不有二矣. 墓所手掌形, 亦其一也. 邑誌輿圖, 昭然無疑, 各派家乘, 自古詳悉, 本縣政丞, 自麗至今, 惟一莊景. 故樵童牧竪, 萬古遺傳, 行人口誦, 勝於石碣, 則人孰不曰, 莊景之墓哉? 彼則曰, "指一古隧"云, 血一諸孫, 孰不驚駭, 彼之沮毀庚譜, 做出奸謀, 胡爲此極. 用貫耽津, 而反忝先祖者, 無乃空桑之降, 李樹之生歟.

吾崔始祖莊景公, 卽高麗仁宗朝, 平章事, 諱思全, 載之於東國通鑑, 刊之於麗史提綱, 而有目於文字之間者, 誰不見知哉. 彼之中祖, 栗亭公鶴齡行狀, 文稱以思全之後, 而載于鰲山集, 忝以詮字言邊, 則何羅崔有識之門, 如是妄發耶. 必也別有思詮, 爲其始祖耶. 然則用貫耽津, 亦可恠也. 吾先莊景公, 諱思全, 而琵琶山, 乃思全之墓, 而非思詮之墓也. 彼之盛門多族, 而地之相距, 未滿百里, 終無一人來拜者, 其意是夫. 蓋前日鰲山集之詮字是, 則今日戊辰譜之全字非也. 今日戊辰譜之全字是, 則前日鰲山集之詮字非也. 是何一莊景諱字, 如是變幻改易耶. 改易先諱, 其亦不知, 眞所謂以其心, 忖他人之心者也.

且山體手掌, 而掌之手中, 則第觀墓局, 雖瞽人盲目, 豈無知者, 又曰, "配位未詳"云, 以未詳者之所見, 責詳知者之事, 誠爲可痛. 如欲詳知, 則試觀順天金氏, 譜系豈不詳哉,

且進義副尉公, 墓碣字, 與譜牒諱字, 相左云, 世之有目者, 但觀羅州之誣文, 則似或置疑, 而實有不然者. 柳眉巖希春公, 卽錦南公之外孫, 錦南公, 卽進義公之孫也. 眉岩公, 乃進義公之外曾孫, 若其生時, 刻立墓碣, 則必也本名改諱, 詳悉以誌, 而至于外六世孫, 羅進士斗冬公,

始刱石碣書, 以所知名字曰, '進義副尉崔公井元之墓', 與本宗行列, 諱字相左, 而 柳·羅·金三姓譜, 梓出于是後, 故亦書如是而已.

以三姓氏, 追慕外先之心, 若知昭然文獻, 則自莊景而下, 以至錦南, 何不詳悉, 只書進義公, 不書其曾高之諱者, 未能詳知故也. 未詳其曾高之諱, 而安知其改諱, 與伯·叔·昆·弟之行乎?

且錦南公, 生于羅州, 贅寓於海南, 則羅州卽降生之古土也. 進義公, 邱墓在於榮山, 而榮山之於草洞, 未滿十里, 則居在一鄕, 必有系寸之誼, 墓地相距, 不滿十里, 則亦有掃省之道, 而錦南酷死之後, 進義公之墓, 荒歲崩頹, 將至數百年, 而草洞盛居之崔, 何不一人來省而棄, 作牛馬場, 以至于外六世孫羅氏之守護乎, 此不可知者也如是. 而反責康津百里外之人, 此向所謂明於責人, 而暗於責己者非也耶.

錦南公, 死於戊午之禍而後, 經壬·丙之燹, 其文稿家乘, 燒灰無徵, 世所共知也, 傍裔之家, 畧存世乘, 故辛未之譜所以修, 而庚申之譜, 亦依古例矣, 其後幸得湖堂錄與戶籍, 則公之曾高兩世之諱, 昭然明白矣, 墓碣井元公卽自湖公也, 譜乘自湖公乃井元公也, 彼柳羅金三姓譜, 不過三家之私記也, 此湖堂錄與戶籍, 則乃一國之公文也, 亦有何疑於其間哉.

且進義公墓, 羅氏守護者, 將至百餘年, 則羅氏誠敬於外先之心, 世之所罕, 以累世誠敬之心, 何必解弛於後世. 而一朝見奪於康津, 不當之崔氏, 仍爲薦之香火乎. 於此之時, 草洞崔氏, 世居同鄕, 情誼之深, 密派系之詳悉, 寧不愈於康津乎, 然而不使草洞, 守其墓, 薦其祀, 連使康津之崔氏主之, 是豈非明驗耶.

夫錦南公, 乃是莊景公之裔, 則於康於羅, 均是同貫之親, 差近差遠, 何益譜規, 何害派系, 而非其祖曰祖, 非其叔曰叔, 以汚萬世之蹟哉.

且觀丙子錄, 則草洞崔氏, 億瞻公狀辭, 以錦南公, 爲從高祖, 又於震崗公狀辭, 亦以錦南公, 稱爲從高祖, 則從高祖之考與祖, 果爲何人也. 以其代數計之, 則進義公, 果爲億瞻震崗之六世祖也, 十里墓所, 何至榛蕪, 以至羅氏守護之境耶.

且丙子錄, 則以從高祖稱之, 今於誣系云, 派系昭穆未詳, 其說可恠然, 則前所謂從高祖云者,用光於倡義錄, 而欲垂後日之蹟也, 今於誣系, 未詳派系昭穆云者, 掩耳偸鈴, 欲覆嘉靖僞譜之謀歟, 無乃猝辦變通, 以至反覆者歟!

且庚申作譜之日, 初議同譜, 再請任事, 終爲蝸角, 矜恔自高者, 無乃暗藏深計, 辛酉二月日, 偕送翼振符同崔追, 暗遣益泰指囑謀害, 俾作僞譜稱以嘉靖己酉譜, 而以康津京畿兩派之先諱倒錯, 而拾補前古無聞名字, 演增代數, 能系三十三世, 恐喝諸派, 欲破旣成之譜, 故意甚怪訝,

馳送有司, 往考漢城府帳籍, 又考崔追家舊乘, 罪人斯得割破己酉譜, 而姑恕其罪驅之蚊虻而已矣, 安知今日其心, 不革妄作誣系之說, 反害本宗之人乎? 若非向者, 割破己酉之僞譜, 未知錦南世系至於何境也. 前觀今日毁謗, 則甚於崔追之僞譜, 且念誣系之謊說, 則浮於前日之亂系也.

草洞戊辰之譜, 誣沮庚申譜者, 不過含嫌於己酉譜之現露, 造作謊說刻之, 于卷末云, 我則雖文魯才鈍, 安敢强記瞞世者哉! 事實如此, 故畧書顚末付之于庚譜之末, 以竢後之博識君子之公議焉.【彼之呈禮曹背關等文, 盡是誣, 官受辭.】

戊辰下澣, 耽津後孫崔挺崒, 謹書.

康津錦川面, 崔挺崒, 崔挺峴, 崔以翰等, 以羅州崔氏, 沮害庚譜, 冒亂禮曹之罪, 辨誣立旨事,

題音內, 果如狀辭, 則譜牒與湖錄, 若是相符, 更有何許異說, 而紛呈京營, 誣辭起鬧, 極誠駭異, 日後或有查卞之時, 憑考次立旨成給事【壬戌十二月日, 此文狀留置於康津崔彰麒家】

　아 가소롭도다. 사람이 남을 책망하는 데에 밝고, 자기를 책망하는 데에 어두운 것은 예로부터 있어온 것이 심했으니 나주최씨가 우리 종족을 무고하여 얽어맨 말이다. 대개 우리 최씨의 『경신보』의 규범은 모두 신미년의 옛 족보에 의거하고 여러 도의 종족들이 소리를 함께하고 뜻을 합쳐서 9책으로 만들었는데, 유독 나주최씨가 남의 말을 듣지 않고 맞버티고 『경신보』를 모해하여 털을 들추고 흠을 찾아서 망령되이 무함하는 말을 지어내며 말하기를, '시조의 묘소는 가짜 무덤이다'고 하였고, 또 '진의부위공의 휘자는 잘못 바뀌었다'고 하였으며, 다시 '금남공의 세계는 어지럽혀졌다'고 하여 『경신보』를 가리켜 위보라고 일컬으니 이 무슨 변괴인가.

　장경공의 분산은 강진군 비파산 수장형에 있는데 고려로부터 지금에 이르기까지 사람이라면 누군들 모르겠는가마는 본 현 읍지에 실려 있고[11] 초동과 목수의 구전에도 명확하였는데 불행하게도 임진왜란과 병자호란에 여러 집안이 도망가 흩어져서 수호할 수 없었던 것이 수년째였다. 근년에 미쳐서 자손들이 점차 모이고 옛 자취를 분명하게 알아서 예전에 수호하던 것에 의거하여 다시 수백 년을 돌이켰다. 석갈을 닦아 세워 문자를 완연하게 하니 곧 들어와 있는 자손이라면 누군들 와서 살피지 않으리오.

　오직 저 나주최씨만이 어떠한 의견을 가지고서 거짓말을 망령되게 만들어 말하기를 '저 고총'이라고 운운하니 불효와 불의가 어찌도 그리 심한가! 강진의 비파산이 두 개일 수 있겠는가, 묘소로 수장형[12]은 다만 하나일 뿐이다. 읍지와 여도는 확실하여 의혹됨이 없고 각파의 가승에도 예로부터 상세하며 본 현에서의 정승은 고려로부터 지금에 이르기까지 오직 한명 장경공 뿐이다. 그러므로 초동과 목수는 만고로 전해 왔고 행인의 구송은 석갈보다 미더우니 사람이라면 어찌 '장경공의 무덤'이라고 말하지 않겠으리오? 저들은 '저 한 개의 고총'이라고 운운하니 장경공으로부터 한 점의 피를 나눠 가진 내외자손이라면 누군들 놀랍게 여기지 않겠는가. 저들은 『경신보』를 저지하고 훼방하며 간사한 모의를 지어내니 어째서 이렇게 극심하게 되었는가. 탐진이라는 본관을 쓰면서도 도리어 선조를 더럽히니 마른 뽕나무 아래에서 태어나고, 오얏나무 아래에서 태어나지 않았겠는가?[13]

---

11) 최사전은 『강진군읍지康津郡邑誌』(1899)의 「인물人物」조의 첫 번째 인물로 실려 있는데 그 내용은 이자겸의 난을 평정하여 인종의 묘정에 배향되었다는 것이다. 「인물」조에는 해당 인물들의 분산墳山에 대해서는 기록하지 않았다.
12) 풍수지리에서 혈을 찾는 이론 중에서 산의 모양을 동물이나 식물 등의 물체에 비유하는 이론을 형국론形局論이라고 한다. 수장형은 손의 형세와 같은 산세가 드러나 보이는 형국을 의미한다.
13) 옛날 유선씨有侁氏가 뽕을 따다가 이윤伊尹을 마른 뽕나무 속에서 얻었다고 하며, 도교의 전설에 의하면 노자老子는 오얏나무 아래에서 태어났기 때문에 이李를 성姓으로 삼았다고 한다. 이는 즉 부모 없이 자식이 태어나는 것을 의미하는 고사이다.

우리 최씨의 시조 장경공은 고려 인종 조에 평장사로 휘는 사전이고『동국통감』에 실리고, 『여사제강』에 판각되어 문자의 사이에 분명하니 누군들 알지 못하겠는가. 저들의 중조 율정공 최학령의 행장에는 글에 사전의 후손이라 칭하였으나『오산집』에 실려 있는 것은 詮자로서 言변이 더해져 있으니 어찌 나주최씨라는 유식한 문중이 이와 같이 망발을 하는가. 반드시 별도의 사전이 있어서 그들의 시조가 되어야 할 것이다. 그러한즉, 탐진을 본관으로 쓰는 것은 또한 괴이하다. 우리 선조 장경공은 휘가 사전이다. 비파산은 곧 사전思佺의 묘이지 사전思詮의 묘가 아니다. 저들은 성대한 가문에 종족이 많은데 지리적 거리가 백리를 다 채우지 못하는데도 끝내 한사람도 와서 절한 자가 없었으니 그 뜻이 이와 같았다. 대개 전일 오산집의 詮자가 옳다면, 금일의『무진보』의 佺자는 틀렸다. 금일『무진보』의 佺자가 옳다면 전일『오산집』의 詮자는 틀렸다. 이 어찌 하나의 장경공의 휘자를 이와 같이 변환하여 고쳤겠는가. 선조의 휘를 바꾸어 고치는 것은 그 또한 알기 어려우니 참으로 이른바 그 마음으로써 타인의 마음을 헤아리는 것이다.

또한 산의 형체를 수장형이라고 하는 것은 장이 손의 가운데 있는 것이니 다만 무덤의 형국을 관찰하면 비록 소경의 먼눈으로도 어찌 알지 못하겠는가. 또 말하기를 '배위는 미상이다'라고 운운하니 상세하지 않은 소견으로 상세히 아는 자를 책망하는 일이니 진실로 통탄할 만하다. 만약 상세히 알고자 하면 순천김씨[14]를 한번 보면 족보의 계통이 어찌 상세하지 않겠는가.

또한 진의부위공은 묘갈의 글자가 보첩의 휘자와 더불어 서로 어긋난다고 운운하는데, 세상의 눈이 있는 자들은 다만 나주최씨의 무고하는 글만 보고 혹 의심을 품는데 진실로 그러하지 않은 것이 있다. 미암 유희춘공은 곧 금남공의 외손으로 금남공은 곧 진의부위공의 손자이다. 미암공은 이에 진의부위공의 외증손이다. 만약 그 살아계실 때에 묘갈을 새기고 세웠다면 반드시 개휘한 본명을 상세히 적었을 텐데, 외육세손 나진사 두동공에 이르러 비로소 돌을 세우고 글을 새겨서 아는 바로써 이름하여 말하기를 '진의부위최공 정원지묘'라 하였으니 본종항렬과 더불어 휘자가 서로 어긋났는데 유·나·김『삼성보』는 이후에 출판된 까닭에 또한 이와 같이 적었을 뿐이다.

삼성씨가 외선을 추모하는 마음으로써 만약 밝게 문헌을 알았다면 장경공으로부터 이하 금남공

---

14) 순천김씨는 견훤甄萱의 어가御駕를 인도한 공으로 평양군에 봉해진 김총金摠을 시조로 하는 가문이다. 평양平陽은 순천順天의 고호이다. 조선 단종 조에 계유정난으로 김종서金宗瑞가 화를 당할 때에 선대의 문헌이 거의 소실되었다.

에 이르기까지 어찌 전부 자세하지 않아서, 다만 진의부위공만 적고 그 증고의 휘는 적지 않은 것은 능히 자세하게 알지 못한 까닭이다. 그 증고의 휘가 미상이면 어찌 진의부위공의 개휘와 더불어 백부와 숙부, 형과 동생의 안행雁行을 알았겠는가?

또한 금남공은 나주에서 태어나 해남에서 처가살이를 했으니 나주는 곧 태어나신 옛 땅이다. 진의부위공의 구묘는 영산에 있고 영산이 나주 초동에 있어서 십리를 채우지 못한다. 하나의 고을에서 거주하면서 반드시 계촌의 세의가 있고 무덤 간의 거리가 십리를 채우지 않으면 또한 소성하는 도가 있는데도 금남이 혹사한 이후에 진의부위공의 무덤은 세월이 지나며 무너졌는데 장차 수백 년에 이르기까지 초동은 최씨들이 성대히 거처하면서 어찌 한사람도 와서 살피지 않고 버려두어서 우마장을 만들어서 외육세 나씨가 수호에 이르렀는가! 이것을 알 수 없는 것은 이와 같은데 도리어 강진 백리 외의 사람들이 책망하니 이것은 지난번 소위 남을 책망하는 데에 밝고 자기를 책망하는 데에 어두운 것이 아니겠는가!

금남공께서 무오사화에 돌아가신 이후로 임진왜란과 병자호란의 화재를 지나면서 그 문고와 가승이 소실되어 징험할 수 없음은 세상이 다 아는 바이다. 방계인 후예들의 가정에서 약간씩 세전되는 정보가 있는 까닭에 『신미보』가 수보되었고 『경신보』는 또한 고례에 의거하였다. 그 후에 다행이 호당록[15]과 호적[16]을 얻어서 공의 증조와 고조 양세의 이름이 밝게 명백해 졌다. 묘갈의 정원공은 곧 자호공이다. 보승에 자호공은 곧 정원공이다. 저 유·나·김의 『삼성보』는 삼가의 사사로운 기록에 지나지 않는다. 이는 호당록이 호적과 더불어 곧 일국의 공문서이다. 또한 어찌 그 사이를 의심할 수 있으리오.

또한 진의부위공의 묘를 나씨가 수호한 것이 오히려 백여 년이었으니 나씨가 외선조를 성경하는 마음은 세상이 드물게 여기는 바로 누세토록 성경하는 마음이 어찌 후세에 반드시 해이해지겠으리오. 그러나 하루아침에 강진최씨에게 빼앗긴 것은 마땅히 최씨가 아니므로 이에 향화를 옮긴 것이다. 이때에 나주 초동 최씨가 동향에 세거하면서 정의가 깊어서 묵묵히 파계를 상세히 살피니 차라리 강진최씨보다 낫지 아니한가. 그러나 나주초동파로 하여금 그 묘를 지키게 하고 그 제사를

---

15) 호당은 독서당을 의미하고 호당록은 사가독서인으로 뽑히는 이들의 성명을 기록한 문서이다. 호당록에 기재되는 정보는 이름과 자, 본관, 관직 등 약소하다.
16) 조선시대 호적은 3년마다 개편하였는데 그 내용으로 호주의 관직과 신분·성명·연령, 본관·부·조·증조의 관직과 신분·성명·연령 등을 기재하게 되어 있다. 최부 당시의 호적은 현전하지 않으며 호적으로 고조의 성명을 파악할 수는 없다.

옮기게 하지 않고, 계속 강진최씨로 하여금 주관하게 하니 이 어찌 밝은 징험이 아니겠는가.

무릇 금남공은 곧 장경공의 후예이다. 강진최씨와 나주최씨는 모두[均均] 같은 본관의 친속이라 조금 가깝거나 조금 머니 어떤 것은 보규譜規에 이로움을 줄 수 있으나 어떤 것은 파계派系에 해를 끼쳐 자기 할아버지가 아닌데도 할아버지라 이르고 자기 아저씨가 아닌데도 아저씨라 이르니 만세의 자취를 더럽힌 것이다.

또한, 병자록丙子錄을 살펴보니 나주 초동 최씨가 억첨공億瞻公의 소장의 사연에서 금남공을 종고조라 하였고 또한 진강공震崗公의 장사에서 역시 금남공을 종고조라 칭하였으니 종고조의 고考와 조祖는 과연 무슨 사람이 되는가. 그 대수代數로서 헤아려보면 진의부위공은 실로 억첨과 진강의 6세조인데 십리 거리의 묘소가 어찌 이리도 진무한데 이르렀는가. 나주최씨가 수호하는 경내에 이른 까닭이다.

또한, 병자록에서 종고조로서 호칭한 것을 지금은 무계誣系라 운운하고 파계派系의 소목昭穆이 상세하지 않다고 하니 그 설명이 가히 괴이하다. 전에 이른바 종고조라 운운한 것은 『창의록倡義錄』에 빛남을 써서 훗날의 자취를 드리우고자 한 것이고, 지금에 무계라 하고 파계와 소목이 상세하지 않다고 운운하는 것은 귀를 가리고 방울을 훔치듯 위조된 『가정보嘉靖譜』의 계략을 덮고자 한 것이니 아마도 급하게 갖추고 변통을 하고자 이랬다저랬다 하는 데 이른 것이 아니겠는가!

또한, 경신년에 족보를 만드는 날 처음에는 한 종파 이상의 동보同譜를 논의하였으나 많은 일에 대해 재청再請하여 끝내 다투니, 거만하고 괴팍하게 스스로 높은체하는 것이 아마도 깊은 계략을 숨기고 있는 듯하였다. 신유 2월 모일에 김익진金翼振과 함께한 최추崔追를 같이 보내 몰래 김익진을 파견하고 모해를 사주하여 위보를 지어 가정 연간의 『을유보』라 칭하도록 하니 강진과 경기의 두 파의 선조들의 휘가 으레 어그러졌으며, 옛날에 듣지 못한 이름자를 모으고 더하여 대수를 늘리니 세계世系가 33세나 되었다. 여러 파에 공갈恐喝하여 이미 완성된 족보들을 없애고자 하였으니 뜻이 매우 괴이하고 의심스럽습니다.

유사를 급히 보내니 그가 가서 한성부의 장적帳籍을 고찰해보고, 또한 최추 집안의 오래된 문서를 살펴보니 죄인이 『기유보』를 훼손한 것이 드러났으나 우선 그 죄를 사소한 것으로 몰고 갔을 뿐이다. 어찌 오늘날 그 마음을 알고 망령되이 무계의 설을 짓고서 본 종의 사람들에게 도리어 해를 입히려는 것이 아니겠는가? 만약 지난번에 을유의 위보를 훼손하지 않았더라면 금남의 세계가 어느 지경에 이를지 알지 못하겠다. 이전에 오늘날 훼손된 글을 살펴보니 최추의 위보가 심하였고 더군다나 무계의 망령된 설명을 생각하면 전날의 난계는 근거가 없는 것이다.

나주초동파의 『무진보』는 『경신보』를 왜곡한 것이므로 『을유보』의 비밀이 탄로나는 것에 대한 혐의를 머금은 것에 불과하니 황망한 설을 조작하고 권말에 운운하였으니. 내가 비록 문장과 재주가 노둔하나 어찌 감히 억지로 만들어진 세계를 기록하겠는가? 일이 실로 이와 같으므로 대략 『경신보』의 끝에 전말을 붙여서 훗날의 박식한 군자의 공의를 기다리겠다.

【예조에 보내는 배관 등의 문서에 이러한 무고를 전부 기록하여 관원이 제사題辭를 받음】

무진 월 하순, 후손 최정률崔挺崒이 삼가 글을 씀.

강진 금천면의 최정율, 최정현, 최이한 등은 나주최씨가 『경신보』를 저해한 일에 대하여 예조를 어지럽히는 죄를 무릅쓰고 변무를 위해 입지를 올리는 일.

판결문 내에 과연 장사狀辭와 같으니, 보첩과 호록이 이와 같이 상부하다면 또 다시 어떠한 이설을 허락겠는가. 서울과 감영에 청원서가 분분하고, 무고하는 말로 소란이 이는 것은 해이함이 극성한 것이니 이날 이후로 혹시 조사하고 분변하는 때에는 다음의 입지를 근거로 제시하여 성급하도록 할 일.

【임술 12월 모일, 이 문장은 강진 최창기의 가에 남겨둠】

제 2 장

진의부위공進義副尉公 계열의 대두

■ 진의부위공進義副尉公 계보도系譜圖

一世	二世	三世	四世
최정원崔井元 進義副尉	최택崔澤	최부崔溥	유계린柳桂麟 善山人
			나질羅晊 羅州人
			김분金雰 彦陽人
			최적崔迪 庶

四世	五世	六世
최적崔迪	최만령崔萬齡	최번崔蕃 일명 番

만가보萬家譜 탐진최씨耽津崔氏

소장처 : 양주 해남정씨 종가

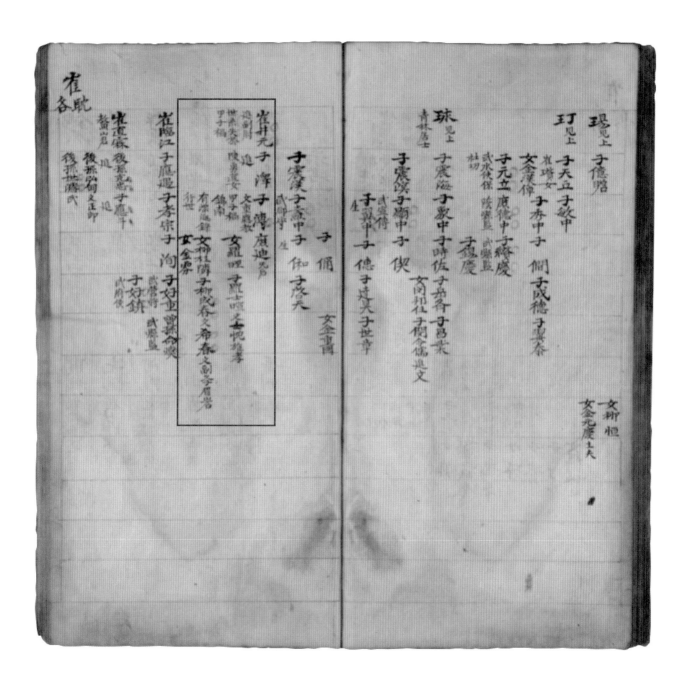

만가보는 19세기 해남윤씨 윤선도 종가에서 편찬된 종합보이다. 만가보는 서문 및 발문 등의 기록이 없어서 편찬자 및 편찬 연대에 대한 정보를 정확히 알 수는 없다. 만가보에 의하면 최정원은 진사출신으로 부위가 되었는데 갑자사화로 그 세계가 실전되었다고 한다.

만가보 내 진의부위공 계보의 특징은 최정원을 독자적인 파조로 설정하였다는 점, 증손 최적崔迪을 무후無后로 기록한 점, 최부의 자녀를 나주나씨 나질, 선산유씨 유계린, 언양김씨 김분 순서로 기록하였다는 점, 나주나씨의 대표 인물로 나사선羅士暄[愃]과 나사침羅士忱을, 문화유씨의 대표 인물로 유성춘柳成春과 유희춘柳希春을 적었다는 점 등이 주목된다.

진의부위공進義副尉公 최정원崔井元 – 최택崔澤 진사방목進士榜目

소장처 : 국립중앙도서관

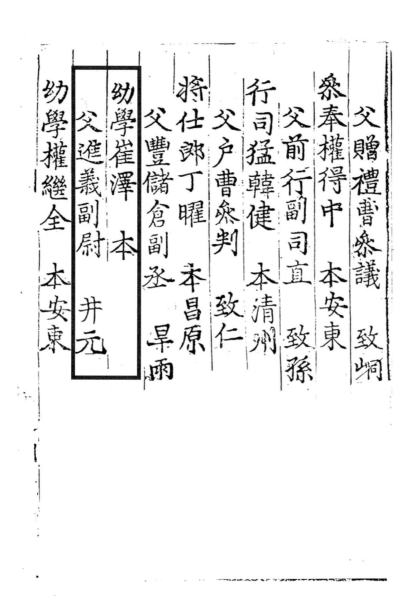

1469년(예종 1) 사마방목에 의하면 최정원은 진의부위였음이 확인된다.

세종은 1436년(세종 18)에 품계를 새롭게 정비하였는데 진의부위는 서반 종 9품이었다.

1466년(세조 12)에 전력부위展力副尉로 개칭되었다.

즉, 최정원은 1466년 이전에 진의부위가 되었고, 1469년에 관련 기록이 기재된 것이다.

진의부위공進義副尉公 최정원崔井元

소장처 : 송준호 개인소장

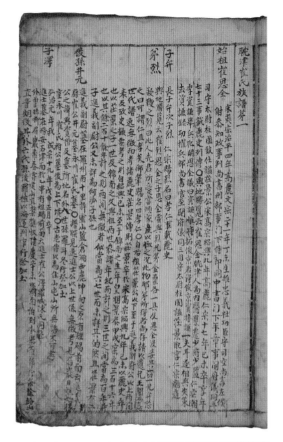

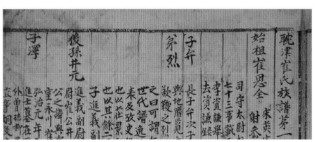

『삼성보』(금남최선생외손보)는 현전하는 탐진최씨족보 가운데 가장 오래된 족보다.

　1715(숙종41)년에 간행된 『삼성보』(금남최선생외손보)에는 최정원의 세계를 최사전 →
최열→ 최정원(진의부위) → 최택 → 최부로 기록하고 있다.

진의부위공進義副尉公 최정원崔井元

소장처 : 탐진최씨 성지파 종중

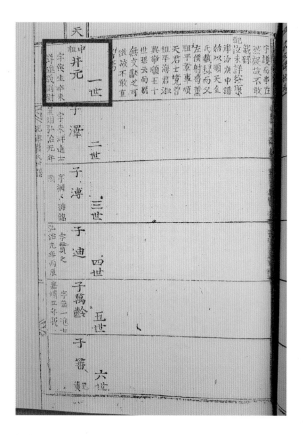

1834년 『탐진최씨세보』 성지파 세보에는 최정원으로 표기가 되어 있으며,
세계는 『삼성보』(1715, 숙종 41)와 같다.

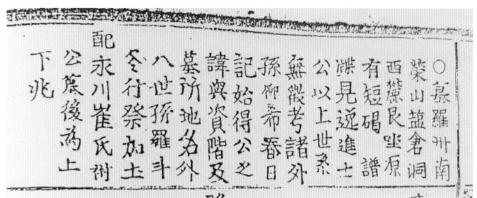

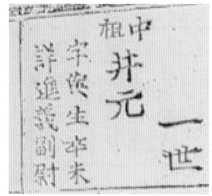

정원井元 : 자字여與 생졸生卒미상未詳 진의부위進義副尉 묘나주남영산염창동서록간좌원墓羅州南榮山
鹽倉洞西麓艮坐原 유단갈有短碣…

정원은 자가 여로 생졸은 자세하지가 않다.

진의부위로 묘는 나주시 남영산 염창동 서쪽 언덕에 있다.

단갈이 있다.(이하 생략)

진의부위공進義副尉公 최정원崔井元

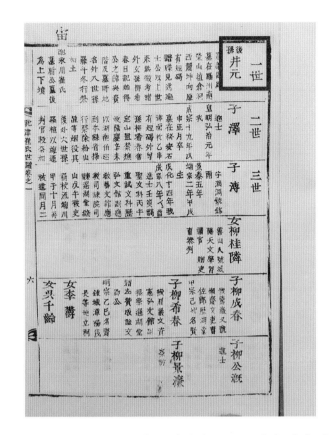

1856년 『탐진최씨족보』에는 최정원으로 표기가 되어 있으며,
세계는 『삼성보』(1715, 숙종 41)의 세계를 따르고 있다.

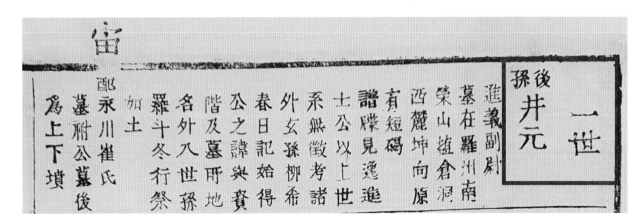

정원井元 : 진의부위進義副尉 묘재墓在 나주남영산염창동서록곤향원羅州南榮山鹽倉洞西麓坤向原
유단갈有短碣

정원은 진의부위로 묘가 있는 것은 나주시 남영산 염창동 곤향 언덕에 있다.

단갈이 있다.(이하 생략)

진의부위공進義副尉公 최정원崔井元

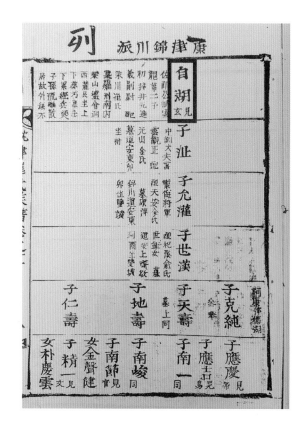

1857년 『탐진최씨족보』 강진금천파 조에 최정원은 최자호로 표기되어 있다.

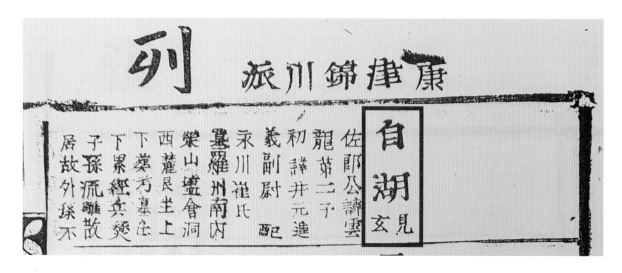

자호自湖 : 좌랑공휘운용제이자佐郞公諱雲龍第二子, 초휘정원初諱井元진의부위進義副尉 배영천최씨配永川崔氏 묘墓 나주남 내영산염창동서록간좌羅州南 內榮山鹽倉洞西麓艮坐 …

자호는 좌랑공 운용의 둘째 아들로, 초휘는 정원 진의부위다. 부인은 영천최씨이며, 묘는 나주 염창동 서쪽 언덕에 있다. …(이하 생략)

최정원崔井元 묘역墓域

소재지 : 전라남도 나주시 삼영동 산10

진의부위 최정원의 묘역은 나주羅州 염창동鹽倉洞 간좌艮坐 언덕原에 있었다.

단갈短碣에는 '진의부위최정원영천최씨지묘進義副尉崔井元永川崔氏之墓'라고 쓰여 있다.

최정원崔井元 묘역墓域

소재지 : 전라남도 나주시 삼영동 산10

진의부위최정원영천최씨지묘
進義副尉崔井元永川崔氏之墓

진의부위좌랑탐진최공자호지묘
進義副尉佐郎耽津崔公自湖之墓
배공인영천최씨
配恭人永川崔氏

최택崔澤 묘역墓域

소재지 : 전라남도 무안군 몽탄면 이산리 산125

최택 묘역은 무안현務安縣 석진면石津面 어을곶於乙串에 조성되었는데 지금의 무안군 몽탄면 이산리 늘어지 마을이다.

단갈短碣이 조성되어 있는데 "진사최택나성진씨동영進士崔澤羅城陳氏同塋"이라고 쓰여있다.

나성진씨의 본종은 여양진씨驪陽陳氏이다. 여양진씨의 시조는 고려 예종 때 호분위대장군을 역임했고 이자겸의 난을 평정하는데 공을 세워 여양군에 봉해진 진총후陳寵厚이다.

이후 진총후의 증손 진온陳溫이 현달하여 지나주사知羅州事를 지냈는데 그 후손이 나주로 분관하여 세계를 이어왔다.

진사탐진최공택지묘 進士耽津崔公澤之墓　　　진사최택나성진씨동영

배여양진씨 配驪陽陳氏　　　　　　　進士崔澤羅城陳氏同塋

최부崔溥 묘역墓域

소재지 : 전라남도 무안군 몽탄면 이산리 산125

최부의 묘역에는 원래 묘표墓標만이 남아있었다. 이에 1723년(경종 3)에 외후손 나두동 등이 묘갈을 건립했다. 묘갈의 찬술자는 나두동이다.

묘갈의 본문은 다음 쪽에 있다.

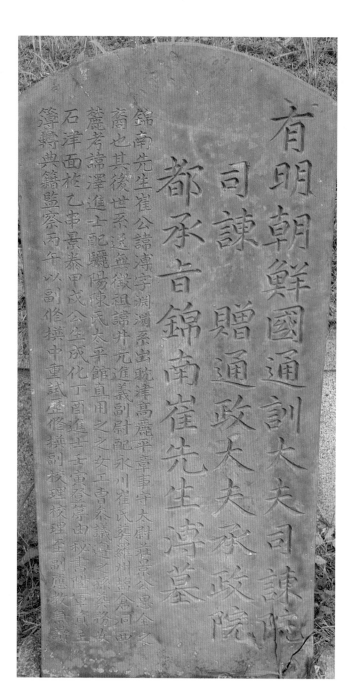

금남선생묘비문錦南先生墓碑文

전면과 측면

금남선생묘비문錦南先生墓碑文

소재지 : 전라남도 무안군 몽탄면 이산리 산125

금남선생묘비문錦南先生墓碑文

후면과 측면

■ 금남선생묘비문錦南先生墓碑文 간략簡略 해제解題

1. 정의

1723년에 나두동이 짓고 외손들이 함께 세운 최부의 묘갈

2. 체제 및 내용

최부 사후 212년 외손들이 중심이 되어 묘역을 관리하고 제사를 회복하면서 세운 묘갈이다.

최부와 관련된 기록들을 수합하여 생애 및 활동사항에 대한 정보를 간략히 기술하였다.

3. 특성 및 가치

금남선생묘갈은 명銘을 따로 짓지 않고 산문만으로 구성되어있다. 그 내용은 비록 기존의 기록들을 수합하여 정리한 것이지만 최부의 사후 200여년이 지난 시점에 외손들이 중심이 되어 추숭작업을 했다는 점에서 주목할 만한 유물이다. 특히 금남선생묘갈을 세울 당시 같이 계획되어 편찬되었던 『삼성보』는 당시 최부의 외손들이 가지고 있었던 최부의 상하 세계에 대한 인식을 확인할 수 있다는 점에서 큰 의미를 가진다.

■ 금남선생묘비문錦南先生墓碑文

錦南先生墓碑文 : 原文

有明朝鮮國, 通訓大夫, 司諫院司諫, 贈通政大夫, 承政院都承旨, 錦南崔先生溥墓.

錦南先生崔公諱溥, 字淵淵, 系出耽津, 高麗平章事守太尉莊景公思全之裔也. 其後世系, 逸無徵, 祖諱井元, 進義副尉, 配永川崔氏, 葬羅州鹽倉洞西麓. 考諱澤進士, 配驪陽陳氏, 太平館直用之之女, 工曹參議, 遵之孫, 葬務安石津面於乙串.

○景泰甲戌公生, 成化丁酉進士, 壬寅登第, 由秘書, 陞軍資主簿, 轉典籍·監察. 丙午以副修撰, 中重試歷修撰·副校理·校理, 至副應教兼讀書堂·藝文應教, 於兩司爲持平·司諫, 於春坊爲文學, 於槐院爲校理, 於通禮院爲相禮, 以書狀官·質正官, 再赴京, 卒官禮賓正, 坐忤權貴也.

嘗以敬差官往耽羅, 奔父喪, 漂泊東甌, 達于京, 至蒙皇帝賜賚異數. 及還成廟, 奬以華國賜衣, 褒之.
其爲應敎也, 與正字宋欽, 同乞暇南還, 宋公乘馹訪公, 公曰, 君以私行乘馹非法也, 遂還朝啓罷之, 其奉法責善類如此.
當燕山初年, 在言地極無諱, 至戊午史禍起, 佔畢齋金宗直, 先剖棺, 以公嘗受知畢齋, 且藏畢齋集, 杖流端川, 甲子禍再作, 十月二十四日, 公就市, 年五十一臨刑, 前夕金銓·洪彦弼等, 適在囚, 以酒就慰, 公受飮訣別, 神色陽陽如平時.

中廟靖國, 贈都承旨, 公稟性嚴毅, 氣節勁特, 學問該博, 而尤邃於易, 敎後生不倦. 嘗與徐居正等, 同修東國通鑑, 有所著論明白的確, 又與金宗直等, 改修輿地勝覽, 其文望可想惜, 其經濟之才, 百不一施, 而卒死非辜, 士林痛之. 有遺稿傳於世, 而漂海錄卽承命撰進者. 墓在海南牟木洞.
聘海南鄭氏訓鍊參軍貴瑊之女, 無男有三婿, 柳桂鄰習讀贈參判, 羅晊監察贈參判, 金霶將仕郎, 庶子迪. 柳有二男, 成春吏曹佐郎, 希春副提學文節公, 三婿李鬱·吳千齡·韓士訥. 羅有四男, 士愃寺正, 士惇贈參議, 士忱縣監以孝旌閭, 卽我高祖士惕禦侮, 二婿朴應淸·宋昕. 金有二男, 道濟通德郎, 德濟, 一婿李億福兵使.
公歿後二百十二年, 外裔金泰器·李弘命·李碩亨·羅斗冬等, 協議營祭田, 歲一祭之, 且念文節公, 嘗立碣, 而無陰刻恐志行無傳, 更伐石記事, 而或云, 加'贈禮曹判', 但舊刻無載, 疑不敢加焉. 崇禎後再癸卯秋外六世孫生員羅斗冬謹識.

금남선생묘비문 : 국역

유명조선국 통훈대부 사간원 사간, 증통정대부 승정원 도승지, 금남 최선생 부의 묘.

금남선생 최공은 휘는 부요, 자는 연연이다. 계통은 탐진에서 나왔는데 고려 때 평장사 수태위를 지낸 장경공 사전의 후예이다. 그 후의 세계는 일실되어 징험할 수 없고, 조고 휘 정원은 진의부위로 배위는 영천최씨인데 나주 염창동 서쪽 기슭에 장사지냈다. 선고 휘 택은 진사로 배위는 여양진씨이며 태평관직 용지의 딸이고 공조참의 준의 손녀인데 무안 석진면 어을곳에 장사지냈다.

○경태 갑술년(1454, 단종 2)에 태어나 성화 정유년(1477, 성종 8)에 진사에 입격하였고 임인년(1482, 성종 13)에 문과에 급제하여 교서관을 거쳐 군자감의 주부로 승진하고 성균관 전적과 사헌부 감찰을 역임했다. 병오년(1486, 성종 17)에 홍문관 부수찬으로써 문과 중시에 급제하여 홍문관 수찬과 홍문관 부교리 및 홍문관 교리를 역임하였고, 홍문관 부응교 때 독서당에 선발되어 사가독서하며 예문관 응교를 겸직했다. 양사에서는 지평과 사간이 되었고, 세자시강원에서는 문학이 되었고, 승문원에서는 교리가 되었고, 통례원에서는 상례가 되었고, 서장관, 질정관으로써 두 번 북경에 다녀왔고, 졸관은 예빈시 정이었으니 권세 있는 자들에게 미움을 받았기 때문이다.

일찍이 경차관으로써 탐라[제주]에 갔다가 아버지의 죽음을 듣고 분상(奔喪)하던 중 해일을 만나 표류하여 중국의 동구 지역에 정박하여 북경에 다다랐고 황제로부터 하사를 받는 등 특별한 은혜를 입었다. 본국으로 돌아오자 성종은 중국에서 옷을 받은 것을 칭찬하며 포상하였다.

응교로 재직할 때 정자 송흠과 함께 휴가를 청하여 고향으로 돌아왔는데, 송공이 역마를 타고 공을 방문하자 공이 말하였다. "그대가 사사로운 걸음에 역마를 타는 것은 법도가 아니다." 라고 하였다. 마침내 조정에 돌아가 입계하여 송흠을 파직시켰으니, 그 법을 받들고 선을 책망하는 유형이 이와 같았다.

연산군 초년에 언관의 직책에 있으면서 조금도 꺼림이 없어서 무오사화가 일어나자 점필재 김종직이 먼저 부관참시 당하였고 공은 일찍이 김종직에게 지우를 입었고 또 점필재집을 소장하고 있었던 까닭에 장형을 받고 단천으로 유배를 가게 되었다. 갑자년에 사화가 다시 일어나자 10월 24일에 공은 형장에 나아갔다. 그때의 나이 51세에 형을 당하였다. 전날 저녁 김전과 홍언필 등이 마침 투옥되어 있었는데 술로써 위무하러 가니 공이 받아 마시며 영결하였는데 신색이 양양하여 평시와 같았다.

중종반정으로 나라가 안정되자 도승지에 증직되었다. 공의 품성은 엄의하고 기절은 경특하며 학문은 해박하되 역학에 더욱 밝았고, 후생을 가르치는데 게으르지 않았다. 일찍이 서거정 등과 더불어 <동국통감>을 함께 찬수하였는데 저술한 바가 명백하고 적확함이 있었고, 또한 김종직 등과 더불어 『여지승람』을 개수하였으니, 그 학문과 덕망을 가히 상상할 수 있다. 애석하게도 나라를 경륜할 만한 재주를 백에 하나도 펴지 못하고 마침내 허물이 아닌 것으로 졸하였으니 사람이 애통해 하였다. 세상에 유고가 전해지는데 『표해록』은 왕의 명을 받아서 찬진한 것이다. 묘는 해남 모목동에 있다.

해남정씨 훈련참군 정귀감의 딸을 아내로 맞았는데, 아들은 없고 사위가 셋인데 참판에 증직된 습독 유계린과 참판에 증직된 감찰 나질과 장사랑 김분이 있고, 서자로 최적이 있다. 유계린의 두 아들은 이조좌랑 유성춘과 문절공 부제학 유희춘이고, 세 사위는 이울, 오천령, 한사눌이다. 나질의 네 아들은 시정 나사선과 참의에 증직된 나사순과 효자로 정려된 현감 나사침과 우리 고조 어모장군 나사척이고 두 사위는 박응청, 송흔이다. 김분은 두 아들을 두었는데 통덕랑 김도제와 김덕제이고 사위는 병마절도사 이억복이다.

공께서 돌아가신 지 212년 후에 외예 김태기, 이홍명, 이석형, 나두동 등이 제전을 마련하고 일년에 한 번 제사지낼 것을 협의하였다. 또 문절공께서 일찍이 비를 세웠으되 음각이 없음에 유념하여 뜻과 행동이 전해지지 않을까 염려되어 다시 돌을 캐서 일을 기록하였다. 혹자가 말하기를 '증예조판'을 더하라고 하였는데, 다만 옛날에 새긴 것에 쓰여 있지 않아서 의심스러워 감히 더하지 않았다.

숭정 기원후 두 번째 계묘(경종3, 1723)년 가을 외육세손 생원 나두동이 삼가 쓰다.

최부묘崔溥墓 출토出土 유물遺物

소장처 : 국립광주박물관

최부의 묘소는 원래 처가가 있던 해남 모목동에 있었으나 강진 금천파에 의하여 무안 늘어지로 이장되었다. 이 장소는 원래 부친인 최택의 묘소가 있던 곳으로 선영의 아래로 옮겨온 것이다.

1947년 해남에 있던 최부의 묘를 무안으로 이장하는 과정에서 출토된 유물들이 있다. 조선 전기 사대부들이 향유하던 식생활의 일면을 엿볼 수 있는 유물들이다.

현전하는 유물로는 청동 식기 및 최부 문과중시 교지가 있으며 실전된 유물로는 명 황제가 하사하였다는 벼루가 있었다고 한다.

최부崔溥 문과중시文科重試 교지教旨와 필적筆跡

소장처 : 국립광주박물관

教旨
宣敎郞守弘文館修撰
知製敎兼經筵檢討官
春秋館記事官崔溥文
科重試乙科第一人入格
者
成化二十二(成宗 17, 1486)年十一

교지
선교랑수홍문관수찬
지제교겸경연검토관
춘추관기사관최부문
과중시을과제일인입격
자
성화이십이(성종17, 1486)년 십일

　최부의 1486년 문과 중시 입격 교지. 등수는 을과 제1인이었다. 문과 중시 교지로는 매우 드물게 남아 있는 자료이다. 대과 합격자 홍패紅牌와 마찬가지로 붉은 물을 드린 도련지에 작성되었다.

　중시重試는 문무과 합격자들이나 현직에 있는 정3품하 당하관들을 대상으로 하여 10년에 한 번 치루는 전시殿試의 일종이다.

　최부의 성적은 을과일인인데 이는 갑·을·병의 3과 중 과의 1등을 의미한다. 최부의 성적은 전체 2등에 해당하는 높은 성적이었다.

최부 필적 崔溥 筆跡

소장처: 한국학중앙연구원 장서각

최부의 묘소는 원래 처가가 있던 해남군 모목동에 있었다. 하지만 1947년 후손에 의하여 이곳으로 이장되었고 이후 최택과 최부 부자를 제향祭享하는 재실인 경모재가 지어졌다.

그 옆에 위치한 금남선생사적비는 2008년에 세웠다.

최부생가기崔溥生家基[최부유허비崔溥遺墟碑]

소재지 : 전라남도 나주시 동강면 인동리 산36

『만가보』에 따르면 최택의 부인은 진용지의 딸이며, 『삼성보參姓譜』에 따르면, 최부의 모친은 여양驪陽 진씨陳氏 [나성羅城 진씨陳氏] 나성진씨이다. 최부의 나주 생가는 외가인 나성진씨로부터 물려받았을 가능성이 있다. 현재 최부의 생가터는 유실되고, 그 곳에 최부선생 유허비가 수립竪立 되었다.

금남선생유허비명 병서

錦南先生遺墟碑銘 幷序

■ 금남선생유허비명 병서錦南先生遺墟碑銘 幷序

연산燕山이 실덕失德에 소소득지宵小得志하여 구성무오사화構成戊午史禍하니 일시충량一時忠良
이 병수현륙이유종용취의騈受顯戮而有從容就義하여 병직미회자秉直靡悔者는 금남최선생휘부기
인야錦南崔先生諱溥其人也라. 근안謹按하니 선생先生은 탐진인耽津人이니 자연연字淵淵이요, 금남
錦南은 기호야其號也라. 고려평장사사전후조휘高麗平章事思全后祖諱는 정원井元이니 진의부위進義
副尉요 고휘高諱는 택택澤이니 진사進士라. 선생先生이 이以 단종갑술端宗甲戌에 생어나주곡강면
성지촌生於羅州曲江面聖智村하사 자유自幼로 강의정민剛毅精敏하여 박문강기博聞强記하고 영매불
기英邁不羈라. 성종정유成宗丁酉에 거진사擧進士하사 여김굉필與金宏弼과 송석충宋碩忠과 박담손
朴耼孫과 신희연申希演으로 결정지교부계結情志交孚契하고 우여신종호제현又與申從濩諸賢으로 상
우선相友善하다 임인壬寅에 등제登第하사 유군자주부由軍資主簿로 전전적감찰수찬轉典籍監察修
撰하고 병오丙午에 등중시登重試하여 역교리응교문학상례지평사간歷校理應敎文學相禮持平司諫하
고 정미丁未에 이경차관以敬差官으로 왕제주往濟州하고 익년춘翌年春에 분부상분父喪하여 도해
渡海라가 표지중국漂至中國하니 황제우례皇帝優禮하시고 총사호송본국寵賜護送本國하니 승승 명
찬진표해록命撰進漂海錄하다. 무오화작戊午禍作에 점필재김종직佔畢齋金宗直이 화급천양禍及泉壤
하니 이선생수업어김공以先生受業於金公하여 차이사장문집且以私藏文集으로 장류단천杖流端川
하고 갑자甲子에 경나치수형竟拏致受刑하니 신색神色이 불변不變하여 양양여상陽陽如常하시다.
중묘정국中廟靖國에 증도승지贈都承旨하다. 선생先生은 학문學問이 정예精詣하시고 우수어이尤邃
於易하여 교도후생敎導後生에 락부지권樂不知倦하고 소저유동국통감속여지승람야所著有東國通
鑑續輿地勝覽也하고 기재언관其在言官에 진사진충참화수지進思盡忠慘禍遂之하니 식세도지일대액
운야寔世道之一大厄運也라. 천리유구天理愈久에 미창방모彌彰方謀하여 즉유허수비卽遺墟竪碑하고
이지광감以志曠感하다. 십삼세손응상포상청명어여十三世孫應相抱狀請銘於余하니 여중기낙이내위
지명왈余重其諾而乃爲之銘曰 살자殺者는 환영사還永死요 사자死者는 고영생固永生이라. 무피일시참
저被一時慘하여 소수백세명昭垂百世名이라 설여세인지設與世人知하니 차리비사명此理非查冥이라.
고리상지점故里尙指點하니 포호유정령布護有精靈이라.

선생균후사백십구년계해십일월先生均後四百十九年癸亥十一月 일日
통정대부승선원좌승선겸경연참찬관춘추관수찬관완산인이윤종찬通政大夫承宣院左承宣兼經筵
參贊官春秋館修撰官完山人李胤鍾撰이라.

나주인 오대선 근서 羅州人吳大善謹書
숭정기원후7회갑자6월 일 13대손 응상 수崇禎紀元後七回甲子六月 日 十三代孫 應相 竪

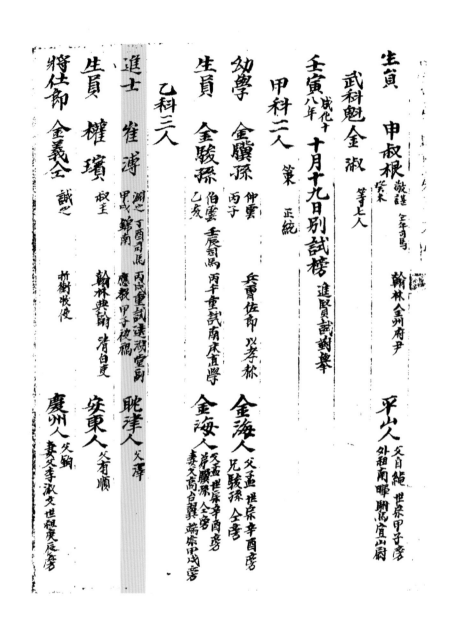

　　1482년(성종 13) 문과에서 최부는 진사 신분으로 과거에 응시하여 을과 3인 중 1인
으로 급제하였다. 방목에는 최부의 자와 호 및 생년과 본관, 부친의 이름까지 기재되어
있다. 최부는 1482년의 급제를 계기로 관직에 진출하였다.

1-19
최부 중시방목崔溥重試榜目

소장처 : 국립중앙도서관

應教 申從濩 庚子式年魁
乙科二人
修撰 崔溥 壬寅別試
弘文著作 朴增榮 癸卯式年
丙科五人
司儀 表沿沫 壬辰式年
監察 李大亨 庚子式年
弘文博士 閔輔翼 癸卯式年
宗簿直長 金駿孫 壬寅別試
吏曹正郎 鄭以僑 庚寅別試
宗 丙午

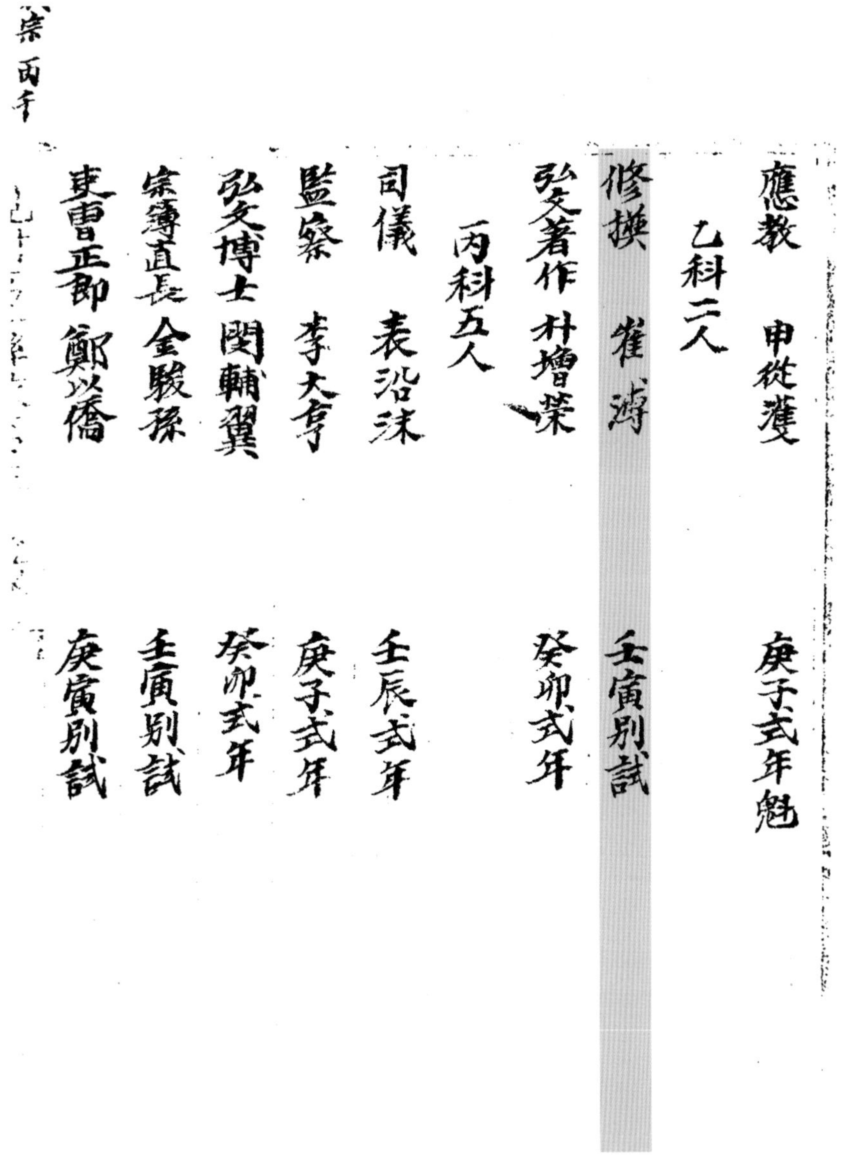

조선에서는 과거에 합격한 관료를 대상으로 특별 과거를 시행하였는데, 이를 문과 중시라고 한다. 중시의 합격자에게는 규례에 따라 품계를 올려주었는데, 장원은 4등급을, 갑과 2~3등은 3등급을 올려 주었고 을과는 2등급을 병과는 1등급을 올려 주었다. 최부는 1486년 병오 중시에서 을과 제1인으로 입격하여 가자加資[17] 되었다.

17) 조선시대 품계를 올리거나 혹은 정3품 이상의 품계를 말한다.

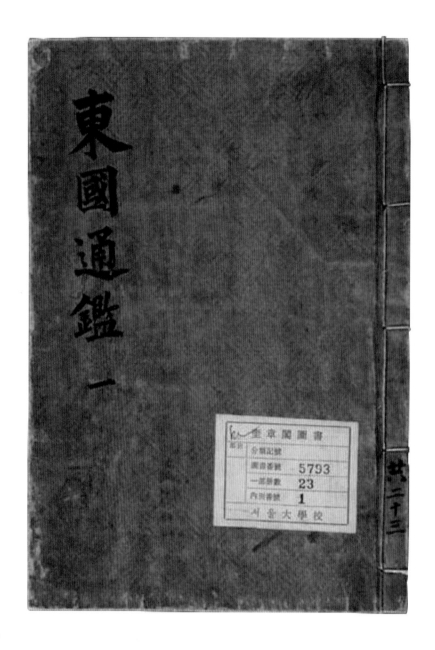

서거정이 성종의 명을 받아 편찬한 동국통감은 조선 최초의 편년체 사서이다.

최부는 편수관으로 참여하여 신사론新史論 204편 가운데 약 58. 8%에 이르는 120편을 찬술했다.

그의 역사가적 자질과 역량을 확인할 수 있는 대목이다.

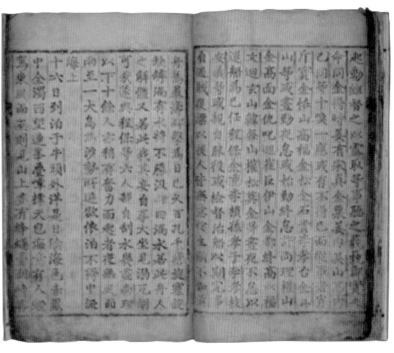

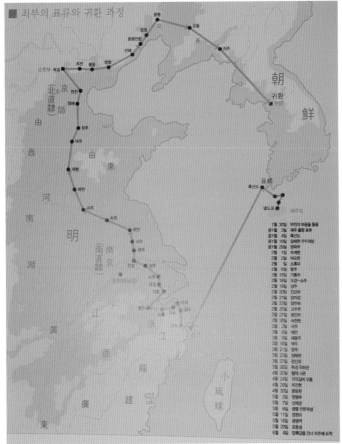

소장처 : 국립광주박물관

『표해록』은 『입당구법순례기』, 『동방견문록』 등과 함께 세계 3대 중국 기행문으로 꼽힌다. 다만 『표해록』은 성종에게 올리기 위해 작성한 보고서 형식의 기행문이라는 점에서 저술의 동기에 있어 다른 것과는 약간의 차이가 있다. 최부는 제주도에 추쇄경차관으로 파견되었다가 아버지의 부음을 듣고 일행 43명과 함께 나주로 출항하다 풍랑을 만나 중국 절강성에 표류하게 되었고 6개월의 육로 여행 만에 조선으로 귀환하게 되는데 이때 보고 들은 내용을 적은 기행문이 『표해록』이다.

표해록漂海錄

소장처 : 한국고전종합DB

錦南先生漂海錄 卷一

一七

『표해록』 중 무신戊申(성종成宗 19, 1488) 윤閏 정월正月 십구일十九日의 기록이다.

표해록漂海錄

소장처 : 한국고전종합DB

『표해록』 중 무신戊申(성종成宗 19, 1488) 윤閏 정월正月 십구일十九日의 기록이다.
『표해록』의 내용은 다음과 같다.

錦南先生漂海錄卷之一: 原文 / (1488) 閏正月 十九日

到桃渚所. 是日大雨. 兩千戶並馬驅臣等. 冒雨以行. 臣令程保告許清曰. 我等漂海. 浮沈飢渴.
臨死復甦. 僅保餘喘. 得到貴境. 得遇官人. 得飽昨朝之飯. 以爲得再生之地. 乃於霖霂之雨.
濘潦之途. 顚坑仆谷. 撥石衝泥. 體凍脚微. 心焦力盡. 昨夕不得食. 今早又不得食. 又驅出冒
大雨而行. 我其殆將半塗而斃矣. 許清復曰. 昨因你走不到官司. 自取飢. 今若便到. 則官自
供給. 速去速去. 臣運步不得. 仆路隈. 四體委地不收. 孝子; 程保, 金重, 莫金, 萬山, 巨伊山
等環坐痛哭. 適有牽牛而過者. 程保告諸千戶曰. 請解衣買此牛. 以騎我員. 許清曰. 我亦豈不
憐你輩受此苦乎. 緣拘國法. 未得護汝耳. 李楨, 孝枝, 尙理等又相代負. 臣過一嶺. 可二十餘
里. 至一城. 乃海門衛之桃渚所. 行將近城七八里間. 軍卒帶甲束戟. 銃熕彭排. 夾道塡街. 至
其城則城有重門. 門有鐵扃. 城上列建警戒之樓. 城中市店聯絡. 人物繁富. 引臣等至一公館
許留焉. 臣之形容槁枯. 冠服塗泥. 觀者絶倒. 有姓名王碧者寫謂臣曰. 昨日已報上司. 倭船
十四隻. 犯邊劫人. 你果是倭乎. 臣曰. 我非倭. 乃朝鮮國文士也. 又有姓名盧夫容者自稱措
大. 謂臣曰. 車同軌. 書同文. 獨你語音. 不同中國. 何也. 臣答曰. 千里不同風. 百里不同俗.
足下怪聽我言. 我亦怪聽足下之言. 習俗然也. 然同得天所賦之性. 則我之性. 亦堯舜孔顏之
性. 豈嫌於語音之有異哉. 其人撫掌曰. 你奔喪. 可行朱文公家禮乎. 臣答曰. 我國人守喪. 皆
一遵家禮. 我當從之. 但爲風所逆. 迨今不得哭于柩前. 所以痛哭. 其人又問曰. 你作詩否. 臣
答曰. 詩詞乃輕薄子嘲弄風月之資. 非學道篤實君子所爲也. 我以格致誠正爲學. 不用意學
夫詩詞也. 若或有人先倡. 不得不和耳. 又有一人寫臣掌上曰. 看你也不是互人. 只以言語不
同. 實同盲啞. 誠可憐也. 我告你一言. 你其記之. 善自處. 愼勿輕與人言. 自古倭賊屢劫我邊
境. 故國家設備倭都指揮, 備倭把總官以備之. 若獲倭則皆先斬後聞. 今你初繫舟處. 轄獅
子寨之地. 守寨官誣汝爲倭. 欲獻馘圖功. 故先報云. 倭船十四隻. 犯邊劫人. 將領兵往捕汝
斬汝之時. 你輩先自捨舟. 投入人多之里. 故不得逞其謀矣. 明日把總官來訊你輩. 你其詳辨
之. 少有違誤[設]. 事在不測云云. 臣問其姓名則曰. 我所以言之者. 愛汝也. 危之也. 掉頭而
去. 臣聞其言. 毛髮豎立. 卽語程保等. 保等曰. 路人指我等爲斬伐之狀者. 皆惑此謀故耳. 日
夕. 千戶等官員七八人. 置一大卓. 環立卓邊. 引程保於前. 問曰. 你一起一十四隻船. 實否. 保
對曰. 否. 但一隻而已. 揮程保以出. 又引臣問曰. 你衆所駕原船幾隻. 臣曰. 只一隻耳. 問曰.
我邊上瞭見. 倭船一十四隻. 同泊昨處海洋. 我因守寨官之報. 已報于上司大人. 你船十三隻.
置之何地. 臣曰. 我之到海岸時. 有貴地人等乘船六隻. 同泊一海. 若要究六船人. 則我之船
數可知矣. 問曰. 你以倭人. 登劫此處. 何也. 臣曰. 我乃朝鮮人也. 與倭語音有異. 衣冠殊制.
以此可辨. 問曰. 倭之神於爲盜者. 或有變服. 似若朝鮮人者. 安知你非其倭乎. 臣曰. 觀我行

止擧動. 證我印牌冠帶文書. 則可辨情僞. 千戶等卽令臣拿印信等物來以質之. 因問曰. 你無乃以倭劫朝鮮人. 得此物乎. 臣曰. 若少有疑我之心. 姑令送我北京. 與朝鮮通事員一話. 情實立見. 問曰. 你姓何名誰. 何州縣人. 何職官. 因何事幹. 到我邊境. 開寫情狀. 毋敢謊虛. 我其申報上司. 臣曰. 姓崔名溥. 住朝鮮國全羅道羅州城中. 再登文科. 筮仕朝著者有年. 去丁未秋九月. 奉國王命. 往濟州等處海島. 今閏正月初三日. 犇父喪. 顚倒還家. 遭風漂海. 得到于此. 曰. 你父名何職何. 死在何地. 臣曰. 父名澤. 格進士試. 以養親不仕. 闋孝服僅四載. 又死于羅州. 供畢後. 館臣于別館. 以供臣及從者. ○我國人爲公爲私. 往來濟州. 或遭風無去處者. 不可枚悉. 終能生還者. 十百僅一二. 是豈盡沈於海波乎. 其漂入島夷若暹羅, 占城之國者. 無復望還. 雖或漂至中國之界. 亦爲邊人所誤. 誣以倭賊. 折馘受賞. 則誰能辨其情乎. 如臣等者. 若不先自下陸. 若無印牌之信. 豈復免於禍哉. 我國家若依中朝制. 凡百官給號牌錫牌. 篆書職姓名以旌異之. 奉使臣無大小給節鉞. 以尊王命. 抑又沿海住人. 雖以私商過海者. 皆給號牌. 書某國某州縣某姓名某形某年甲以別之. 又置通事一員於濟州. 凡奉使臣及三邑守令往還. 常川帶行. 以圖後慮. 然後庶可免於患.

금남선생표해록권지1: 국역 / (1488년) 윤달 정월 19일

도저소에 도착하였다. 이날은 큰비가 내렸다.

두 천호千戶[18]가 말을 나란히 타고 신 등을 인도하여 비를 무릅쓰고 길을 떠났습니다. 신은 정보를 시켜서 허청에게 알리기를, "우리들은 바다에 표류하여, 물 위에 떴다가 물속으로 가라앉았다가 하면서 배고프고 목말라서 죽음에 임박했다가 다시 살아나서 겨우 죽음에 가까운 생명을 보전하여 귀국의 귀경에 도착하게 되어 관인을 만나서 어제 아침에 밥을 배부르게 먹고 다시 살아날 터전을 얻게 되었습니다. 그러나 비와 진흙 길에서 구덩이에 엎어지고 골짜기에 넘어지며 돌에 긁히고 진흙에 부딪혀서 몸뚱이가 얼고 다리에 힘이 없으며 마음은 조이고 힘은 다 없어졌습니다. 어제 저녁에도 오늘 아침에도 밥을 먹지 못했는데, 또 몰아내어 큰비를 무릅쓰고 떠나게 하니, 우리는 거의 중도에서 죽게 될 것이오."

---

18) 고려 후기 몽고의 영향을 받아 나타난 관직으로 그 명칭은 만호萬戶·백호百戶와 함께 관령管領하는 민호民戶의 수에 따라 붙여졌다.

하니, 허청이 회답하기를, "어제는 당신들이 관사官司에 도착하지 않았기 때문에 스스로 굶주림을 취하게 되었는데, 지금 만약 즉시 관사에 도착한다면 관官에서 스스로 공급해 줄 것이니 빨리 가시오." 하였습니다. 신은 걸음을 걷고자 하였지만 되지 않아서 길 모퉁이에 넘어져서 온 몸을 땅에 버리고 거두지 못하니, 손효자孫孝子·정보程保·김중金重·막금莫金·만산萬山·최거이산崔巨伊山. 등이 빙 둘러앉아서 통곡하였습니다. 때마침 소를 이끌고 지나는 사람이 있었으므로, 정보가 천호千戶. 에게 알리기를, "옷을 벗어 이 소를 사서 우리 관원官員을 태우기를 청합니다."

하였으나, 허청은 말하기를,

"낸들 어찌 당신들이 이런 고통을 받는 것을 불쌍히 여기지 않겠소만, 국법에 구애되기 때문에 당신들을 두호할 수 없소."

하였습니다. 이정李楨·이효지李孝枝·허상리許尙理 등이 또 서로 번갈아 신을 업고 한 고개를 지났는데 그 고개는 20여 리나 되었습니다. 한 성城에 이르니, 곧 해문위海門衛의 도저소桃渚所였습니다. 성 못 미처 7, 8리 사이에 군졸들이 갑옷을 입고 창을 세웠으며, 총통銃煸과 방패[팽배彭排]가 거리를 꽉 메웠습니다. 그 성에 이르니, 성에는 겹문이 있고 문에는 쇠빗장[철경鐵扃]이 있었으며, 성 위에는 경수루警戍樓를 죽 벌여 세우고 성안에는 시점市店이 서로 잇닿아 있고 인물人物이 번창했습니다. 신 등을 인도하여 한 공관公館에 이르러 유숙케 했는데, 신의 형용은 바싹 마르고 관복은 진흙탕에 빠진 것 같아 구경꾼들은 몹시 웃어 댔습니다. 왕벽王碧이란 성명을 가진 자가 있어 글을 써서 신에게 말하기를,

"어제 이미 상사上司에게 왜선倭船 14척이 변경을 침범하여 사람을 겁탈했다고 보고했었는데, 당신들이 과연 왜인인가?"

하므로, 신은 말하기를,

"우리는 왜인이 아니라 곧 조선국 문사文士요." 하였습니다. 또 성명이 노부용盧夫容이란 자가 있어, 자칭 조대措大 빈사貧士라 하면서, 신에게 말하기를,

"수레는 바퀴 사이의 폭이 같고 글은 문자文字. 가 같은데[거동궤서동문車同軌 書同文], 유독 당신들은 말소리가 중국과 같지 않으니 무슨 이유인가?"

하므로, 신은 대답하기를,

"천 리에 풍속이 같지 않고, 백 리에 습속이 같지 않습니다. 족하足下 대등한 사람에 대한 경칭은 내 말을 괴이하게 듣고, 나 또한 족하의 말을 괴이하게 듣는 것은 습속이 그런 게요. 그러나 하늘이 부여한 성품을 같이 얻었은즉, 나의 성품 또한 요순堯舜 임금과 공자와 안자의 성품인데, 어찌 말소리가 다름을 혐의하겠소."

하니, 그 사람은 손바닥을 치면서 말하기를,

"당신이 친상에 달려간다 하니, 주 문공朱文公[주자朱子]의 가례를 시행할 수 있소?"

하므로, 신은 대답하기를,

"우리나라 사람들은 상喪을 당했을 땐 모두 한결같이 《주자가례朱子家禮》를 따릅니다. 나도 마땅히 이를 따라야 하는데 다만 역풍을 만나서 지금까지 널[구柩] 앞에 울지 못하게 되었기 때문에 통곡하오."하였습니다. 그 사람은 또 묻기를,

"당신은 시를 지을 줄 아오?"

하므로, 신은 대답하기를,

"시사詩詞는 곧 경박한 사람이 풍월風月을 조롱嘲弄하는 자료이므로 도학道學을 배워 독실한 군자君子의 하는 짓은 아니오. 나는 격물格物·치지致知·성의誠意·정심正心으로 학문을 삼고 있기 때문에 시사를 배우는 일에는 마음을 쓰지 않았소. 혹시 다른 사람이 먼저 시를 지어 부르게 되면 화답은 하지 않을 수 없소.

하였습니다. 또 한 사람이 손바닥 위에 글을 쓰기를,

"당신을 보건대, 호인互人은 아닌데, 다만 언어가 같지 않은 이유로 실제 장님과 벙어리와 같게 되니 진실로 가련한 처지요. 내가 당신에게 한마디 말을 알려 줄 것이니, 당신은 이를 기억하여 자기 일을 잘 처리하고 절대로 경솔히 다른 사람과 말하지 마오. 예부터 왜적이 여러 번 우리의 변경을 겁탈하는 까닭으로 국가에서는 왜적을 방비하는 비왜도지휘備倭都指揮와 비왜파총관備倭把摠官을 설치하여 왜적을 방비하게 했으니, 만약 왜적을 잡는다면 모두 먼저 목을 베고 난 후에 위에 알리게 되어 있소. 지금 당신이 처음 배를 맨 곳은 사자채獅子寨의 관할지인데, 채寨를 지키는 관원은 당신을 왜적이라 무고하여 목을 베어 바치고 공을 도모하려 했소. 그러므로 먼저 보고하기를, '왜선 14척이 변경을 침범하여 사람들을 겁탈한다.' 하고 군사를 거느리고 가서 당신을 잡아 목을 베려 하였소. 그런데 그때 당신들이 먼저 배를 버리고 사람이 많이 사는 마을로 들어갔소. 그래서 그들은 꾀를 부리지 못했던 것이오. 내일은 파총관이 와서 당신들을 신문할 것인데, 당신이 거짓 변명하여 조금이라도 어긋나는 말이 있으면, 일이 불측하게 될 것이오."

하였습니다. 신이 그의 성명을 물으니 그는 말하기를,

"내가 이런 말을 하는 것은 당신을 사랑해서 위태롭게 여긴 때문이오."

하고는 머리를 흔들면서 가 버렸습니다. 신은 그 말을 듣고 겁이 나서 머리털이 곤두섰습니다. 곧 정보 등에게 이야기하니, 정보 등은 말하기를,

"길가 사람들이 우리를 가리키면서 목을 베는 형상을 했던 것은 모두 이 일을 알았기 때문입니다."

하였습니다. 이날 저녁에 천호千戶 등 관원 7, 8인이 큰 탁자 하나를 놓고 탁자 가에 죽 둘러서더니, 정보를 앞에 끌어내어 묻기를,

"너희들 한 떼의 배가 14척이라고 하니 사실인가?"

하므로, 정보가 대답하기를,

"아니오. 한 척뿐이오." 하니, 손을 휘둘러서 정보를 내보내고, 또 신을 끌어들여 묻기를, "너희들이 타고 온 원선原船이 몇 척이나 되는가?"

하므로, 신은 말하기를, "한 척뿐이오."

하니, 또 묻기를,

"우리의 변경에서 왜선 14척이 어제 그곳의 바다에 함께 정박한 것을 환하게 보고, 내가 수채관守寨官의 보고에 따라 이미 상사대인上司大人에게 보고하였는데, 너희들 배 13척은 어느 곳에 두었는가?"

하므로, 신은 말하기를,

"우리가 해안에 도착할 때에 귀지인貴地人들이 탄 배 6척이 한 바다에 같이 정박하고 있었으니, 만약 6척의 배에 탄 사람을 추구한다면 우리 배의 수효를 알 수가 있을 것이오."

하였습니다. 그들이 묻기를, "너는 왜인으로서 이곳에 올라와 겁탈하는 것은 무슨 이유인가?" 하므로, 신은 말하기를,

"나는 조선 사람입니다. 왜인과는 말소리도 다르고, 의관衣冠 제도도 다르니, 이것으로 분변할 수 있을 것이오."

하였습니다. 그들이 묻기를,

"왜인으로서 도적질에 신묘神妙한 놈은 혹 변복해서 조선 사람과 같이 한 자가 있다. 네가 그 왜인이 아닌지 어떻게 알겠는가?"

하므로, 신은 말하기를,

"나의 행동거지를 자세히 보고, 나의 인신印信·마패馬牌·관띠[관대冠帶]·문서文書를 증험한다면 진실인지 허위인지 분별할 수 있을 것이오."하니, 천호 등이 즉시 신에게 인신 등의 물건을 가져와서 대질하게 하고는, 이내 묻기를,

"네가 왜인으로서 조선 사람을 겁탈해서 이 물건을 얻은 것이 아닌가?"

하므로, 신은 말하기를,

"만약 조금이라도 나를 의심하는 마음이 있으면, 우선 나를 북경北京으로 보내서 조선 역관과 한번 이야기를 시켜 보면, 진실인지 허위인지 즉시 나타날 것이오."

하니, 그는 묻기를,

"너는 성은 뭐고 이름은 뭐며, 어느 주현州縣 사람이고 무슨 관직이며, 무슨 사건으로 인해 우리 변경에 도착했는지, 그 정상情狀을 속이는 것 없이 말하라. 내가 상사上司에게 통지하겠다.

하므로, 신은 말하기를,

"나는 성은 최崔, 이름은 부溥로, 조선국 전라도 나주羅州에 거주하고, 문과에 올라 조정의 반열班列에 처음으로 벼슬한 지 몇 해가 되었으며, 지난 정미년 9월에 국왕의 명령을 받들고 제주 등의 해도海島에 갔다가 금년 윤정월 3일에 아버지의 상喪을 당하여, 황급히 집으로 돌아가다가 바람을 만나 표류해 이곳에 도착하게 되었소."

하니, 그는 말하기를,

"네 아버지 이름은 뭐고 관직은 뭐며, 죽기는 어느 땅에서 죽었는가?"

하므로, 신은 말하기를,

"아버지 이름은 택澤인데, 진사시進士試에 합격했으나 어버이를 봉양하기 위하여 벼슬하지 않았으며, 상복喪服을 벗은 지 겨우 4년 만에 나주에서 죽었소."

하였습니다. 공초供招를 마치고 난 후에 신을 별관別館에 숙박하게 하고, 신과 종자從者들을 공궤供饋하였습니다.

우리나라 사람으로서, 공무公務로든 사무私務로든 제주도에 왕래하다가 혹은 바람을 만나서 간 곳이 없게 된 사람은 낱낱이 들 수도 없고, 마침내 능히 살아서 돌아온 사람은 10명, 100명 중에서 겨우 1, 2명에 불과합니다. 이들이 어찌 모두 바다에 침몰된 것이겠습니까? 그중에 표류해서 섬 오랑캐 땅의 섬라暹羅 태국·점성占城에 들어간 사람은 다시 돌아오기를 바랄 수도 없거니와, 비록 혹시 표류해서 중국의 지경에 이르게 된 사람도, 변경 사람이 왜적으로 무고해서 목을 베어 상賞을 받는 바 된다면 누가 능히 그 실정을 변명하겠습니까? 신 등과 같은 사람도 만약 먼저 스스로 육지에 내려오지 않았거나, 인신印信과 마패馬牌의 신표가 없었더라면 어떻게 재화를 면할 수 있었겠습니까?

우리 국가에서도 만약 중국 조정의 제도에 의거하여 무릇 백관百官들에게 호패號牌와 석패錫牌를 주어 관직과 성명을 전자篆字로 써서 평민과 다름을 나타나게 하고, 봉명사신奉命使臣에게는 대소를 논할 것 없이 절월節鉞을 주어 왕명을 존중하도록 하고, 또 연해 지방에 거주하는 사람은 비록 사상私商으로 바다를 건너는 사람이라도 모두 호패를 주어서, 아무 나라·아무 주현州縣·아무 성명·아무 형상形狀·아무 연갑年甲 연세年歲을 써서 이를 구별하도록 하고, 또 역관 1명을 제주에 두어서 무릇 봉명사신과 3읍邑 수령守令이 왕래할 적엔 항시 데리고 다녀서 뒷날의 근심을 생각하도록 해야만 거의 환란을 면할 수 있을 것입니다.

번역 참고 고전번역원

최부崔溥 영정影幀

소장처 : 영파박물관 고려사신관

중국 영파에 건립된 영파박물관의 고려사신관에서는 최부의 영정의 상상도想像圖를 복원해 놓았다. 이는 최부의 표해漂海와 그 과정에서 기록된 중국에서의 여정에 대한 중국의 큰 관심을 반영한다.

덕호사德湖祠

소재지 : 전남 강진군 군동면 덕천리 763

덕호사는 최부(1454~1504), 용호 최극충(1542~1571), 해암 김응정(1527~1607), 소무 오신남(1575~1633) 등을 제향하는 사당으로 1686년 관내 유림들의 발의로 처음에는 군동면 벽송리 금천마을에 금호사라는 명칭으로 창건됐다. 그 후 지난 1792년 11월 현 위치로 옮겨 사우의 명칭을 덕호사로 바꾸었다. 최극충의 가계를 통해 볼 때 덕호사 또한 강진 금천파와 관계가 있음을 알 수 있다.

'최준량崔浚良 - 최령崔齡 - 최직림崔直霖 - 최봉崔鳳 - 최운용崔雲龍 - 최자읍崔自浥 - 최여온崔汝溫 - 최천 崔川 - 최치관崔致灌 - 최극충崔克忠'

덕호사 강당 금고에는 평해오씨 후손들의 자료가 현전한다. 따라서 덕호사는 창건 당시 지역의 현인들을 제향하는 기능을 하다가 점차 평해오씨 문중 사당으로 변모해 간 것으로 여겨진다.

1-24-1
해촌서원海村書院 육현사六賢祠

소재지 : 전남 해남군 해남읍 해리 90-2

해촌사는 금남 최부, 귤정 윤구, 석천 임억령, 미암 유희춘, 취죽헌 박백응, 고산 윤선도 등 6현을 제향하는 사우이다.

본래 1652년(효종 3년) 임억령 독향 사우로 건립하였으나 그 후 1689년(숙종 15년) 해남 유림의 발론으로 최부, 유희춘 선생을 추배하였고 1721년 윤구, 윤선도를 추배하였으며 1922년 박백응을 추배하여 6현을 제향하게 되었다.

해촌사는 1868년에 훼철되었다가 1901년 다시 설단, 제향하였다. 원래 해남 구교리에 있던 것이 현재는 해리 금강골 저수지 옆으로 이건했다.

해촌서원海村書院 육현사六賢祠

소재지 : 전남 해남군 해남읍 해리 90-2

나주최씨종회는 해촌서원의 현판을 전교 박응신이 제공한 행자목판에 경원문景遠門, 숭덕문崇德門, 육현사六賢祠 삼문의 현판을 제작 2012년 9월 19일 현판식을 거행했다.

제 3 장

탐진시대의 전성기 : 호남학의 종사宗師 최부

金宗直(1431~1492)
本貫 : 善山, 字 : 季昷 號 : 佔畢齋, 諡號 : 文忠 文科 : 吏曹參判

崔溥(1454~1504)
本貫 : 耽津, 字 : 淵淵 號 : 錦南 文科 : 承文院校理

金宏弼(1454~1504)
本貫 : 瑞興, 字 : 大猷 號 : 寒暄堂, 諡號 : 文敬 生員 : 刑曹佐郎

柳桂隣
本貫 : 善山, 字 : 隣之 號 : 城隱 贈 : 吏曹參判

羅晊
本貫 : 羅州, 字 : 伯升 武科 : 監察

尹孝貞
本貫 : 海南, 字 : 希參 生員

李仲虎
本貫 : 光山, 字 : 士文 號 : 橘亭 文科 : 全羅道觀察使 妻父 : 尹衢

林遇利
本貫 : 善山, 字 : 和卿 生員

朴誾
本貫 : 高靈

尹承衡
本貫 : 南原

禹長源
本貫 : 丹陽

丁儀孫
本貫 : 靈城

최부의 학문은 점필재 김종직의 지우知遇를 입으면서 시작되었다. 김종직의 학문은 최부를 통해 호남학, 김굉필을 통해 영남학 형성의 바탕이 되었다.

최부의 학통은 크게는 외손을 중심으로 가학 형태로 전승되어 갔다.

대표적인 가문으로는 선산유씨, 나주나씨, 해남윤씨이다. 이 외에도 호남에 널리 이름을 날린 여러 학자들이 최부를 큰 스승으로 받들면서 호남학의 종사로 인식되어 갔다.

■ 선산유씨善山柳氏 계열도系列圖

柳桂隣
本貫：善山, 字：隣之 號：城隱 贈：吏曹參判

柳成春(1495~1522)
本貫：善山, 字: 天章 號：懶齋 文科：吏曹正郎 其他：湖南三傑

柳希春(1513~1577)
本貫：善山, 字：仁仲 號：眉巖, 諡號：文節 文科：吏曹參判

유계린은 최부의 첫째 사위이자 학문을 전수받은 문인이다. 유계린을 통해서 최부의 금남학은
장자 유성춘, 차자 유희춘에게 계승되면서 호남유학의 자양분으로 확산되었다.
현재 묘역은 담양군 대덕면 비차리 차동마을 선산유씨 가묘家廟 우측 언덕에 위치하고 있다.

소재지 : 전라남도 담양군 대덕면 비차리 차동

유성춘柳成春 문과방목文科榜目

소장처 : 국립중앙도서관

유계린의 장자 유성춘은 1513년(중종 8)에 생원시와 진사시에 각각 1등 4위, 1등 3위로 입격하고 이듬해인 1514년(중종 9)에 문과 병과 1위로 급제하였다. 문과방목에는 규례에 따라 유성춘의 본관인 선산 아래에 부父 유계린, 외조外祖 최부 등을 기재하고 있다.

대동야승大東野乘

소장처 : 규장각한국학연구원

『대동야승』은 조선시대의 야사野史, 일화逸話, 만록漫錄, 수필隨筆 등을 모아서 엮어낸 야사집이다. 유성춘은 기묘사화에 연좌되어 파직당하고 세월을 보냈다. 이로 인하여 방목에도 유성춘을 기묘명인己卯名人으로 기록하고 있다. 『대동야승』에는 기묘사화에 피화를 입은 인물들을 기록한 「기묘록己卯錄」이 실려 있는데 「기묘록」 '유성춘전柳成春傳'에는 최신재崔新齋, 윤귤정尹橘亭과 더불어 호남삼걸湖南三傑이라고 소개되어 있다.

유희춘柳希春 문과방목文科榜目

소장처 : 국립중앙도서관

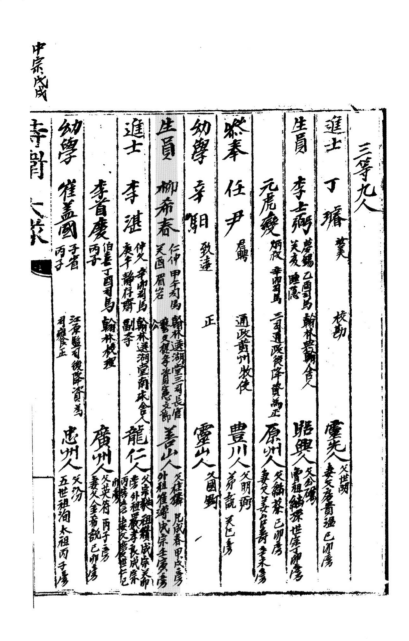

유계린의 차자 유희춘은 1537년(중종 32)에 생원시에 3등으로 입격하고 이듬해인 1538년(중종 33) 별시에 3등 6위로 급제하였다. 문과방목에는 유성춘의 본관인 선산 아래에 부父 유계린, 외조外祖 최부 및 형 유성춘에 대한 정보를 기록하였다.

『미암일기』는 유희춘이 55세 되는 해인 1567년 10월 1일부터
세상을 떠난 해인 1577년 5월 13일까지 약 11년에 거쳐 쓴 일기이다.
유희춘은 자신의 일기에 외조 최부에 대한 기록을 남겼는데,
이는 최부의 연보 年譜 편찬에 유용한 기초 자료로 활용되었다.

미암신도비 眉巖神道碑

　미암신도비는 1864년 최익현이 찬술한 것이다. 비문의 뒷면에는 '증정부인나주최씨금남부녀贈貞夫
人羅州崔氏錦南溥女'를 측면에 '나주최씨지나주羅州崔氏之羅州, 당작탐진當作耽津'이라고 추각 되어 있다.
이를 통해 볼 때 조선말기까지도 최부의 성관姓貫에 대한 인식이 명확하지 않았음을 짐작케 해 준다.

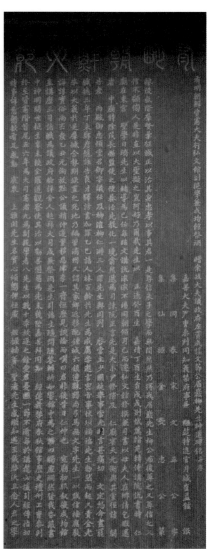

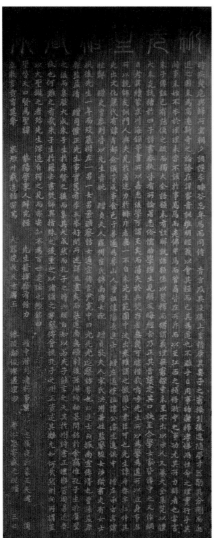

1864년 최익현이 찬술한 미암신도비의 전면, 측면, 후면의 모습이다.

羅晊
本貫：羅州, 字：伯升
武科：監察

羅士愃
本貫：羅州, 字：仲默
文科：星州牧使

羅士忱
本貫：羅州, 字: 仲孚
號：錦湖
生員：泥山縣監
其他：羅氏三綱門

羅德明(1551~1610)
本貫：羅州, 字：克之
號：嘯浦
進士：義禁府都事
其他：羅氏三綱門

羅德憲(1573~1640)
本貫：羅州, 字: 憲之
號：壯巖, 諡號：忠烈
武科：三道統禦使
其他：羅氏三綱門

나질羅晊 묘역墓域

소재지 : 전라남도 나주시 보산동 산42

나질羅晊 묘역墓域

나질은 최부의 둘째 사위이자 학문을 전수 받은 문인이다. 나질을 통해서 전수된 최부의 금남학은 나주나씨가 호남의 거족으로 성장하는데 도움을 주었다. 현재 묘역은 나주시 금성산 자락에 위치하고 있다.

나사선羅士愃 문과방목文科榜目

소장처 : 국립중앙도서관

나질의 장자 나사선은 1531년(중종 26) 식년시에서 진사 3등 69위로 입격하고
삼년 뒤인 1534년(중종 29) 알성문과에서 병과 1위로 급제하였다.

미암집眉巖集

『미암집』은 유희춘의 문집으로 분량은 21권 10책이다. 유희춘은 생전에 가까운 일가 친척 및 교유관계에 있던 인물들에 대한 많은 정보를 기록으로 남겼다. 유희춘과 나사훤은 이종사촌지간으로 매우 가까운 사이였다. 1569년(선조 2) 나사훤이 사망하자 유희춘은 그를 애도하는 제문을 지었는데, 그 내용은 아래와 같다.

아, 우리 형이여	嗚呼吾兄
이제야 고향으로 돌아가노니	今返故鄕
슬픔은 끝없지만	無窮之慟
애오라지 한 잔 술 올립니다.	聊寓一觴

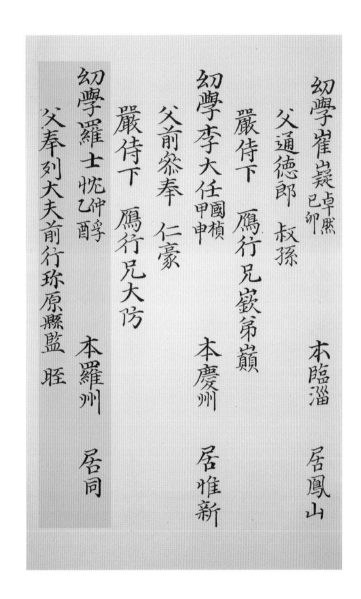

나사침은 1555년(명종 10) 식년시에서 3등 33위로 생원시에 입격하였다.
나사선, 나사침 형제 모두 최부의 학문을 이은 아버지 나질을 부사父師하여
가학을 계승했다.

삼강행실도三綱行實圖

소장처 : 한국학중앙연구원

　『삼강행실도』는 1434년(세종 16)에 왕명에 의하여 군신君臣, 부자父子, 부부夫婦 삼강에 모범이 될 수 있는 충신과 효자와 열녀의 행실을 모아서 만든 책이다. 이후 1614년(광해군 6)에 이를 증보할 것을 계획하여 1617년(광해군 9)에 간행된 『동국신속삼강행실도東國新續三綱行實圖』는 『삼강행실도』 이후로 정표旌表를 받은 인물들을 중심으로 각 지방의 보고 자료를 취사선택하여 1,000여 명의 간략한 전기轉記를 만들고 각 사람마다 1장의 도화圖畫를 붙인 후 한문과 국문언해를 붙인 것이다.

　나사침은 16세 되던 해에 어머니[금남의 둘째딸]가 병환으로 위독해지자 단지斷指하여 어머니의 병을 쾌유시킨 효성으로 정려되었고, 이후 『동국신속삼강행실도』에도 효자로 입전되었다.

나덕명羅德明 사마방목司馬榜目

소장처 : 규장각한국학연구원

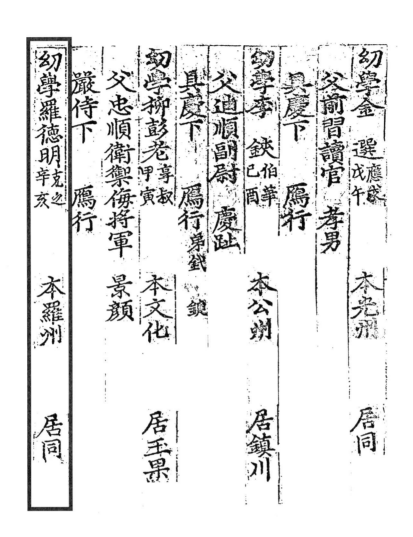

　　나덕명은 1579년(선조 12) 식년시에서 2등 9위로 진사에 입격하였다. 이후 승훈랑承訓郎 의금부도사義禁府都事까지 지냈으나 1589년 기축옥사己丑獄事에 연루되어 경성鏡城으로 유배되었다. 유배생활 중에 임진왜란壬辰倭亂이 일어나자 정문부鄭文孚, 권율權慄 등의 막하에서 싸웠으며 정유재란丁酉再亂 때에는 의병을 일으켜 전공을 세웠다. 이러한 공적으로 선무원종공신宣武原從功臣에 녹훈되고, 충신 정려가 내렸다.

나주나씨삼강문羅州羅氏三綱門

　　나주나씨 삼강문은 나주나씨 가문의 3대에 걸친 2충忠(나덕명, 나덕형), 2효孝(나사침, 나득소), 4열烈(열녀 선인 나주나씨烈女 宣人 羅州羅氏, 열녀 유인 하동정씨烈女 孺人 河東鄭氏, 열녀 유인 나주나씨烈女 孺人 羅州羅氏, 열녀 유인 언양김씨烈女 孺人 彦陽金氏)의 행적을 기린 공간이다. 특히 1544년(중종 39)에 금호공 나사침[나질의 3남]이 효자로 정려된 이후, 1779년(정조 3)에 나덕명이, 1803년(순조 3)에 나덕헌이 정려를 받아 지금과 같은 비가 세워지면서 그 권위를 인정받았다.

나주나씨삼강문羅州羅氏三綱門

　　나사침은 나주나씨 직장공파 출신의 강직한 인물로 금남공 최부의 2서壻인 나질의 3남이다. 이성현감尼城縣監을 지낸 나사침羅士忱을 시작으로 3대에 걸쳐 '이효 이충 사열二孝 二忠 四烈', 즉 충신 두 분, 효자 두 분과 열녀 네 분을 배출했다. 이를 삼세팔정三世八旌이라고 한다. 유교의 최고 가치인 3강三綱, 즉 충忠, 효孝, 열烈을 실천해 조정으로부터 한 집안에서 3대에 걸쳐 여덟 분이 정려旌閭를 받은 것을 가리킨다.

나주나씨삼강문羅州羅氏三綱門 - 금호사錦湖祠

소재지 : 전라남도 나주시 남내동 4-2

나주시의 향토문화유산 제47호로 지정된 금호사 전경

금호사는 나주나씨 명현선조인 금호 나사침錦湖 羅士沈을 비롯한 그의 여섯 아들 총 7위를 배향한 사우祠宇이다.

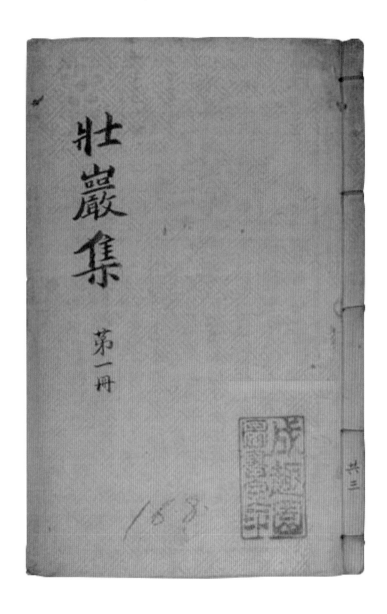

　『장암집』 조선후기 무신인 나덕헌의 문집이다. 나덕헌은 무과 출신으로, 이괄李适의 난 당시 장만張晩 장군 휘하에서 종군하였다. 외교적 수완이 능하여 여러 차례 심양에 사신으로 다녀왔는데, 후금이 국호를 청으로 고치고 황제皇帝 즉위식을 거행할 때에 하례를 거부하다 구타를 당하였다고 한다. 이 사실이 알려져 충렬忠烈이라는 시호를 받았으며 정문이 세워졌다. 문집은 「통어영록統禦營錄」 등 군사 관련 기록과 호남절의록湖南節義錄 등 충과 관련된 내용이 주를 이룬다.

■ 해남윤씨海南尹氏 계열도系列圖

尹孝貞
本貫：海南 字：希參生員

尹衢(1495~)
本貫：海南, 字：亨仲 號：橘亭 文科：春秋館記事官 其他：湖南三傑

尹衕
本貫：海南, 字：坦之 生員

尹行
本貫：海南, 字：大用 文科：光州牧使

尹復(1512~1577)
本貫：海南, 字：元禮 號：石門 文科：春秋館記事官

尹弘中
本貫：海南, 字：重任 文科：郡守

尹唯幾(1554~)
本貫：海南, 字：成甫 文科：南原府使 生父：尹毅中

尹善道(1587~1671)
本貫：海南, 字：約而 號：孤山, 諡號：忠憲 文科：司憲府持平 生父：尹唯深

尹毅中(1524~1590)
本貫：海南, 字：致遠 號：駱川 文科：刑曹判書

尹唯深(1551~)
本貫：海南, 字：通甫 生員：副正

윤효정尹孝貞 사마방목司馬榜目

소장처 : 계명대학교 동산도서관

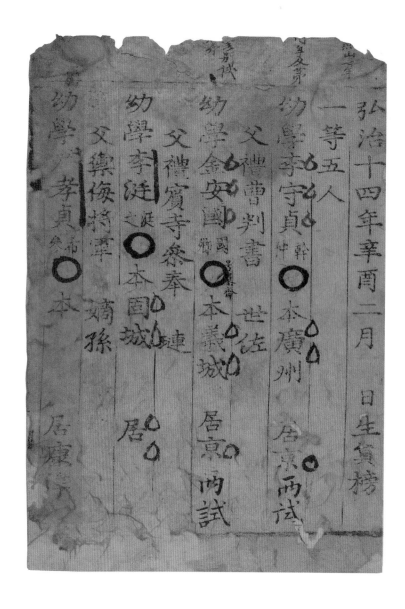

윤효정은 1501년(연산 7) 생원시에서 1등 4위로 입격하였다. 해남윤씨가 호남을 대표하는 명문으로 도약한 데에는 외가 해남정씨로부터의 경제적 지원에 힘입은 바가 컸다. 일문의 기가 조起家祖라 할 수 있는 윤효정이 곧 해남정씨의 사위였고, 균분상속의 관행에 따라 상당한 재산을 상속받았다. 사마방목에 따르면 윤효정의 혼전 거주지는 강진이다.

녹우당綠雨堂

소재지 : 전남 해남군 해남읍 연동리 82

　윤효정은 최부와 사촌 동서지간이다. 최부는 정문명鄭文明의 장자 정귀감鄭貴珹의 사위이고 윤효정은 차자 정귀영鄭貴瑛의 사위이기 때문이다. 윤효정은 물질적으로는 해남정씨의 유산을, 정신적으로는 최부의 학문을 이어받아 해남윤씨를 조선 굴지의 명가로 도약시키게 되었다.

윤구는 윤효정의 장자로 1513년(중종 8) 식년시에서 진사 3등 10위, 생원 1등 2위로 생원시에 입격하였다. 이를 바탕으로 1516년(중종 11) 식년문과에서 을과 3위로 급제하였다. 윤구 또한 유성춘과 더불어 기묘명인의 한 사람으로 일컬어지고 있다.

윤선도尹善道 문과방목文科榜目

소장처 : 국립중앙도서관

윤선도는 1612년(광해 4) 증광사마시에서 진사 1등 2위로 입격했고, 1633년(인조 11) 증광 문과에서 병과 17위로 급제하였다. 윤선도의 처부는 윤돈尹暾으로 이황李滉과 기대승奇大升의 문인이다. 윤선도는 가학으로 내려오는 금남학과 퇴계학을 절충하여 호남 남인을 이끌었다.

보길도甫吉島 세연정洗然亭

소재지 : 전남 완도군 보길면 부황리 200

　　보길도 세연정은 조선을 대표하는 문화공간이다. 공간디자인에 반영된 철학과 조형미에서
해남윤씨가의 경제적 능력, 문화적 품격을 확인할 수 있다. 윤선도는 17세기 중반 남인의 거
두로 예송禮訟을 주도하다가 서인 세력에 의하여 유배당하였다. 윤선도는 낙향한 이후 세연정
에서 어부사시사漁父四時詞를 부르며 자적自適했다.

李仲虎(1512~)	李潑(1544~1589)
本貫 : 光山, 字 : 士文 號 : 橘亭 文科 : 全羅道觀察使 妻父 : 尹衢	本貫 : 光山, 字 : 景涵 號 : 北山 文科 : 副提學

	李洁(1547~1589)
	本貫 : 光山, 字 : 景淵 號 : 南溪 文科 : 議政府舍人

이중호는 1540년(중종 35) 식년시에서 3등 26위로 생원시에 입격하여 1552년(명종 7) 식년시에서 병과 17위로 급제하였다. 본관인 광주 아래에는 처부妻父가 해남윤씨 윤구尹衢임을 기록하고 있다. 이중호는 처부 윤구를 통해서 최부의 금남학을 수용하였다.

이발李潑 문과방목文科榜目

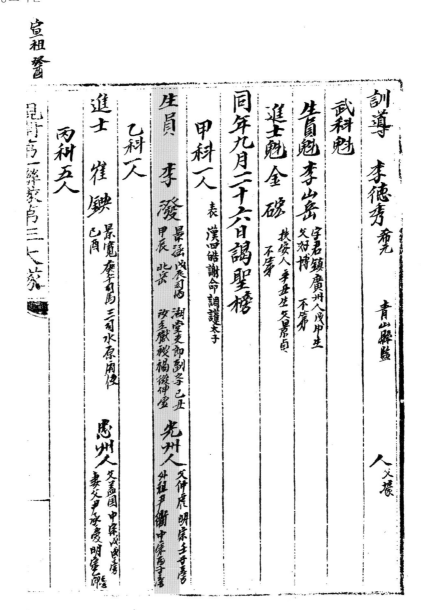

이발은 1568년(선조 1) 증광시增廣試에서 2등 18위로 생원시에 입격하고 1573년 (선조 6)에 알성시謁聖試에서 갑과 1위로 급제하였다. 본관인 광주 아래에는 부친인 이중호와 외조인 윤구에 대한 정보를 기록하였다.

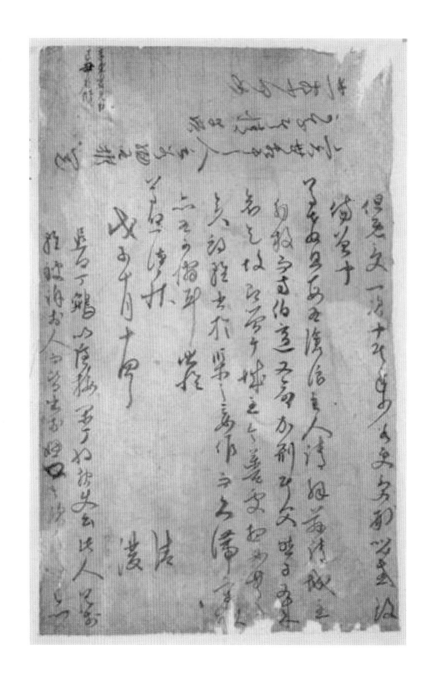

이발이 동생 이길과 함께 '감옥에 갇힌 누군가를 위해 선처해달라는 편지를 썼다'는 내용을 담은 편지이다. 이후 이발과 이길은 1589년 기축옥사에 연루되어 혹독한 화를 당하게 된다.

이길李洁 문과방목文科榜目

소장처 : 국립중앙도서관

이길은 1567년(선조 즉위년) 식년시에서 3등 25위로 생원시에 입격하였고 1577(선조 10) 별시에서 을과 1위로 문과에 급제하였다. 본관인 광주 아래에는 부친인 이중호와 형인 이발에 대한 정보가 기록되어 있다.

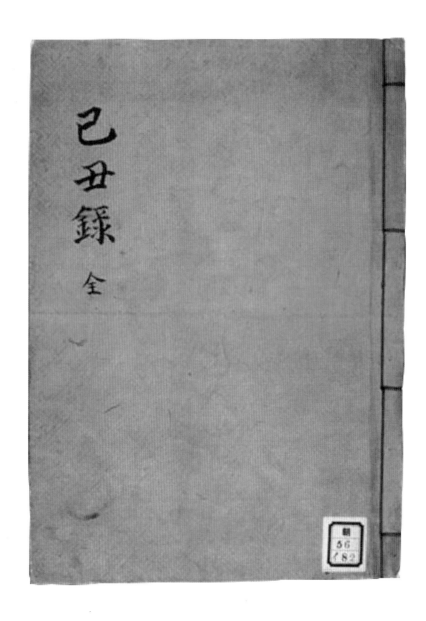

　기축옥사己丑獄事는 1589년 동인 정여립鄭汝立의 모반사건을 계기로 서인이 집권하면서 동인에게 탄압을 가한 정치적 사건이다. 이발은 기축옥사 이전에 이조전랑으로 있으면서 동인의 등용에 힘쓰는 한편 서인의 거두 정철의 처벌에도 적극적이었던 동인 강경론자였다. 이로 인하여 이발은 기축옥사 당시 82세의 노모와 8세 아들 및 동생 이길과 함께 죽임을 당했다.

II 모목동에서의 삶과 금남혈맥

: 호남화벌湖南華閥

금남가문이 최부의 혈맥이라는 자긍심을 바탕으로 그 정체성을 이어 나간 곳은 전라남도 해남의 모목동茅木洞 해리지역이다.

최부의 처가인 해남정씨[초계정씨] 집안은 해리지역에서 자신들의 터전을 이루었다. 해남 정씨는 혼인을 통해 재지사족在地士族의 자리를 굳혀 나갔다. 해남정씨 사위로는 어초은 윤효정, 『표해록』의 저자 금남 최부, 여흥민씨 입향조 민중건 등이 있다.

이러한 일들은 최부의 외손들에 의해 제작 된 『삼성보參姓譜』(금남최선생외손보錦南崔先生外孫譜)에 기술되어 전해지게 되었다. 최부내외의 자손들은 '금남혈맥'으로서의 자긍심을 고취하며 조선시대를 풍미하는 명가로 발돋움하게 된다.

II장에서는 외손들의 주도로 발간된 『삼성보參姓譜』(금남최선생외손보錦南崔先生外孫譜)를 중심으로 '금남혈맥'으로서 가지는 자긍심은 물론 혈연의식에 대한 강고성强固性을 검토하고자 한다.

| 제 1 장 |

모목동에 자취를 남기다

『삼성보參姓譜』(금남최선생외손보錦南崔先生外孫譜)

소장처 : 송준호 개인소장

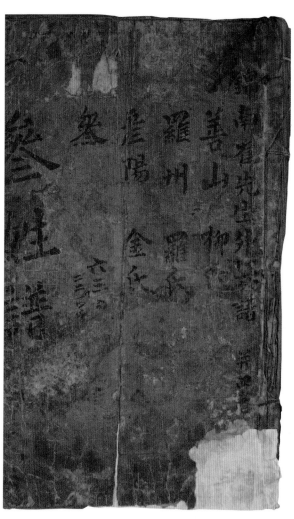

　　『삼성보參姓譜』(금남최선생외손보錦南崔先生外孫譜)는 1715(숙종肅宗 41)년에 금남錦南 최부崔溥의 외손들에 의해 제작되었다. 금남錦南 최부崔溥의 세 사위인 선산류씨 유계린의 후손, 나주나씨 나두동의 후손, 언양김씨 김분의 후손들은 자신들의 외가의 족보를 제작함으로써, 자신들이 호남학의 종사宗師인 최부의 후예임을 밝히고 있다.

■ 『삼성보參姓譜』(금남최선생외손보錦南崔先生外孫譜) 간략簡略 해제解題

1. 정의

『삼성보參姓譜』(금남최선생외손보錦南崔先生外孫譜)는 1715(숙종肅宗 41)년에 최부의 외손들에 의해 편찬된 족보이다.

2. 체제 및 내용

『삼성보三姓譜』(『금남최선생외손보錦南崔先生外孫譜』)는 필사본筆寫本으로 병사권幷四卷이며, 불분권1책不分卷1冊이다. 권차는 탐진최씨족보제1耽津崔氏族譜第一, 금남최선생외손보제2錦南崔先生外孫譜第二 −선산류씨善山柳氏−, 금남최선생외손보제3錦南崔先生外孫譜第三 −나주나씨羅州羅氏−, 금남최선생외손보제4錦南崔先生外孫譜第四 −언양김씨彥陽金氏로 구성되어 있다. 필사자筆寫者는 나두동羅斗冬(1658, 효종孝宗 9~1728, 영조英祖 4)이며, 필사년筆寫年은 1715(숙종肅宗 41)년이다. 서문序文은 권수卷首에 있으며, 발문은 없고, 두 개의 통문이 있다.

금남선생 사후 시대적 변천 속에서 후손들이 최부의 행적을 모아 편찬하는 일은 결코 쉬운 일은 아니었다. 따라서 최부의 세 사위인 선산류씨 류계린, 나주나씨 나질, 언양김씨 김분의 후손들은 자신들의 외가의 족보 편찬을 위해 적극적인 협력을 아끼지 않았다. 특히 유계린의 7세 외손인 이석형李碩亨과 나질의 6세손인 나두동羅斗冬 그리고 김분의 6세손인 김태기와 김양기 그리고 8세손인 김후, 김분의 6세외손인 이홍명과 7세 외손인 가주서假注書 이언렬李彦烈의 정성과 공이 매우 컸다. 후일 최부의 첫째 사위인 유계린의 둘째 아들 미암 유희춘은 최부의 실기를 기술하게 된다. 실기 속에 최부의 일생과 함께 최부의 문집을 엮어 편찬하면서 최부의 공적을 자신의 문집인 『미암집』에 수록함으로써 최부의 행적은 길이 후세에 전해지게 되었다.

3. 특성 및 가치

무오사화(1498, 연산 4) 이후 약 210년 뒤인 1715(숙종 41)년에 편찬된 『삼성보』는 외손들이 주도했다는 점에서 혈연의식의 강고성이 분명하게 드러난다. 현전하는 우리나라 최초의 족보 <안동권씨 성화보>도 서거정, 유윤겸 등 외손들이 발간했다. 또한 탐진최씨 세계를 알 수 있는 현전하는 『탐진최씨세보』 가운데 가장 오래된 족보라고 할 수 있다. 『삼성보參姓譜』(금남최선생외손보錦南崔先生外孫譜)에 기술된 탐진최씨세계는 다음과 같다.

■ 금남선생가계도錦南先生家系圖

一世	二世	三世	四世
崔思全 (1067~1139) 本貫：耽津 諡號：莊景公 推忠衛社功臣	崔弁 吏部尙書		
	崔烈(孝仁)	崔井元 進義副尉公	崔澤 進士

	五世	六世	七世	八世
	崔溥 （1454~1504） 本貫：耽津 字：淵淵 號：錦南 文科：弘文館校理	1婿：柳桂隣 字：隣之 號：城隱 贈：吏曹參判		
		2婿：羅晊 字：伯升 武科：監察		
		3婿：金雰 本貫：彦陽		
		子[庶]：崔迪	崔萬齡	崔番(蕃)

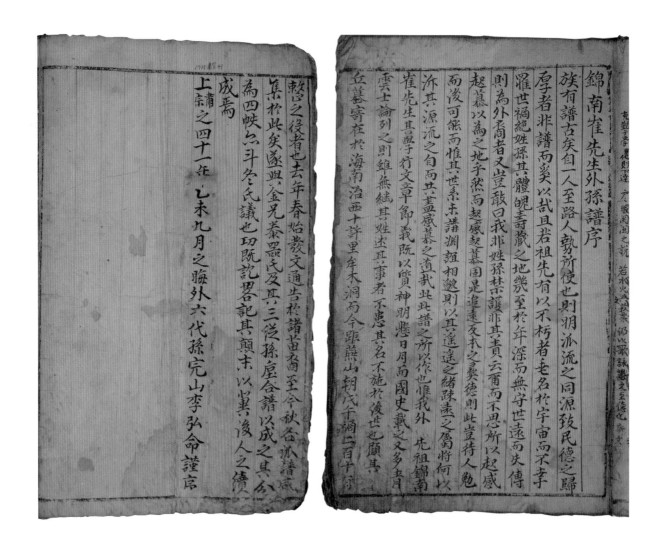

『삼성보參姓譜』(금남최선생외손보錦南崔先生外孫譜)의 서문은 최부의 삼서三婿인 김분의 6세 외손 이홍명(1696, 숙종 22 ~ ?)이 찬술했다. 이홍명은 서문을 통해 족보를 제작하게 된 동기와 족보 제작을 위해 참여한 후손들을 기술하고 있다.

■『삼성보』(금남최선생외손보) 서문의 간략簡略 해제解題

1. 정의

1715년 최부의 삼서三婿 김분의 6세 외손인 이홍명에 의해 찬술된 『삼성보三姓譜』(금남 최선생외손보錦南崔先生外孫譜)의 서序

2. 체제 및 내용

『삼성보』 편찬의 취지가 담겨 있으며, 최부의 외손들이 『삼성보』 편찬에 동참한 사실을 명시하고 있다. 또한 금남 최선생의 분묘 사적을 밝혀 묘소의 지속적 관리의 필요성을 제시하고 있다.

3. 특성 및 가치

무오사화 이후 친손親孫이 끊어진 관계로 최부의 외손들이 최부의 공적이 후대에 유실이 될까를 염려해서였다. 이홍명은 서문을 통해 『삼성보』 제작 경위와 『삼성보』 제작을 위해 힘을 기울인 최부의 차서次婿 나질의 6세손 나두동, 삼서三婿 김분의 6세손 김양기, 김태기, 7세손 김후 등의 노력을 기술하고 있다.

최부의 외손들이 『삼성보參姓譜』(금남최선생외손보錦南崔先生外孫譜)를 제작하면서 함께 힘을 기울인 것은 해남의 모목동에 소재한 최부 묘소에 대해 기술하는 일이었다. 이와 아울러 묘소 정화와 최부 세계世系 작성의 필요성을 촉구하고 있다. 이것은 곧 금남 최선생의 학문적 성과와 충정이 깃든 고결한 인품, 그리고 학자로서의 면모 등을 잊지 말 것을 기술하기 위함이었다.

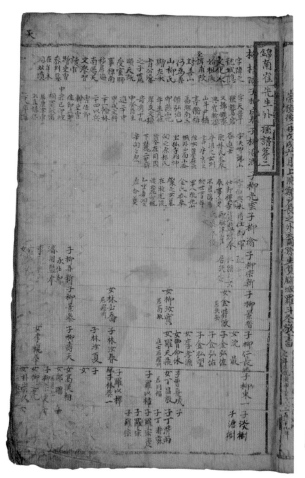
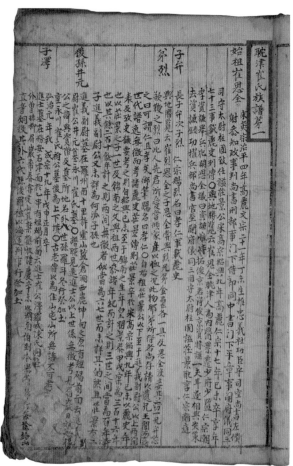

　　「탐진최씨족보제일耽津崔氏族譜第1」에서는 최사전을 시조始祖로 하는 탐진최씨의 세계世系를
기록하고 있다. 「금남최선생외손보제이錦南崔先生外孫譜第2」에서는 최부의 장서長婿인 선산류씨
유계린의 세계를 기록하고 있다.

「금남최선생외손보제삼錦南崔先生外孫譜第3」과
「금남최선생외손보제사錦南崔先生外孫譜第4」

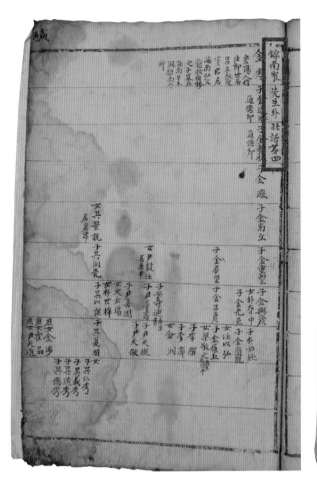

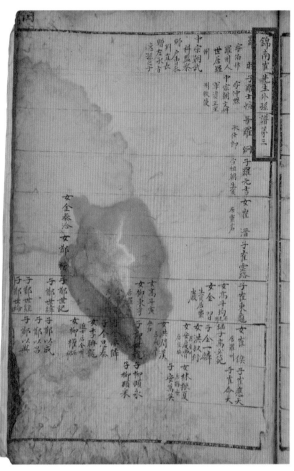

「금남최선생외손보제삼錦南崔先生外孫譜第3」에서는 최부의 차서次婿인 나주나씨 나질羅晊의 세계를 기록하고 있다. 「금남최선생외손보제사錦南崔先生外孫譜第4」에서는 최부의 삼서三婿인 언양김씨 김분의 세계를 기록하고 있다.

『서애집西厓集』과 무오당적戊午黨籍

소장처 : 한국학중앙연구원 장서각

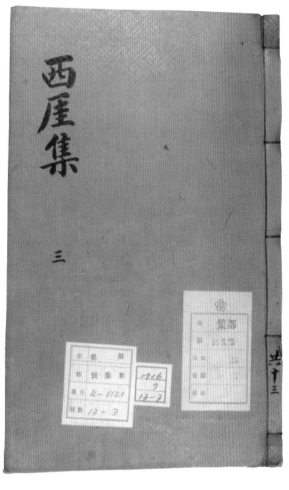

『서애집西厓集』

무오당적戊午黨籍

소장처 : 한국고전번역원DB

『서애집西厓集』은 조선 선조 때의 문신이며 학자인 류성룡柳成龍(1542~1607)의 시문집이다.

『서애선생문집西厓先生文集卷』(권17) 중 권오복의 "수헌집발睡軒集跋"의 말미에 첨부된 "무오당적戊午黨籍"에서 무오사화에 피화 된 김종직金宗直, 김일손金馹孫, 권오복權五福, 권경유權景裕, 이목李穆, 허반許磐, 강겸姜謙, 표연말表沿沫, 홍한洪翰, 정여창鄭汝昌, 무풍부정 摠茂豊副正 摠(이총李摠), 강경서姜景敍, 이수공李守恭, 정희량鄭希良, 정승조鄭承祖, 이종준李宗準, 최부崔溥, 이원李黿, 이주李胄, 김굉필金宏弼, 박한주朴漢柱, 임희재任熙載, 강백진康伯珍, 이계맹李繼孟, 강혼姜渾에 대해 서술하고 있다.

『서애집西厓集』무오당적戊午黨籍에 기록된 최부

소장처 : 한국고전번역원DB

崔溥字淵淵. 號錦南. 羅州人. 博聞强記. 英傑不羈. 成廟朝再登第. 爲弘文館校理. 奉使濟州. 船爲風所漂. 泊于中原浙江寧波府. 邊臣疑倭寇將殺之. 溥應對捷給. 得免. 成廟令上行錄. 撰漂海錄以進. 官至禮賓寺正. 戊午被謫. 後竟逮被殺

　　최부의 자는 연연이고, 호는 금남이니, 나주인이다. 널리 듣고 기억을 잘하였으며, 그 기질이 영웅과 호걸다워 어디에 구속되거나 치우치지 않았다. 성종대에 문과 중시에 합격하여 홍문관교리가 되었다. 사명을 받아 제주에 갔다가 그가 탄 배가 태풍을 만나 표류하게 되어, 중국의 절강 영파부 정해현에 정박하였다. 변방을 지키는 신하가 왜구로 의심을 하고 죽이려고 하였다. 최부가 민첩하게 응대하고 빠르게 대처하여 화를 면하게 되었다. 성종이 표해 과정을 기록하여 올릴 것을 명하자, 『표해록』을 지어 임금께 올렸다. 벼슬이 예빈시정에까지 올랐다. 무오(1498, 연산 4)년에 유배를 당하였고, 뒤에 끝내는 죽임을 당하였다.

『삼성보三姓譜』
(금남최선생외손보錦南崔先生外孫譜)에 기록된 무오당적戊午黨籍

나질의 6세손인 나두동은 『삼성보三姓譜』(금남최선생외손보錦南崔先生外孫譜)를 편찬하면서 최부에 관한 일화를 몇 가지 기록해 놓고 있다. 특히 류성룡이 기록한 '무오당적戊午黨籍'의 기록을 전재로 하고 있다.

'무오당적'은 조선 연산군燕山君 4년(1498) 무오사화戊午史禍 때 화를 당한 김종직金宗直 등 30여 명의 성명을 기록한 명부이다.

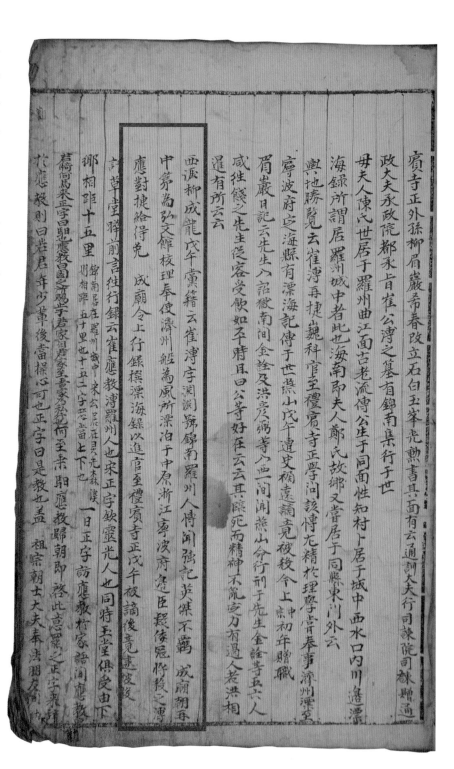

『삼성보三姓譜』(금남최선생외손보錦南崔先生外孫譜)에 기술되어 있는 최부崔溥의 일화로 나두동은 무오당적을 그대로 필사해 놓았다.

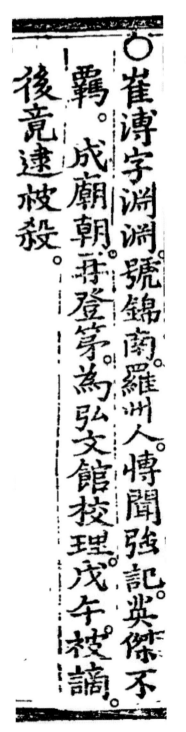

무오사화戊午史禍는 1498년(연산군 4) 김일손金馹孫 등 신진사류新進士類가 유자광柳子光을 중심으로 한 훈구파勳舊派에 의해 화를 입은 사건이다.

김종직金宗直(1431, 세종 13~1492, 성종 23)은 경상남도 밀양 출신으로 본관은 선산善山이며, 자는 효관孝盥 혹은 계온季昷이다. 호는 점필재佔畢齋이다. 아버지는 사예 김숙자金叔滋이고, 어머니는 밀양 박씨로 사재감정司宰監正 박홍신朴弘信의 따님이다.

정몽주와 길재의 학통을 계승하여 김굉필 ⇨ 조광조로 이어지는 사림파 학통의 형성에 교량과 같은 역할을 했다. 생전에 지은 「조의제문弔義帝文」은 무오사화 발생의 빌미가 되었다.

김종직金宗直의 문집 『점필재집佔畢齋集』의 부록인 문인록門人錄에 실려 있는 최부 관련 기록으로 무오사화에 화를 당했다는 내용을 기술해 놓고 있다.

지지당知止堂 송흠宋欽과의 일화

소장처 : 서울대학교 규장각한국학연구원

송흠(1459 ~ 1547)은 조선 전기의 문신으로 본관은 신평新平이고, 전라도 장성 출신이다. 자字는 흠지欽之, 호號는 지지당知止堂, 관수정觀水亭이다. 시호諡號는 효헌孝憲이다. 송흠은 지극한 효성과 청렴함을 가진 선비였다. 그는 지방의 관리로 있을 때, 부임을 하거나 전임을 할 때면 언제나 세 필의 말만을 사용하여 행차했으므로, '삼마태수'라는 이름으로 불리었다. 송흠의 나이는 최부보다 5살 아래였다. 두 사람은 같은 시기에 홍문관 관료로 활동했다.

『지지당유고知止堂遺稿』는 조선 중기의 문신이며, 학자인 송흠宋欽의 시문집으로 5권 1책으로 구성되어 있다. 1706년(숙종肅宗 32) 7대손 명현命賢이 편집하여 간행하였다. 목판본으로 권두에 최계옹崔啓翁의 서문과, 권말에 남학명南鶴鳴의 발문이 있다.

『삼성보三姓譜』에 기술된 송흠宋欽과의 일화(1)

초당草堂 허엽許曄의 『전언왕행록前言往行錄』에 기록된 송흠과 최부의 일화는 『삼성보』에 전사(轉寫) 되어 있다. 이 글은 다음에 나오는 문헌 『해동야언海東野言』에도 전술되어 있다.

초당草堂 허엽許曄이 『전언왕행록前言往行錄』에서 말하기를, 응교應教 최부崔溥는 나주인羅州人이며, 정자正字 송흠宋欽은 영광인靈光人이다. 같은 시기에 옥당의 관료로 재직하며 둘 다 휴가를 얻어 고향으로 내려갔다. 서로의 집이 15리[19]쯤 떨어져 있었다. 하루는 송 정자가 최 응교의 집을 방문하여 서로 대화를 나누던 중, 최 응교가 "그대는 무슨 말을 타고 왔는가."라고 물었다. 송 정자가 "역마를 타고 왔습니다."고 대답하였다. 최 응교가 다시 "국가에서 준 역마를 자네 집에 매어두고는 자네 집에서 우리 집에 오는 것은 사사로운 일인데, 어찌 역마를 타고 왔는가."라고 했다. 최응교는 조정으로 돌아온 즉시 이 상황을 임금께 아뢰어 그를 파직시켰다. 송 정자가 응교에게 찾아가서 사과하자, 최 응교는, "자네 같은 연소한 사람들은 앞으로 마땅히 조심해야 한다."고 하자 송정자가 말하길 "이것이 가르침입니다."라고 대답했다. 대개 조종조祖宗朝[성종成宗]때에 사대부들이 법을 지키며, 벗들 사이에 선善으로 권려하고, 의義로써 심복시킴이 이와 같았으니, 이는 가히 상상해 봄직하다.

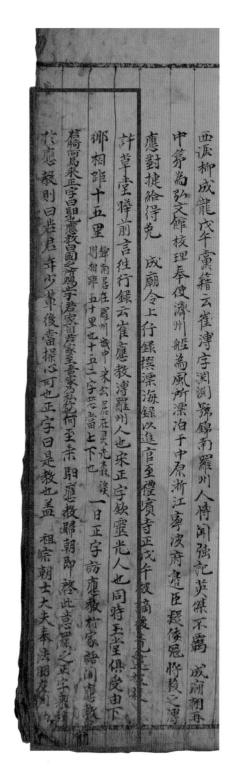

"許草堂曄前言往行錄云 崔應教溥羅州人也, 宋正字欽靈光州人也. 同時在玉堂. 俱受由下鄉. 相距十五里(錦南居在羅州城中 宋公居在靈光森漢 則相距五十里也. 十五二字恐當上下也). 一日正字訪應教於家. 語間 應教曰. 君騎何馬來. 正字曰駟也. 應教曰. 國之所賜. 止于君家. 自君家至吾家. 乃私行也. 何至乘駟. 應教歸朝卽啓此意罷之. 正字來辭於應教. 則曰. 若君年少輩. 後當操心可也. 正字曰是教也. 盖祖宗朝士大夫奉法. 朋友間勸勵服義. 此可以想見"

---

[19] 금남의 거주지는 나주의 성 안이었고, 송흠은 영광삼한 지역으로 거리가 50리였다. 십오 두 글자는 아마도 마땅히 위 아래에 놓여야 한다.

『해동야언海東野言』권2에 실린 송흠宋欽과의 일화(1)

소장처 : 서울대학교 규장각한국학연구원 / 한국고전번역원DB

허봉許篈(1551~1588)은 조선전기의 문신으로 본관은 양천陽川이다. 자는 미숙美叔이며, 호는 하곡荷谷이다. 아버지는 동지중추부사 엽曄이며, 난설헌蘭雪軒의 오빠이자 균筠의 형이다. 유희춘柳希春의 문인이다. 허봉이 편찬한 『해동야언海東野言』은 조선 전기의 여러 야사를 기록해 놓은 것이다. 권2에는 세종기世宗紀 · 문종기文宗紀 · 노산군기魯山君紀 · 세조기世祖紀 · 예종기睿宗紀 · 성종기成宗紀 및 무오당적戊午黨籍 · 무오사화사적戊午史禍事蹟 · 유자광전柳子光傳이 실려 있다.

崔應敎溥羅州人也. 宋正字欽靈光人也. 同時在玉堂, 俱受由下鄕. 相距十五里. 一日正字訪應敎於家, 語間應敎曰: "君騎何馬來耶?"正字曰: "駬也", 應敎曰: "國之所給, 止于君家, 自君家至吾居, 乃私行也, 何至乘駬. 歸朝應敎啓此意罷之. 正字來辭於應敎. 則曰: "若君年少輩, 後當操心可也. 祖宗朝士大夫奉法, 友朋勸勵服義, 可以想見. 出前言往行錄.

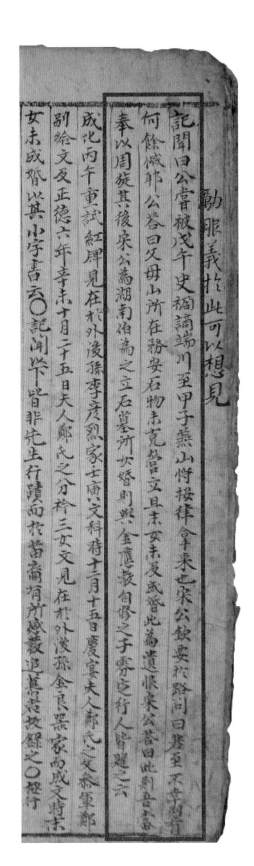

최부는 송흠에게 두 가지 일을 부탁한다.

하나는 부모님 산소에 석물을 세우는 것이다.
다른 하나는 막내딸의 혼사였다.

記聞曰公嘗被戊午(1498, 燕山君4)史禍謫端川, 至甲子(1504, 燕山君10)燕山將攫律拿來也. 宋公欽(宋欽, 1459~1547)要於路間曰若至不幸則有何餘憾耶? 公答曰父母山所在務安石物未克營立 且末女未及成婚 此爲遺恨 宋公答曰此則吾當奉以周旋 其後宋公爲湖南伯爲之立石墓. 所女婚則與金應教自修之子雰(金雰)定.

　(나두동이 일화를) 들은 것을 기록하였다. 최선생께서 일찍이 무오년(1498, 燕山君 4)의 화를 입어, 단천으로 유배를 가시고, 갑자사화(1504, 燕山君 10)에 이르러 형률을 적용하고자 붙잡아 왔는데, 송흠(宋欽, 1459~1547)공이 지나는 길에서 선생을 기다렸다가, "만약 불행한 일이 닥치게 되면 어찌 유감스러운 일이 아니겠습니까? 그렇다면 남은 한은 무엇이 있습니까?" 라고 물었다.

　공이 대답하여 말하길, "부모님의 산소가 무안에 있는데, 아직 석물을 세우지 못했습니다. 또한 미처 막내딸의 혼사를 치르지 못했습니다. 이것이 한탄스러울 따름입니다."라고 했다. 송공이 "그러한 것이라면 제가 마땅히 뜻을 받들어 잘 살펴서 처리할 일입니다"라고 답했다. 그 후에 송공이 전라도 관찰사가 되어, 그 부모의 묘소에 석물을 건립했다. 딸의 혼사에 있어서는 응교 김자수의 아들 분[김자수의 넷째 아들]을 그 배필로 정했다.

모목동牟木洞이 위치해 있는 해남읍성의 옛 모습

소장처 : 네이버

해남海南은 전라남도 남서부에 위치한 군현으로 마한 때에는 구해국狗奚國이었다고 한다. 538년(백제 성왕 16)에 새금현塞琴이라 불렸고, 757년(신라 경덕왕 16) 침명현浸溟縣으로 고쳐 양무군陽武郡: 강진康津의 관할이 되었다.

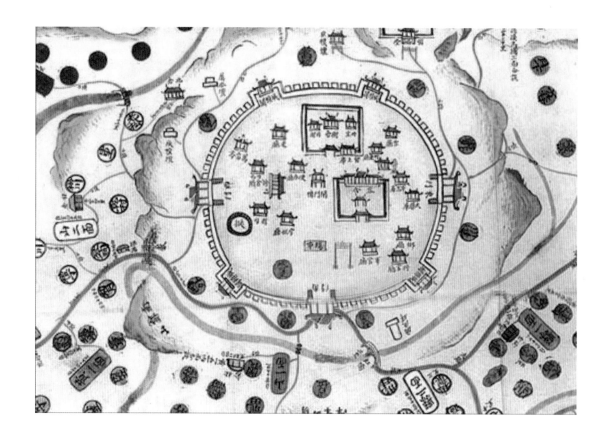

940년(고려 태조 23)에는 해남현으로 이름을 바꾸어 영암군靈巖郡에 속하였다. 1018년(현종 9) 영암군靈巖郡의 속현으로 병합되었다가 뒤에 감무를 설치되면서 독립하였다.

모목동牟木洞의 옛 모습

전거 : 『나주최씨세보』

1409년(태종 9)에 왜구의 극성으로 육지에 옮겨온 진도현珍島縣을 병합하여 해진군海珍郡이라 하였다. 1437년(세종 19)에는 다시 진도와 분리하여 현감을 두어 해남현이 되었고, 또 수군전라우수영을 두어 남쪽 해상 방비의 요지로 삼았다.

1448년(세종世宗 30) 황원현黃原縣·옥산현玉山縣·죽산현竹山縣과 병합, 당악으로 개편하였다가 다시 해남현으로 개칭하였다. 1895년(고종 32) 지방제도 개정으로 나주부 해남군이 되었다가, 1896년 전라남도 해남군으로 개편하면서 부근 도서를 완도군으로 이속시켰다. 1955년에 해남면이 읍으로 승격되었다.

一世	二世	三世	四世	五世
鄭元基 (元棋)	鄭龍(龍)	鄭在田	鄭文明	鄭貴瑊
	正朝戶長			武科：參軍

崔溥
(1454~1504)

本貫：耽津
字：淵淵
號：錦南
文科：承文院
校理

『삼성보三姓譜』에 기술 된 해남정씨 세계

해남 모목동에 위치한 금남 최선생의 부인 해남정씨의 세계 및 묘소의 위치를 기술하고 있다. 또한 해남의 모목동에 근거를 두고 거주하였던 해남정씨에 대해 기술하고, 최부의 아내 해남정씨의 세계와 인맥의 관계도를 제시하고 있다.

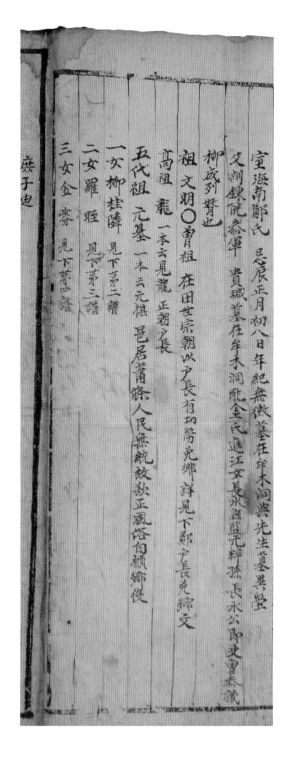

최부 선생의 정실 해남정씨의 기일은 정월 초팔일인데, 돌아가신 연조는 증빙할만한 것이 없다. 묘소는 모목동에 있으며 선생의 묘와는 봉문을 달리 한다. 아버지이신 훈련원 참군 귀감(정귀감)의 묘는 모목동에 있다. 부인인 김씨는 진강의 따님으로 장수현감을 지낸 원수의 손녀이다. 장수공은 곧 이조참의를 지낸 류성렬의 사위이다. 조부는 문명이다. 증조부는 재전인데, 세종대에 호장으로써 공로가 있어서 향역을 면했다. 자세한 것은 아래 "정호장이 향역을 면한 문서"에 자세하게 보인다. 고조부는 용龍이니, 일명 현룡見龍으로 정조호장이다. 오대조는 원기이다. 한 본에는 원기元棋로 되어있다. 읍치가 초라하고 백성들이 통제됨이 없었던 까닭에 풍속을 바로잡고자 향역을 자원했다.

室海南鄭氏 忌辰正月初八日 年紀無徵 墓在牟木洞與先生墓畢瑩 父訓練院參軍貴瑊(鄭貴瑊)墓在牟木洞配金氏進江女長水縣監元粹孫長水公卽吏曹參議柳成列婿也. 祖 文明 ○曾祖 在田世宗朝以戶長有功勞免鄉 詳見下鄭戶長免鄉文. 高祖 龍 一本云見龍 正朝戶長, 五代祖 元基 一本云元棋(鄭元棋) 邑居 蕭條. 人民無統故欲正風俗自願鄉役.

나두동은 『삼성보三姓譜』에 해남정씨보기략海南鄭氏譜紀略을 기술하여
최부의 처가인 해남정씨가 모목동에서
향족으로서의 위치를 굳건히 할 수 있었음을 밝히고 있다.

■ 해남정씨보기략海南鄭氏譜紀略의 간략簡略 해제解題

1. 정의

최부의 외손인 나두동에 의해 기술되어 『삼성보三姓譜』에 실린 해남정씨보기략海南鄭氏譜紀略

2. 체제 및 내용

최부의 처가인 해남정씨가 부역을 면제 받은 내용 및 해남정씨가 모목동에서 인맥을 맺고 있는 인물들을 기록하고 있다. 이를 통해 해남정씨가 모목동에서 향족으로서의 위치가 굳건했음을 알리는 내용이다.

3. 특성 및 가치

해남정씨는 국가에서 부역을 면제 받고, 혼맥, 학맥, 인맥을 형성하여 호남 향족으로서 위치를 굳건히 했음을 기술하고 있다. 해남정씨는 어초은 윤효정을 비롯하여 해남정씨의 혼맥, 학맥, 인맥 등을 쌓아갔다.

■ 해남정씨보기략海南鄭氏譜紀略

海南鄭氏譜紀略 : 原文

鄭氏譜無傳焉而略有流來所記者當麗末國初有元基(一本云棋)嘗患邑居蕭條人民無統欲正
風俗自願爲邑吏云其子曰龍(一云見龍) 又其子曰在田世爲戶長 初海南縣合于珍島爲海珍郡
至哉. 太宗十二年壬辰徙其邑治而不能成樣. 世宗六年甲辰回都觀察使移開在田自備財力創
造官客舍用其勞免其役. (……)

해남정씨보기략 : 국역

　정씨의 족보는 전하지 않고, 집안의 유래를 기록한 것이 대략 남아 있을 뿐이다. 고려 말 조선 초
에 원기(한 본에는 '원기'라고 표기되어 있음)가 일찍이 읍치가 초라하고 백성들이 통제됨이 없음을
우려하여 풍속을 바로 잡고자 읍리가 되었다고 한다. 그의 아들은 용(일명 현룡)이고, 또 그 아들
은 재전인데 대대로 호장이 되었다. 당초 해남현은 진도와 병합되어 해진군이 되었고, 우리 태종 12
년(1412)에 이르러 읍치를 옮겼으나 모양새를 갖추지 못했다. 세종 6년(1424) 갑진년 도관찰사都觀
察使가 재전에게 (물력의 지원을 촉구하는) 공문[궐문關文]을 보내자 재력을 스스로 마련하여 관사
및 객사를 창건했다. 그 공로로 인해 향역을 면하게 되었다. (이하 생략)

『삼성보三姓譜』에 기술된 해남현정호장면향문서海南縣鄭戶長免鄕文書

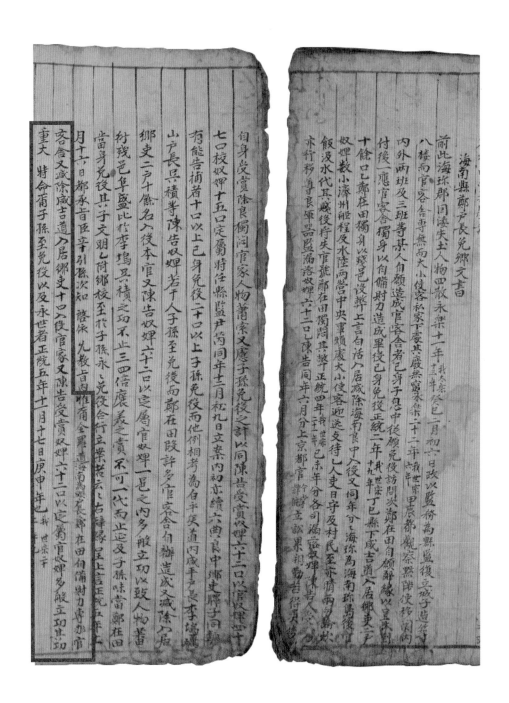

나두동은 『삼성보三姓譜』에 해남현정호장면향문서海南縣鄭戶長免鄕文書를 기술하여
최부의 처가인 해남정씨가 국가의 부역을 면하게 된 연유를 기술하고 있다.

■ 해남현정호장면향문서海南縣鄭戶長免鄉文書의 간략簡略 해제解題

1. 정의

최부의 외손인 나두동에 의해 기술되어 『삼성보三姓譜』에 실린 해남현海南縣 정호
장鄭戶長 면향免鄉 문서文書

2. 체제 및 내용

해남현海南縣 정호장鄭戶長 면향免鄉 문서文書는 나라에 공을 세워 부역을 면제해
준다는 내용을 담고 있다.

3. 특성 및 가치

해남현海南縣 정호장鄭戶長 면향免鄉 문서文書는 나라에 공을 세워 부역을 면제해
준다는 내용을 담고 있는 해남현정호장면향문서海南縣鄭戶長免鄉文書는 해남정씨가
부역을 면제 받아 모목동에서 향족으로서의 위치를 군건히 할 수 있게 된 계기가
되었다.

아래는 해남현정호장면향문서海南縣鄭戶長免鄉文書 가운데 백성이 관부官府에 제출
한 소장訴狀·청원서·진정서에 대하여 관부에서 써주는 판결문인 제음題音[데김]
의 내용이다.

■ 해남현정호장면향문서 海南縣鄭戶長免鄕文書

海南縣鄭戶長免鄕文書 : 原文

惟爾 全羅道海南爲頭戶長鄭在田自備財力專辦官客舍又減除咸吉道入居鄕吏十口入役官家

又陳告受賞奴婢六十二口以定屬官奴婢多般立功其功重大特命爾子孫至免役以及永世者 正

統五年十一月十七日庚申年也(1440, 我世宗二十二年也)

정호장면향문서 : 국역

　너 전라도 해남에서 두호장을 수행하고 있는 정재전은 스스로 재력을 갖추고 관사 및 객사
건립 비용을 홀로 감당했고, 오로지 힘을 다해 관가의 객사를 짓고, 함길도로 입거해야 할 향리
가운데 10구를 감제하여 관가에서 입역할 수 있게 했고, 또 상으로 받은 노비 62구를 관노비에
정속시켜 많은 공을 세웠으니, 그 공이 매우 무겁고도 크다. 이에 너의 자손들까지 영세토록 향약
을 면제하는 것을 특별히 명한다. 정통오년(1440, 세종 22)십일월 십칠일 경신년.

제 2 장

최부의 자손들, 금남혈맥

『삼성보三姓譜』에 기술된 탐진최씨세계도耽津崔氏世系圖

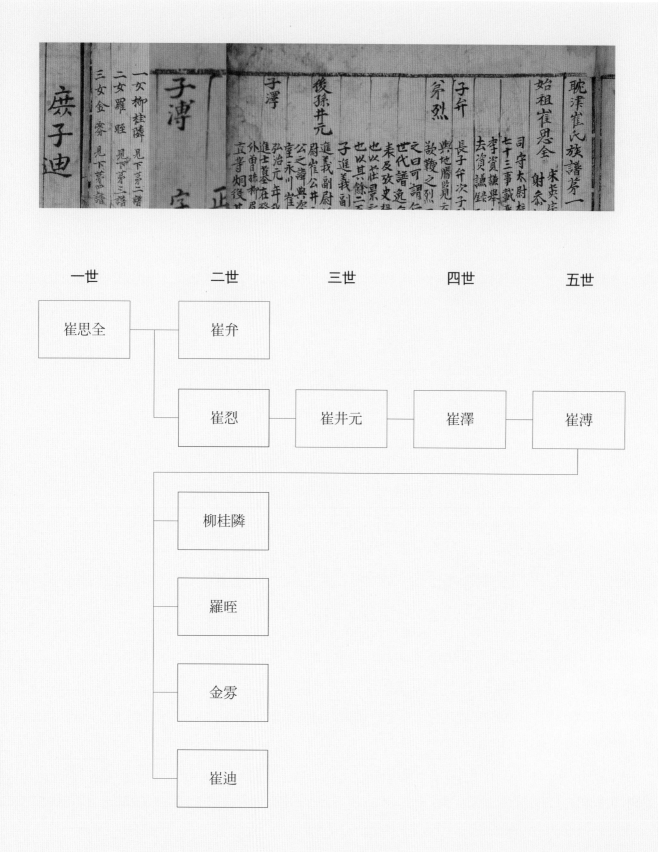

	一世	二世	三世	四世	五世
	崔思全	崔弁			
		崔烈	崔井元	崔澤	崔溥
		柳桂隣			
		羅晊			
		金雰			
		崔迪			

『삼성보三姓譜』에 기술된 최부 외손들의 행적(1)
장서長婿 유계린 후손들의 공적 :

보본지심報本之心
근본에 보답하는 마음

유계린의 7세 외손 이석형은 각 외파 자손들에게 통문을 발송하여 외선조 금남공의 공적을 기리고, 족보를 편찬하는 한편 모목동 소재 외선조들의 묘소 정비의 필요성을 강조하며 적극적인 협조를 촉구하였다.

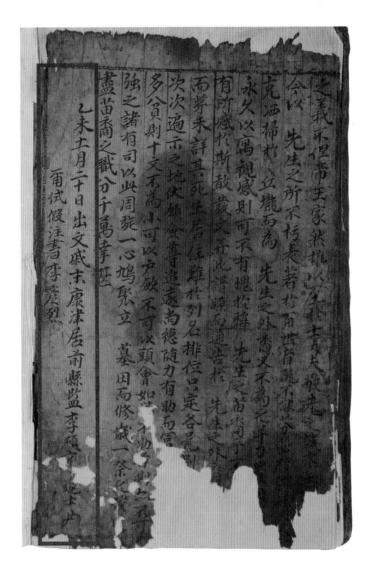

을미(1715, 숙종41)년 11월 20일 척말 강진 거 전 현감 이석형, 진사 윤이식 가주서 이언렬(김분의 7세 외손) [삼가 통지합니다] 乙未(1715, 肅宗41) 十一月二十日出文戚末康津居前縣監李碩亨 進士尹爾伩 (1678~?)假注書李彦烈(1680, 肅宗 6 ~ 1719, 肅宗 45)[謹書]

1715년 을미년 11월 20일 유계린의 6세손 이석형과 진사 윤이식, 그리고 가주서 이언렬이 작성한
통문이다.

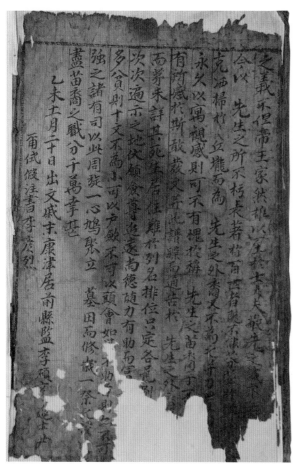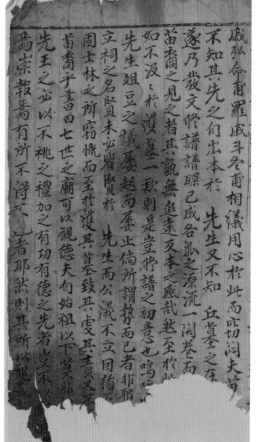

『삼성보三姓譜』(금남최선생외손보錦南崔先生外孫譜) 권말에 실려 있는 통문이다.

권말에는 두 개의 통문이 실려 있는 데

하나는 나두동에 의해 기술되었고, 우통문은 이언렬 등에 의해 기술되었다.

■ 우통문又通文의 간략簡略 해제解題

1. 정의

『삼성보』에 기술된 장서長婿 유계린 외손들이 작성한 통문

2. 체제 및 내용

무오사화 이후 친손親孫이 끊어지고, 외손마저도 친진親盡한 뒤로 제향이 오래도록 끊어져 묘소 수호가 제대로 이루어지지 않음을 우려하는 내용을 담고 있다.

3. 특성 및 가치

금남선생 최부의 묘소에 위전을 두고 세일제를 지내는 사안이 담겨 있다. 외손들이 『삼성보』를 제작하고 보첩을 수정한 사실을 명시하고 있으며, 이홍명과 나두동이 묘소를 수호하는 것에 대해 의논하고, 또한 『삼성보』의 제작 필요성을 알면서도, 많은 시간이 경과한 이유를 밝히고 있다.

자신들의 외조의 묘가 모목동에 위치해 있는 것을 알지 못하여, 수호하지 못함을 반성하고, 후손으로서 가져야 할 신종추원의 마음이 발원될 수 있었던 것에 대해 감사하고 있다.

금남 최선생의 묘소를 지속적으로 관리해야 함을 당부하는 것은 물론 최부선생의 학문적 위업의 크기를 제시하고, 묘를 수호하고 관리해야 하는 후손으로서의 의무를 말하고 있는 것이다.

■ 우통문又通文

右通文 : 原文

右通文爲 外先祖錦南崔先生丘墓爲置田歲一祭事 竊惟先生之學行節義文章照人耳目者 殆
二百餘年 而不幸禍亂之餘 子姓亦絶 海南牟木洞 卽丘墓所在 而外孫親盡之後香火久廢樵
牧不禁 其勢將不免泯沒而無傳 則今日之爲苗裔 其敢曰厥緒遙遙 而不思所以禁護之道乎!

茲■■[■李]戚弘命甫羅戚斗冬甫相議用心於此 而竊悶夫苗■■■■[裔■■■]不知其先之
自出本於先生 又不知丘墓之在■■■[牟木洞]遂乃發文修譜 譜牒已成 各派之源流一開卷
而■■■■■苗裔之見之者 其孰無追遠反本之感哉!

然至於此■■■如不汲汲於護墓一款則是豈修譜之初意也.
嗚呼■■■■先生俎豆之議 屢起而屢止 倘所謂勢而已者非耶 ■■■■立祠之名賢 未必皆
賢於先生 而公議不立 回循■■■ 固士林之所竊慨 而至於護[其]墓 致其虔 其責又不■■
■■苗裔乎!

書曰七世之廟 可以觀德 夫自始祖以下 莫非■■■先王之必[以]不祧之禮加之 有功有德之
先者 豈[其]不以觀感焉 崇報焉 有所不得不已者耶 然則豈所以觀感崇報之義 不但

帝王家 然推以至於士大夫敬先之誠 亦無■■■■ 今以先生之所不朽 表著於百世者 既不
能芬苾於鄉社 人■克洒掃於丘壟 而爲先生之外裔 又不爲之幷力置田■■■ 永久以寓觀感
則可不有愧於稱先生之苗裔乎 不■■■■有所感 於斯 敢發文 幷此譜牒 而通告於先生之
外裔 ■■■而第未詳其死生居住 難於列名排位 只定各邑別■■■■■次次遍示之地 伏願
僉尊追遠尙德 隨力有助 而富■■■■■多 貧則十文不爲小 可以戶斂 不可以頭會 如其不
助■ 則亦不可强之 諸有司以此周旋 一心鳩聚 立墓田而修歲一祭之禮■盡苗裔之職分 千萬
幸甚.

乙未(1715, 肅宗41)十一月二十日出文
戚末康津居前縣監李碩亨進士尹爾伋(1678~?)假注書李彦烈

우통문 : 국역

아래 통지는 외선조 금남선생 묘소에 위전을 두고 세일제를 지내는 사안과 관련한 것입니다.

선생의 학행과 절의와 문장이 사람들의 이목을 끌게 된 것이 거의 이 백 여년이 되었습니다. 그러나 불행이 화란을 당한 나머지 직계 가통 또한 끊어지게 되었습니다. 해남 모목동은 최선생의 묘소가 있는 곳입니다. 외손마저도 친진한 뒤로는 제향이 오래도록 끊어졌고, 묘소를 수호하는 일이 제대로 이루어지지 못하여, 묘소가 인멸되어 전하지 못하는 상황을 면치 못할 듯합니다. 일이 그러한데도 지금의 후손들은 감히 "그분의 흔적이 멀고 멀어졌구나"라고 말만 하고, 묘소를 수호하는 방법은 생각하지 않는 것입니다!

이에 외손인 이홍명과 나두동이 묘소를 수호하는 것에 대해 서로 의논하려는 마음을 썼습니다. 그동안 외람스럽게도 어리석어 자신들의 선조가 선생에게서 근본을 두고 나왔다는 것을 알지 못하였고, 또한 선생의 묘가 모목동에 있는 것을 알지 못하였습니다.

이러한 이유로 인하여 마침내 통문을 발송하여 족보와 보첩을 수정하였습니다. 보와 첩이 이미 완성되니, 각파의 근원을 하나의 항으로 열어 놓게 되었습니다. (그 근원이 어디인지를) 후예들이 볼 수 있게 된 것입니다. 이것을 후예들이 본다면 그 누구라도 신종추원하려는 근본의 감정이 없겠습니까?

일이 여기에 이르렀지만 만일 묘 하나를 수호하는 것에도 급급해 하지 않는다면 이것이 어찌 족보를 수정하려는 처음의 뜻이겠습니까?

아아! (■■■■) 선생의 제사를 의논하는 일이 자주 일어났다가도 자주 그만두게 되었습니다. 그러다가 별안간 "이른바 형세가 그러할 뿐입니다."라고 하는 것은 그릇된 것입니다. (■■■■) 사당의 이름난 현인도 반드시 모두가 선생보다 현명하지 못합니다. 그런데도 아직 공적인 논의도 세우지 못하고, 돌고 돌기만 하고(■■■ 말로만 그치고 있으니) 있습니다. 진실로 사람들이 외람스럽게 개탄을 하여, 그 묘를 보호하는 것에 이르게 되었습니다. 그 삼가고, 그 책임을 다하는 것 또한 먼 후예로서 (■■■■ 신종추원의 도리가) 아니겠습니까?

『서경』에 이르기를 "(천자가) 칠세의 묘를 통하여 선대들의 덕을 볼 수 있다"[20]라고 하였습니다.

---

20) 『서경書經』, 「함유일덕咸有一德」: 칠세지묘七世之廟, 가인관덕可以觀德. 참고.

대저 시조로부터 그 이하는 (■■■선왕들의 덕이) 아닌 것이 없습니다.

선왕이 기필코, 부조의 예[21]를 보태는 것은 공이 있고, 덕이 있는 선대에게 하는 것이니, 어찌 이것이 감응을 보고, 숭상하고 보답하는 일이 아니겠습니까?
그렇다면 이것은 아마도 (선조의 덕을) 보고, 느끼고 숭상하고 보답하려는 뜻이 아닐런지요? 제왕(천자)의 가문도 사정이 이러합니다. 그런데 이것이 사대부가 선대를 공경하는 정성에 이른다는 것 또한 (■■■■ 우리 집안이라고) 없겠습니까?

지금 선생의 업적이 백세에도 썩지 않고 현저하게 드러나는 것은 이미 향사에 분필할 수 없기 때문입니다. 사람들이 (■) 능히 산소를 쓸고 닦고 있습니다. 그리고 선생의 외손들도 하고 있습니다. 그렇지만 또한 힘을 모아, 농사에만(■■■) 하지 않는 것은 영구히 하고, ■■선조들의 덕을 보고 느끼고 만날 수 있게 하려는 것입니다. 이렇게만 한다면 선생의 후예라는 이름에 걸맞게 되어, 부끄러움이 있지 않다고 하는 것이 가능하겠습니까?

(후손이 되어 부끄러움이 생겨나 이에) 감응하는 바가 있지 (■■■■) 않겠습니까? 이에 감히 발문과 함께 보첩을 발송하여 선생의 외손들에게 통고를 합니다. (■■■■) 다음 그 생사와 주거가 자세하지 않아 이름을 나열하고 위치를 배열하는 것에 어려움이 있습니다. 단지 각각의 읍이 정해졌고, 별도로 (■■■■■) 차차 두루두루 보여 지는 것입니다.

엎드려 원하오니, 친족 여러분들 모두가 신종추원으로 덕을 숭상하여, 힘에 따라 도움이 있었습니다. 그러나 부유하면 (■■■■■) 많다고 여지기 않고, 가난하면 열 문장도 적다고 하지 않았습니다. 집으로써 거두고, 머릿수로는 하지 않았습니다. 만일 (■) 돕지 못했다면 이것 또한 억지로 하지 않았습니다.
모든 유사들이 이것을 두루 두루 주선하여 한마음으로 한 곳에 모아 묘를 세우고, 세일제의 예를 다듬었습니다. (■) 후손들의 직분을 다하게 된 것이 매우 천만다행입니다.

1715년 을미년 11월 20일 문장을 보내는 사람은 척말로 강진에 거주하는 전 현감 이석형과 진사 윤이식, 그리고 가주서 이언렬이 삼가 씁니다.

---

21) 부조지례不祧之禮 : 나라에 큰 공훈功勳이 있는 사람의 신주神主를 영구히 사당에서 제사祭祀 지내게 하는 예禮로, 사당을 부조묘라 하고, 신주는 불천위라 한다.

장서長婿 유계린 후손들의 공적 : 유계린의 차남 미암 유희춘

소재지 : 전남 담양시 대덕면 장동길 89-4 (장산리 213)
소장처 : 두산미디어

담양 미암서당

　유희춘(1513, 중종 8년 ~ 1577, 선조 10년)의 본관은 선산善山이고, 자는 인중仁仲, 호는 미암眉巖으로 해남 출신이다. 유양수柳陽秀의 증손으로, 할아버지는 유공준柳公濬이다. 아버지는 유계린柳桂鄰이며, 어머니는 사간 최부崔溥의 따님이다. 처부妻父는 송준宋駿이며, 16세기 호남의 명유 김인후金麟厚와는 사돈 간이다. 김안국金安國·최두산崔斗山의 문인이다. 1538년 별시 문과에 병과로 급제하였다. 1547년 양재역良才驛의 벽서사건에 연루되어 제주도에 유배되었다가 곧 함경도 종성에 안치安置되었다. 그 곳에서 19년간을 보내면서 독서와 저술에 몰두하였다. 경전에 널리 통했고 제자諸子와 역사에도 능하였다. 시강원설서 재임 시에 세자[후의 인종]의 학문을 도왔고, 선조 초에는 경연관으로 경사經史를 강론하였다. 왕위에 오르기 전에 유희춘에게 배웠던 선조는 항상 "내가 공부를 하게 된 것은 희춘에게 힘입은 바가 크다."고 하였다 한다. 만년에는 왕명으로 경서經書의 구결언해口訣諺解에 참여해『대학』을 완성하고,『논어』를 주해하다가 마치지 못한 채 죽었다. 성격이 소탈해 집안 살림을 할 줄 몰랐으나, 사람들과 세상 이야기나 학문, 정치하는 도리에 대한 투철한 소견과 해박한 지식은 남들이 도저히 생각하지 못한 것들이었다고 한다. 외할아버지 최부崔溥의 학통을 계승해 이항李恒·김인후金麟厚 등과 함께 호남 지방의 학풍 형성에 기여하였다. 좌찬성에 추증되었으며, 담양의 의암서원義巖書院, 무장의 충현사忠賢祠, 종성의 종산서원鍾山書院에 제향되었다.

　저서로는『미암일기』·『속몽구續蒙求』·『역대요록歷代要錄』·『속휘변續諱辨』·『천해록川海錄』·『헌근록獻芹錄』·『주자어류전해朱子語類箋解』·『시서석의詩書釋義』·『완심도玩心圖』등이 있으며, 편서로『국조유선록國朝儒先錄』이 있다. 시호는 문절文節이다.

　　　　　　　　　　　　　　　　　　　　　출처 제공_한국학중앙연구원 역대인물종합정보시스템

유희춘의『미암일기眉巖日記』

『미암일기眉巖日記』는 유희춘柳希春이 그의 나이 55세 되던 1567년 10월 1일 부터 세상을 떠나던 해인 1577년 5월 13일까지 약 11년에 걸쳐 쓴 일기다.

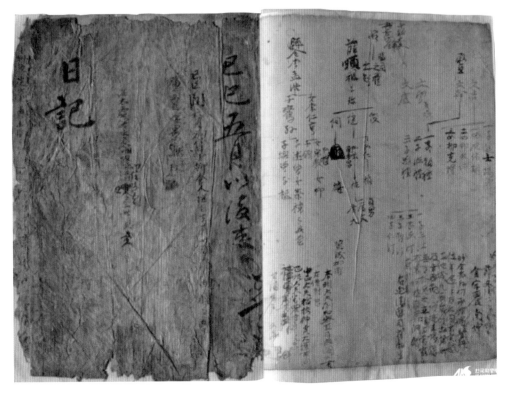

유희춘의『미암일기眉巖日記』

『미암일기』는 유희춘이 유배에서 돌아와 다시 관직생활을 할 때의 기록이다. 원래는 14책이었 으나 현재 11책만이 전하고 있다. 이 중 10책은 그의 일기이고, 나머지 1책은 자신과 부인 송씨의 시문詩文을 모은 부록이다. 미암은 경연관으로서의 강론 내용을 비롯, 관직 수행과 관련된 조정의 동태를 상세히 기록하고 있다.

『삼성보三姓譜』에 기술된 미암 유희춘의『미암일기眉巖日記』부附

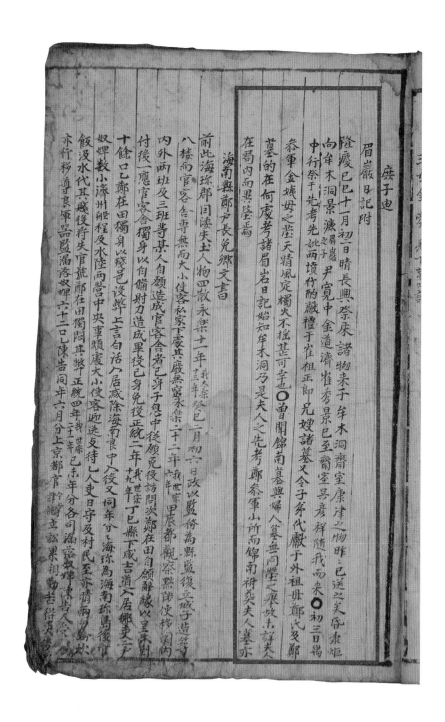

나두동은『삼성보三姓譜』(금남최선생외손보錦南崔先生外孫譜)를 통해 최부와 그의 부인
해남정씨 그리고 외조들의 묘에 제사를 지내는 일을 기록하고 있다. 제사가 가능할 수
있었던 것은 유희춘의『미암집』에 묘역의 위치가 기술되어 있기 때문임을 밝히고 있다.

『미암일기眉巖日記』부附

『미암일기眉巖日記』부附의 원문原文과 역문譯文

隆慶己巳(1569)十一月初二日晴, 長興祭床諸物來于牟木洞齋室 康津之物昨昨已送之矣.
昏秉炬向牟木洞景濂尹寬中, 金道濟, 崔秀景, 已至齋室. 吳彥祥隨我而來.

○ 初三日雨[禺]中行祭于先考先妣兩墳 行酌獻禮于崔祖正郎兄嫂諸墓 又令子弟代獻于外祖
母鄭氏及鄭參軍金姨母之塋 天晴風定 燭火不撓 甚可幸也.

○ 曾聞錦南墓與婦人墓無同塋之擧故 未詳夫人墓的在何處 考諸眉巖日記 始知牟木洞 乃是
夫人之先考鄭(鄭貴瑊)參軍山所 而錦南柑葬 夫人墓亦在局內 異塋焉.

융경 기사(1569)년 십일월 초2일 날씨는 청명했다. 장흥의 제상 등 여러 기물들이 모목동의 재실에 왔다. 강진에서 온 물건은 그저께 이미 보낸 것이다. 날이 어두워, 횃불을 들고 모목동으로 갔는데, 아들 경렴(미암의 아들), 사위 윤관중(미암의 사위?~?), 김분의 아들 김도제 그리고 최수경은 이미 재실에 도착해 있었다. 조카인 오언상(유계린의 사위 오천령吳千岭의 아들로 미암의 조카)은 나를 따라 왔다.

○ 초3일 우중에 아버지, 어머니 두 분 묘소에 제사를 지내고, 최조 및 정랑형과 형수 등 여러 묘소에도 잔을 드렸다. 또 자제로 하여금 외조모 정씨 및 정참군, 김씨 집안에 시집간 이모의 묘에도 대신 잔을 올리게 했다. 하늘이 개어 바람이 잦아들어 들고 간 횃불이 흔들리지 않아 매우 다행이었다.

○ 일찍이 들으니 금남선생과 부인의 묘는 영역塋域을 달리 했던 까닭에 아직 부인의 묘가 정확하게 어디인지가 자세하지 않았다. 『미암일기』를 살펴보고서야 비로소 모목동에 부인의 선고 정참군의 묘소가 있고 거기에 금남을 부장했음을 알 수 있었다. 부인의 묘소 또한 국내局內에 있으나 봉분은 달리 조성되었다.

유희춘의 『미암선생집眉巖先生集』에 기술된 금남선생사실기錦南先生事實記

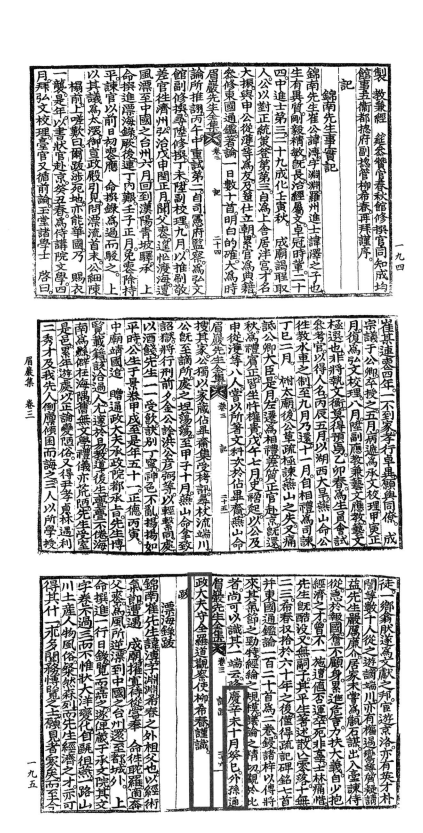

유희춘은 자신의 문집인 『미암선생집眉巖先生集』에 금남 최부에 대해 기술해 놓았다.

「금남선생사실기錦南先生事實記」에 실린 글을 아래와 같다.

■ 錦南先生事實記

錦南先生事實記：原文

錦南先生崔公諱溥. 字淵淵. 羅州進士諱澤之子也. 生有異質. 剛毅精敏. 旣長. 治經屬文. 卓冠時輩. 二十四. 中進士第三. 二十九成化壬寅秋. 成廟謁聖取人. 公以對正統策. 登第第三. 自爲上舍居泮宮. 才名大振. 與申公從濩等爲友. 及筮仕立朝. 累官爲典籍. 參修東國通鑑. 著論一日數十首. 明白的確. 大爲時論所推詡.

丙午. 中重試第二. 自司憲府監察. 爲弘文館副修撰. 尋陞修撰. 丁未. 陞副校理. 九月. 以推刷敬差官往濟州. 弘治戊申閏正月. 聞父喪. 遑忙渡海. 遭風漂至中國之台州. 六月. 回到漢陽靑坡驛. 承上命撰進漂海錄. 厥後. 連丁內艱. 壬子正月. 免喪除持平. 諫官以前日初喪應命撰錄爲過而駁之. 上以其議爲太深. 御宣政殿引見. 問漂流首末. 公細陳楊前. 上嗟歎曰. 爾跋涉死地. 亦能華國. 乃賜衣一襲. 是年. 以書狀官赴京. 癸丑春. 爲侍講院文學. 四月. 拜弘文校理. 臺官又循前論. 玉堂諸學士啓曰.

崔某連喪四年. 一不到家. 孝行卓異. 願與同僚. 成宗議于公卿. 卒授之. 五月. 病遞爲承文校理. 甲寅正月. 復爲弘文校理. 八月. 陞副應敎兼藝文應敎. 藝文. 極選也. 非將執文衡. 莫得預焉. 乙卯春. 爲生員會試參考官. 以得人名. 丙辰五月. 以湖西大旱. 燕山命公往敎水車之制. 至九月乃還. 十一月. 自相禮爲司諫. 丁巳二月. 祔太廟. 後公草疏極諫燕山之失. 又痛詆公卿大臣. 是月. 左遷爲相禮. 差質正官赴京. 旣還. 秋. 爲禮賓正. 皆坐忤權貴. 戊午七月. 史禍起. 以公及申從濩等八人. 嘗以所著文科次於佔畢齋. 燕山命搜其家. 公獨以家藏佔畢齋集受栲訊. 尋杖流端川. 公旣至謫所. 處之坦蕩蕩. 至甲子十月. 燕山命拿致詔獄. 將行刑前夕. 金公詮, 洪公彦弼等. 以輕繫同處. 以酒餞. 先生一一受飮. 訣別丁寧. 神色不亂. 揚揚如平時. 公生于景泰甲戌. 至是年五十一. 正德丙寅. 中廟靖國. 追贈通政大夫承政院都承旨. 先生博覽載籍. 該洽過人. 尤邃於易. 敎導後生. 亹亹不倦. 海南爲縣. 僻在海隅. 舊無文學. 禮儀亦荒陋. 先生受室是邑. 累年遊處. 以正論變陋俗. 又得尹孝貞, 林遇利二秀才及我先人. 倒廩傾困而誨之. 三人以所學授徒.

一鄕翕然遂爲文獻之邦. 宦遊京洛. 亦有英才朴誾等數十人從之遊. 謫端川. 亦有權遇鸞等質疑請益. 先生嚴厲廉介. 居家未嘗爲甔石謀. 出入臺諫侍從. 急於報國. 奮不顧身. 累進危言. 力扶大義. 自少抱經濟之才. 曾不一施. 遭値否運. 卒死非辜. 士林痛惜. 先生旣酷沒. 又無嗣子. 其平生著述. 散亡零落. 十無二三. 希春收拾於六十年之後. 僅得疏記碑銘七首幷東國通鑑論一百二十首爲二卷. 鋟諸梓以傳將來. 其氣節之勁特. 經綸之規模. 議論之精切. 觀於此者. 尙可以識其一端云.

隆慶辛未十月癸巳. 外孫通政大夫守全羅道觀察使柳希春. 謹識.

금남선생사실기 : 국역

　금남선생 최공은 휘가 부이고, 자는 연연이니, 나주인이다. 진사 택의 아들이다. 태어날 때부터 특이한 자질이 있었고, 기상이 강의하면서도 정밀하고 민첩했다. 성장해서는 경전을 익혀 문장을 지을 수 있었으며, 동류 가운데 단연 뛰어났다. 24세에 진사시 3등에 입격했고, 29세 되던 성화 임인(1482, 성종13)년 가을에 성종께서 성균관에서 공자를 배알하고 인재를 선발할 때 공은 '정통책'이란 책문으로 응대하여 3등으로 급제하였다.

　진사시에 합격하여 성균관에 거접할 때부터, 재명才名을 크게 떨쳤다. 신종호申從濩 등과 벗을 삼고 교류했다. 처음으로 벼슬을 하여 조정에 들어갔다. 여러 관직을 거치고 전적典籍이 되어,『동국통감』을 편집하고 정리하는데 참여했다. 하루에 수십 수의 논을 지으면서도 글이 명백하고 적확하여, 시론에게 크게 인정을 받게 되었다. 병오(1486, 성종17)년 중시에서 2등으로 급제하여, 사헌부 감찰과 홍문관부수찬이 되고, 수찬에 승진하고, 정미(1487, 성종18)년에는 부교리에 승진했다. 9월 추쇄 경차관으로 제주에 갔다. 홍치 무신(1488, 성종19)년 윤 정월에, 부친의 상을 듣고는 황급하고 어리둥절하여, 바다를 건너다가 풍랑을 만나 표류하여 중국의 태주(지금 중국의 절강성의 현)에 이르게 되었다.

　6월 한양 청파역에 돌아왔다. 왕의 명을 받아『표해록』을 찬술하여 올렸다. 그 후에 연이어 집안에 어려움[모친상]이 닥쳤다. 임자(1492, 성종23)년 정월에 상喪에서 벗어나고, 지평에 제수되었다. 간관들이 지난 초상 때에 어명으로『표해록』을 찬한 것을, 허물 삼아 논박을 하였다.

　임금께서 그 공에 대한 의론이 너무 심하다고 생각하여, 선정전에 나아가 친히 만나보았다. 표류의 전말을 묻고는 매우 깊이 논의했다. 어전에 나아가 임금을 뵈었다. (임금께서) 표류의 전말을 물었다. 공이 탑전에서 세세하게 대답을 해 나갔다. 임금께서 감탄하여 말하길, "그대는 산 넘고 물을 건너 죽음의 문턱을 건너왔는데, 여기에 중국에서 옷 한 벌도 받아왔구나!" 하였다. 그 해에 서장관으로 북경에 갔다. 계축(1493, 성종24)년 봄, 세자의 시강원문학이 되었다. 4월에는 홍문관교리를 제수 받았는데, 대관들이 또 지난번의 논의를 추궁했다. 옥당(홍문관)의 여러 학사들이 임금에게 아뢰길, "최모공은 연이어 초상을 당했는데도 4년 동안이나 한 번도 집에 가지를 못했습니다. 효행이 높고 뛰어나니, 원컨대 동료들과 함께 할 수 있게 해주십시오." 성종이 공경들과 의논하여, 마침내 그를 제수하였다. 5월에 병으로 임무를 번갈아 하다가, 승문교리가 되었다. 갑인(1494,성종 25)년 정월에 다시 홍문교리가 되었다. 8월에 부응교 겸 예문응교로 승차하니 예문은 최고의 선발이었다.

장차 문형(대제학)을 집정할 사람이 아니라면 여기에 참여할 수가 없었다. 을묘(1495, 연산군 1)년 봄, 생원 회시에 참고관이 되어, 인재를 얻었다고 하여 이름을 날렸다. 병진(1496, 연산군 2)년 5월 호서지방에 큰 가뭄이 있었다. 연산군이 공에게 내려가서 수차의 제조법을 가르치라는 명을 내렸다. 9월에 이르러서야 곧 돌아오게 되었다. 11월에는 상례(통례원 종3품관)에서 사간이 되었다. 정사(1497, 연산군 3) 2월에 태묘에서 부제를 마친 후, 공이 상소의 글을 올려 연산의 실정을 극렬하게 간하고, 또한 공경 대신들을 통렬하게 꾸짖었다. 이 달에 좌천되어 상례가 되고, 질정관으로 차출되어 북경에 갔다가 돌아왔다. 그 해 가을 예빈정이 되었다. 모두 권력과 세력이 있는 자들에게 미움을 받아서였다.

무오(1498, 연산군 4)년 7월에 사화가 일어났다. 공과 더불어 신종호 등 8명의 사람들은 일찍이 글을 짓는 것을 점필재에게서 과차를 받은 것이다. (이러한 이유로) 연산의 명으로 그 집안들이 수색을 받게 되었다. 유독 공의 집에서만 점필재 문집이 나왔다. 혹독한 고문을 받고, 형장을 받고는 단천으로 유배를 갔다. 공은 이미 유배지에 이르렀는데도 처신이 넓고 온화했다. 갑자(1504, 연산군 10)년 10월에 연산의 명으로 다시 강제로 잡아 들여 죄인을 옥에 가두고 형을 집행하려고 하였다. 그 전 날 저녁 김전, 홍언필 등이 가벼운 죄목으로 같은 곳에 묶여 있었는데, 그들이 술상을 차려 이별을 위로했다. 선생께서는 한 잔 한 잔 술을 받아 마시며 이별을 고하는 모습이 간곡했지만 안색은 어지럽지 않았고, 의연하고 꼿꼿함이 평상시와 같았다. 공이 경태 갑술(1454, 단종 2)에 태어났으니 이때에 이르러 공의 나이 51(1504)세였다. 정덕 병인(1506, 중종 1)년에 중종이 어지러웠던 나라를 안정시키고, 통정대부승정원도승지에 추증하였다. 선생은 책을 두루 두루 널리 읽어 박식함이 다른 사람들보다 뛰어 났다. 더욱이 역학에 조예가 넓고 깊었으며, 후학을 가르치고 인도하는 것을 부지런히 하고 게을리 하지 않았다.

해남현은 외지고 으슥한 바다 모퉁이에 있어서 예부터 문학하는 사람이 없었고, 예의 또한 거칠고 미천했다. 선생이 이 읍으로 장가를 들어, 몇 해를 오가면서 정론을 가지고 낡고 비천한 풍속을 변화시켰다. 또 윤효정, 임우리 두 명의 수재와 우리 선인(유계린)이 꽉 막히고, 비틀어지고 단단한 사람들을 가르치고, 세 사람이 공부한 것을 무리들에게 전수하니 한 고을이 환하게 피어나 마침내 문헌의 고장이 되었다. 공이 한양에서 벼슬살이를 할 때에 또한 영재인 박은 등 많은 사람들과 함께 어울렸다. 단천 유배지에서도 권우란 등이 의심나거나 모르는 것을 질문하면서 배우기를 더욱 청했다. 선생의 몸가짐은 매우 엄중하고 엄격하고, 청렴하였다. 집에 거처할 때에도 아직 일찍이 한 섬의 곡식도 도모하지 않았다. 대간이나 시종들이 출입을 할 때도 나라에 보답하기에 급급했다.

떨치고 일어날 때도 자신을 돌보지 않았다. 자주 위험한 발언을 하려 나아갔고, 힘껏 큰 뜻을 도왔다. 어린 시절부터 경국제세의 재능을 품었지만 모든 일을 제대로 베풀어 보지 못했다. 불행한 운명을 만나서 마침내 죄가 없는데도 죽임을 당했으니, 사람들이 애통해 했다. 선생의 행적이 흩어지고 없어져 우수수 떨어져 열에 두세 가지는 없어졌다. 희춘이 60년 후에 수습하여 근근히 소와 기와 비명 7수와 함께 『동국통감론東國通鑑論』 120수를 얻어 두 권의 책을 만들어 출간을 하였다. 이것으로써 장차 전해지게 하였으니, 그 기절의 군세고 특별함과 경륜의 규모와 의론의 정밀하고 간절한 것을 이곳에서 볼 수가 있다. 오히려 그 하나의 실마리를 알 수가 있다.

융경 신미(1571, 선조 4) 10월 계사에 외손인 통정대부 전라도 관찰사 유희춘은 삼가 씁니다.

『금남집錦南集』『금남선생문집서錦南先生文集序』

소장처 : 한국고전번역원 DB

『미암집眉巖集』의 「금남선생사실기錦南先生事實記」와 『금남집錦南集』의 「금남선생문집서錦南先生文集序」는 유희춘이 모두 같은 시기에 지은 것이다. 그런데 몇 몇 글자가 다르게 기록되어 있다.

금남선생문집서錦南先生文集序	금남선생사실기錦南先生事實記
二十九. 成化壬寅春	二十九成化壬寅秋
著論一百數十首	著論一日數十首
百不一施	曾不一施

『삼성보三姓譜』에 기술된 최부 외손들의 행적(2)
차서次婿나질 후손들의 공적 :

보본지심報本之心
근본에 보답하는 마음

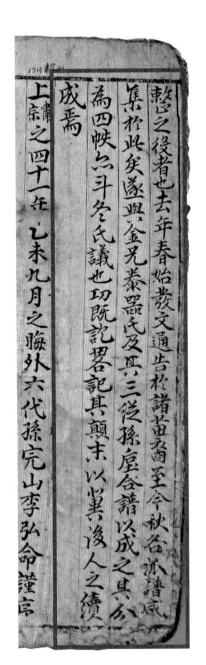

나질의 6세손인 나두동은 『삼성보三姓譜』 제작에 적극적으로 참여한다. 아래는 나두동의 활약에 대한 부분을 기술하였다.

羅兄斗冬氏素以該博聞 且曾幹漂海錄修整之役者也. 去年春始發文通告於諸苗裔 至今秋各派譜咸集於此矣. 遂與金兄泰器(金泰器)氏及其三從孫垕(金垕)合譜以成之其 分爲四帙亦斗冬(羅斗冬, 1658, 孝宗9 ~ 1728, 英祖4)氏議也 功旣訖 略記其顚末 以冀後人之續成焉.

나형 두동씨는 평소 해박한 인물로 알려져 있었고, 또한 일찍이 『표해록』을 수정하는 일을 담당한 사람이다. 작년 봄에 비로소 여러 후손들에게 통문을 띄워 통고했고, 올 가을에 이르러서야 각 파의 족보가 모두 여기에 모아지게 되었다. 마침내 김태기金泰器씨와 그 삼종손三從孫인 김후金垕가 제諸 파의 족보를 합보하여 『삼성보』를 완성하게 되었다. 족보를 네 질로 구분하는 것 또한 두동씨의 의견이다. 족보 편찬의 일이 마무리 되자, 후인들이 지속적으로 족보를 완성시켜 주었으면 하는 마음에서 간략하게나마 그 전말을 대략 기록한다.

차서次婿나질 후손들의 공적 :

보본지심報本之心
근본에 보답하는 마음

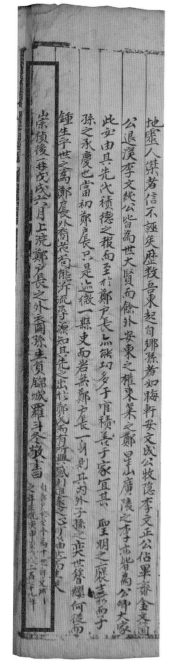

나두동은 해남정씨의 계보를 정리하고, 「해남정씨보기략海南鄭氏譜紀略」이라는 소재를 달아 『삼성보』에 기술해 놓았다. 아래의 글은 「해남정씨보기략海南鄭氏譜紀略」을 간략히 기술한 것이다.

崔錦南無男有三女柳城隱桂隣及我五代祖監察羅公晊及金雰其婿也. 柳桂隣有二子曰成春文科吏郞號鷲巖 曰希春文科副提學文節公號眉巖. (……)
崇禎後再戊戌(1718, 肅宗44)六月上浣鄭戶長之外裔孫生員金城羅斗冬敬書.

해남 정귀남의 사위는 최부이다. 최부에게는 아들이 없었고, 딸이 셋 있었다. 성은城隱 유계린과 우리 오대조 감찰 나질과 김분이 그 사위다. 유계린에게는 두 아들이 있었는데, 성춘은 문과 출신으로 호는 취암이다. 또 희춘은 문과를 거쳐 부제학을 지냈고, 시호는 문절이며, 호는 미암이다. (이하 생략)

무술 1718년 6월 상순 정호장의 외후손 생원 나두동이 삼가 씁니다.

차서次壻나질 후손들의 공적 :

보본지심報本之心
근본에 보답하는 마음

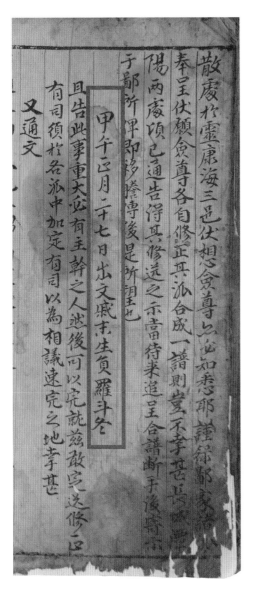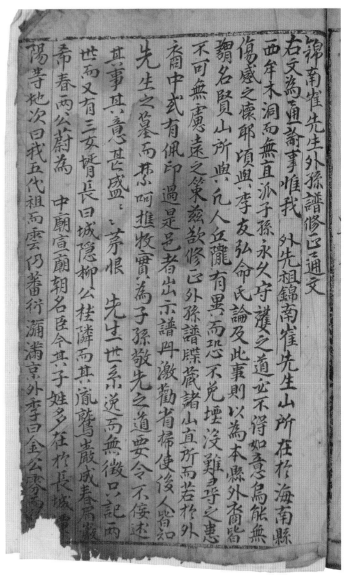

나두동은 통문을 발송하여 외손보 수정을 위한 도움을 요청하였다. 나두동의 통문은 갑오甲午(1714, 숙종肅宗 40)년에 찬술되었다. 이미 기술한 것처럼 『삼성보三姓譜』 권말에는 두 개의 통문이 있는데, 그 중 하나가 나두동에 의해 찬술된 것이다.

■ 통문通文의 간략簡略 해제解題

1. 정의

『삼성보』에 기술된 차서次婿 나질의 외손인 나두동이 작성한 통문

2. 체제 및 내용

묘소 수호와 족보 제작에 참여하게 된 경위를 기술하면서, 묘소 수호와 족보제작을 위한 친족들의 협조를 이끌어 내는 내용을 담고 있다.

3. 특성 및 가치

『삼성보』의 완성을 위해 각 외가의 문중들에게 통문을 통해, 도외度外를 막론하고 족보에 빠져서는 안 된다고 당부하고 있다. 또한 족보 제작에 있어서 문중들의 협력의 중요성을 기술하고, 잘못된 부분과 누락된 부분에 대한 확인을 당부한다.

이와 아울러 최부의 세 사위인 장서 유계린, 차서 나질, 삼서 김분의 현달함을 기술하고 있으며, 최부의 외손으로서 묘소 수호 및 족보 제작의 필요성과 외손으로서의 자긍심을 고취시키고 있다.

■ 錦南崔先生外孫譜修正通文

錦南崔先生外孫譜修正通文 : 原文

右文爲通論事 惟我外先祖錦南崔先生山所 在於海南縣西牟木洞 而無直派子孫 永久守護之
道 必不得如意 烏能無傷感之懷耶.

頃與李友弘命氏 論及此事 則以爲本縣外裔 皆謂名賢山所與凡人丘隴有異 而恐不免湮沒難
尋之患 不可無慮遠之策 玆欲修正外孫譜牒 藏諸山直所 而若於外裔中 或有佣印過是邑者
出示譜冊激勸省掃 使後人皆知先生之墓 而禁阿樵牧 實爲子孫敬先之道 要令不侫 述其事
其意甚盛 (……) 第恨先生世系逸而無徵 只記兩世 而又有三女壻 長曰城隱柳公桂隣 而其胤
鷲巖成春 眉巖希春 兩公蔚爲中廟宣廟朝名臣 今其子姓多在於長城潭陽等地 次曰我五代祖
而雲仍蕃衍 瀰滿京外季曰金公雰 後人散處於靈康海三邑 伏想僉尊亦必知悉耶 謹錄鄙家
諸派奉呈 伏願僉尊各自修正其派合 成一譜 則豈不幸甚

甲午(1714, 肅宗 40)正月二十七日出文戚末生員羅斗冬

且告 此事重大 必有主幹之人然後 可以完就 玆敢定送修正有司 須於各派中加定有司 以爲
相議速完之地 幸甚. (……)

금남최선생 외손보 수정을 통지하는 글 : 국역

아래의 일을 논의하기 위해 이 글을 통지한다.

우리 외선조이신 금남최선생의 산소가 해남현 모목동에 있는데, 직계 자손이 없어 영구히 수호해야 하는 도리에 있어 반드시 뜻대로 되지 않음이 있을 수 있으니 어찌 안타까운 마음이 없겠습니까?

접때[지난번] 이홍명씨와 이 일을 논의하였는데, "본손은 물론 외손들도 명현의 산소는 범인의 무덤과는 등위의 차이가 있다고 여기는 바 묘소가 인멸되어 찾지를 못하는 걱정이 있을까 염려되어 묘소 수호를 위한 장구한 계책을 마련하지 않을 수 없습니다.

또 지금 외손보를 수정하여 산직이 거주하는 곳에 갈무리하고자 하는데, 만약 외손 가운데 관직 부임 차 이 고을을 지나는 이가 있을 때 보책을 꺼내 보여주어 성소省掃의 의지를 격동시키고, 후인들로 하여금 모두 선생의 묘소를 알게 하여 초동과 목동의 출입을 금지시키게 된다면 참으로 자손으로서 선조를 공경하는 도리가 될 것입니다"라고 하고는 나로 하여금 그 일을 기술하게 하였으니 참으로 성대하고 성대한 일이로다.

다만 선생의 세계가 일실되어 선대를 징험할 수 없어 단지 양세만 기록한 것은 한탄스럽지만 또한 세 딸이 있어 큰 사위는 성은城隱 유계린인데 아들은 취암 성춘과 미암 희춘이다. 이 두 사람은 중종~선조조의 명신으로 지금 그 자손들의 대부분은 장성과 담양 등지에서 거주하고 있습니다.

둘째 사위는 우리 오대조가 되시는데, 자손이 번성하여 서울과 지방에 가득합니다.
막내 사위는 김분인데, 그 후손들은 영광·강진·해남 세 고을에 흩어져 살고 있습니다.

삼가 생각건대, 이런 사실은 여러분들 또한 다 알고 계시리라 사료됩니다. 이에 저희 집 제파를 기록하여 봉정하오니 바라옵건대 여러분들께서도 자신들의 파를 수정하셔서 하나의 족보를 이루게 된다면 어찌 다행스럽지 않겠습니까? (중략)

1714년 갑오년 정월이십칠일 척말 생원 나두동이 통지합니다.

추가로 고함. 이일은 중대하니 반드시 주간하는 사람이 있어야만 완수할 수가 있습니다. 이에 수정 유사를 정하여 보내드리니 모름지기 각 파에서도 유사를 추가로 정하여 서로 상의하여 일을 빨리 완수할 수 있게 된다면 참으로 다행이겠습니다.

차서次婿나질 후손들의 공적 :

소장처 : 『나주최씨청양파세보』

보본지심報本之心
근본에 보답하는 마음

나두동은 최부의 묘갈명 및 최부의 부인인 해남정씨의 묘표를 작성한다.

1723년 외육세손인 나두동이 작성한 「해남정씨묘표」이다.
최부의 묘갈명은 Ⅰ부에 실려 있다.
「해남정씨묘표」의 내용은 다음과 같다.

■ 淑夫人海南鄭氏墓表

淑夫人海南鄭氏墓表 : 原文

夫人鄭氏海南人錦南先生室也.

中宗朝 贈先生都承旨夫人例封淑夫人曾祖在田本縣戶長 世宗朝襃功免役祖文明考貴珹訓鍊院參軍外祖金進江卽長水縣監元粹子也.

夫人諱辰爲正月八日而紀無傳初先生在燕山甲子被極禍葬縣西牟木洞外孫文節公柳希春嘗立碣而年代已遠今未詳夫人墓所考諸文節公日記始知夫人及參軍公墓俱在同原而無碑可攷實可憾也盖於一岡多附葬外子孫先生墓後上下葬乃季婿金霧內外墓而金墓左有三墓上一墓堂封完然下二墓崩壞已久豈上一墓爲夫人墓而下二墓爲參軍公內外墓耶竊恐歲月愈久湮沒無徵玆用傳疑之義修墓刻石俾後人識其處諸外裔歲一祭先生墓以夫人附食焉.

숙부인 해남정씨 묘표 : 국역

　부인 정씨는 해남인이니 금남선생의 부인이시다. 중종대에 선생께서 도승지가 되시자 규례에 따라 부인은 숙부인에 봉해졌다. 부인의 증조인 재전은 본현, 즉 해남현의 호장이었다. 세종대에 포상을 받아 향역이 면제되었다. 조부는 문명이고, 아버지는 귀감으로 훈련원참군이시다. 외조부는 김진강으로 곧 장수현감 원수의 아들이다. 부인의 기일忌日은 정월 팔일이다. 돌아가신 연기年紀에 대해서는 전해지는 것이 없다.

　선생께서 연산군 갑자사화에 돌아가시어 현의 서쪽인 모목동에 안장을 했다. 외손인 문절공 유희춘이 일찍이 묘갈을 세웠는데, 연대가 이미 오래되어 그 내용이 자세하지 않다. 부인의 묘소에 대해서는 문절공 유희춘(1513 ～ 1577)의 일기를 상고해 본 결과 비로소 참군공과 한 언덕에 소재함을 알게 되었으나 상고할만한 비가 없어 참으로 유감이다. 한 언덕에 여러 외자손들이 부장되어 있는데, 선생 묘소 뒤에 위 아래로 있는 무덤은 막내 사위 김분의 내외 묘소이다. 김분의 묘 왼 편에 세 기의 묘가 있는데, 위에 있는 한 기의 묘는 묏자리와 봉분이 완전하지만 아래 두 기의 묘는 허물어진지 오래 되었다. 아마도 위에 있는 한 기의 묘가 부인의 묘이고, 아래의 두 기의 묘는 참군공 내외의 묘일 것이다.

　이 또한 세월이 오래되어 인멸되어 징험하지 못할까 염려되어 이에 의심스러운 것은 의심스러운 대로 전하는 뜻에 의거하여 묘소에 각석刻石하여 후인들로 하여금 이곳이 금남 부인의 산소일 수도 있음을 인지하게 했다. 외후손들이 선생의 묘소에 세일제를 지낼 때 부인을 부식한다.
　숭정후 두 번째 계묘년에 외육세손 생원 나두동이 삼가 기록하다.

『삼성보三姓譜』에 기술된 최부 외손들의 행적(3)
삼서三壻 김분 후손들의 공적 :

> **신원지심愼遠之心**
> 신종추원愼終追遠의 마음 – 장례와 제사에 정성을 다하는 후손들의 마음

錦南崔先生外孫譜序

族有譜古矣自一人至路人勢所使也則明派流之同源致民德之歸
厚者非譜而奚以哉且若祖先有以不朽宇宙而不亨
羅世禍絶姓孫其體貌之地幾至於年深而無守世遠而失傳
則爲外裔孫者又豈敢曰我非姓孫禁護其非責云甫而不思所以起感
起慕以爲之地子孫而起感慕固是追遠反本之義德則此豈待人勉
而後可能而惟其世系未嘗講誼相貌則以其遙遠之緖疎棄之屬將何以
沂其源流之自而共盡感慕之道武此非我外 先祖錦南
崔先生其尊孝行文章節義旣以質神明懸日月而國史載之又多矣靑
雲士論列之則雖無継其姓述其事者不患其名不施於後世也顧其
丘墓寄在於海南治西十許里牟木洞而今距蘶山朝戊千辦二百十餘

餘年矣守護又無王香火久嚴莎士之崩頹不治碑刻之刓弊莫繕是
固必至之勢則將不免並與其祇俗之所指黯者而同歸於泯没矣今
不爲其外裔者羞耶之事乎雖然澤已斬矣今日之爲外裔者
或不知其先之自出本於 先生間雖有知之者也不知其 立墓之在於
所夫如是則又武有擁節佩印往來於是邑者而不可責之以省掃
之禮恭小護之道矣兹以修譜牒明世次爲起感起慕之先務苟
使此譜一出遂令遠之見者皆知其自   先生應己歿世而至
其身則追遠之心必油然而生矣則省掃旡小護特
次蓂年鳴呼崇賢尚德古今之通義雖以帝王之尊其特
殯世之忠賢也英京家也特有所感而武封其墓武置其守塚至
於尙友之士景仰之不己而訪其墓展謁者亡㞳又有之此非

최부의 삼서三壻인 김분의 후손들 역시 『삼성보三姓譜』 제작에 적극적으로 참여한다. 김분의 6세 외손인 이홍명이 『삼성보三姓譜』의 서문을 작성하다. 김분의 후손들은 외손으로서 신종추원愼終追遠의 마음을 강조하며, 후손으로서의 자긍심을 이어간다.

삼서三壻 김분 후손들의 공적 :

소장처 : 『나주최씨청양파세보』

신원지심愼遠之心
신종추원愼終追遠의 마음 – 장례와 제사에 정성을 다하는 후손들의 마음

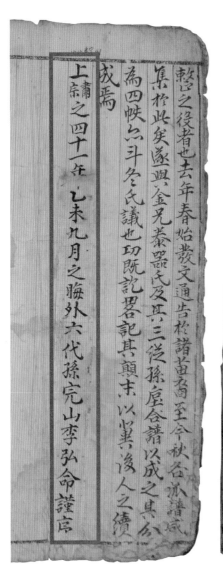
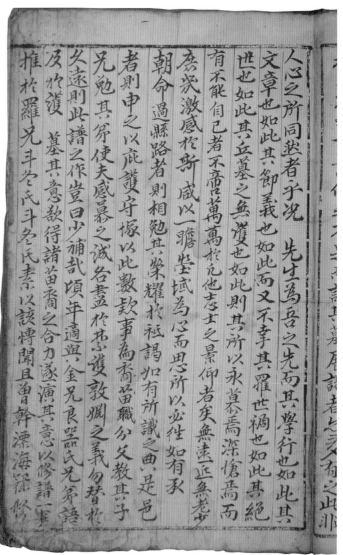

최부의 삼서 김분의 후손들이 최부의 묘역을 정화한다. 또한 김분의 후손들은 최부의 묘소를 정리하는 일은 물론 외손보를 편찬하는 일에 적극적으로 참여한다. 김분의 6세손 김태기, 김양기와 8세손 김후는 산소를 정비하는데 성의를 다한다. 아래는 『삼성보三姓譜』 서문序文을 기술하였다.

■ 錦南崔先生外孫譜序

錦南崔先生外孫譜序 : 原文

族有譜古矣 自一人至路人勢所使也 則明派流之同源致民德之歸厚者非譜而奚以哉!
且若祖先有以不朽者垂名於宇宙而不幸罹世禍絶姓孫其體魄壽藏之地幾至於年深而無守世
遠而失傳則爲外裔者又豈[其]敢曰我非姓孫禁護非豈責云爾而不思所以趣感趣慕以爲之地
乎?
然而趣感趣慕固是追遠反本之彝德則此豈待人. 勉而沒可能而惟其世系未講淵誼相邀則以其
遙遙之緒疏遠之屬將何以泝其源流之自而共盡感慕之道哉! 此此譜之所以作也.

惟我外先祖錦南崔先生其學行文章節義旣以質神明懸日月而國史載之又多靑雲士論列之則
雖無繼其姓述其事者不患其名不施於沒世也顧其丘墓寄在於海南治西十許里牟木洞而今距
燕山朝戊午禍二百十有餘年矣.
守護無主香火久廢莎土之崩頹不治碑刻之刓弊莫辨是固必至之勢則將不免並與其氓俗之所
指點者而同歸於泯沒矣.

是豈不爲爲外裔者羞恥之事乎? 雖然澤已斬矣, 代已撻矣. 今日之爲外裔者或不知其先之自出
本於先生間雖有知之者亦不知其丘墓之在於某所 夫如是則又或有擁節佩印往來於是邑者亦
不可責之以省掃之禮禁護之道矣. 玆以修譜牒明世次爲趣感趣慕之先務苟使此譜一出遂令
遠裔之見者皆知其自 先生襄幾世而至其身則追遠之心必油然而生矣.
追遠之心生則省掃禁護特次第葷耳

嗚呼崇賢尙德古今通義 雖以帝王之尊其於曠世之忠賢也 英豪也, 特有所感而或封其墓或置
其守塚至於尙友之士景仰之不足而訪其墓展謁者亦多有之.

此非人心之所同然者乎況先生爲吾之先而其學行也. 如此其文章也, 如此其節義也. 如此而又
不幸其罹世禍也. 如此其絶世也如此其丘墓之無護也. 如此則其所以永慕焉 深愴焉而有不能
自已者不啻萬萬於凡他志士之景仰者矣. 無遠近無老少庶幾激感 於斯咸以一瞻塋域爲心以思
所以必往如有承朝命過縣路者則相勉其榮耀於祇謁如有所識之典是邑者則申之以庇護守塚
以此數款事爲裔苗職分父敎其子兄勉其弟使夫感慕之誠各盡於禁護敦淵之義勿替於久遠則
此譜之作豈曰少補哉! 頃年適與金兄良器(金良器)氏兄弟語及於護 墓其意欲得諸苗裔之合力

遂演其意以修譜一事推於羅兄斗冬氏斗冬氏素以該慱聞且曾幹漂海錄修整之役者也.

去年春始發文通告於諸苗裔至今秋各派譜含集於此矣. 遂與金兄泰器(金泰器)氏及其三從孫

垕(金垕)合譜以成之其分爲四帙亦斗冬(羅斗冬, 1658, 孝宗9 ~ 1728, 英祖4)氏議也 功旣訖

略記其顚末以冀後人之續成焉.

上(肅宗)之四十一年乙未(1715)九月之晦外六代孫完山李弘命謹序.

금남최선생외손보서 : 국역

　종족에게 족보가 있어온 지는 오래 되었다. 조상은 한 사람인데 후손에 이르러서는 길거리의 사람처럼 여기게 되는 것은 시세가 그렇게 만드는 것이다. 각 유파가 하나의 근원에서 나왔음을 밝히고, 백성의 덕이 후한 데로 돌아가게 하려면 족보가 아니면 무엇으로 그렇게 할 수 있겠는가? (중략)

　우리 외가의 선조이신 금남 최선생께서는 학행·문장·절의는 이미 신명에 질정할만하고 해와 달처럼 높이 떠올라 국사에도 실려 있다. (중략)

　선생의 묘는 해남 서쪽 방향으로 약 십리 되는 모목동에 있다. 지금은 연산군 대의 무오사화(1498)가 있은 후 약 이백 십여 년(1715)년이니, 그동안 무덤을 수호할 주관자가 없고, 제향 또한 오래도록 폐해짐으로써 사토가 정비되지 못하고, 비문 박락되어 글자를 구분할 수 없는 지경에 이르는 것은 필연의 결과라 할 것이니, 장차 묘소든 비각이든 그나마 기억으로나마 이곳이 묘소이고 이곳이 비각이라고 가리킬 수 있는 시골 백성들이 사라지고 나면 이 또한 인멸되고 말 것이다.

　이것이 어찌 외손의 후예로서 부끄럽고 수치스러운 일이 되지 않겠습니까? 비록 그러하다면 은택이 이미 끊어진 것이고, 그 후대는 이미 매질을 해야 합니다.

지금 외손 된 후예가 된 자들 중에는 혹은 그 선세가 선생에게서 기원한다는 것을 알지 못하는 이가 있고, 간혹 비록 그것을 아는 자가 있더라도 또한 그 묘가 위치해 있는 곳은 알지 못하니, 일이 이와 같았으니, 혹여 외손 가운데 관료로 파견되어 이 고을을 왕래하는 자들에게 성소의 예와 금호의 도리를 다하지 않는다고 책망할 수도 없는 일입니다.

　이러한 이유로 인하여 보첩을 다듬어, 세와 대의 순서를 밝혀, 선조를 추모하는 것을 먼저 힘쓰게　하였으니 진실로 하나의 족보가 나와 마침내 먼 후예들이 볼 수 있게 하려는 것은 모두가 그 선생으로부터 몇 세대를 우러러 보게 하고, 그 자신들이 이르는 것은 즉 신종추원의 마음이 반드시 솟아나게 하는데 이르게 되었으니, 신종추원의 마음이 일어나면 즉 산소를 살피고 묘역을 정화하는 일을 단지 그 다음의 허물일 뿐입니다.

　아아! 어진이를 숭상하고, 덕을 우러르는 것은 고금의 공통된 뜻입니다. 비록 제왕의 존엄함으로써, 세상의 충현과 영웅호걸을 넓히는 것이지만, 단지 감응하는 바의 것이 있고, 혹은 그 묘를 북돋우고, 혹은 그 묘소를 지키는 것은 현인을 숭상하는 선비가 덕을 우러르려고 하는 것에는 부족합니다. 그러므로 선생의 묘를 방문하여, 인사를 드리는 자들이 또한 많이 있는 것입니다.

　이것은 사람의 마음이라면 모두 그러한 것이 아니겠습니까? 하물며 선생께서는 나의 선조이시며 그 학문을 행하는 것이 이와 같았습니다. 그 문장을 행하는 것이 이와 같았습니다. 그 절의를 행하는 것이 이와 같았습니다. 그러나 또한 불행하게도 세상의 화를 당한 것도 이와 같았습니다. 그리하여 즉 이에 오래도록 사모하고, 이에 깊이 슬퍼하는 것을 스스로 그만 둘 수 없었던 까닭은 오래 오래 뜻있는 선비들이 우러르고 칭송하는 것에 있는 것뿐만이 아니었으니 저 뜻있는 선비를 숭상한 것입니다.

　따라서 먼 곳 가까운 곳이 없었으며, 늙고 젊음이 없었습니다. 모두가 그분을 추모하는 감정이 일어났으며, 이에 모두가 그분의 인품이나 행적에 대해 한 번이라도 밝은 영역을 보기를 원하였고, 마음으로 품기를 원하였고, 기필코 그분의 산소를 찾아가 볼 것을 생각했습니다. 만일 조정의 명을 받들어 마을을 지나는 자들은 즉 서로를 권면하였으며, 그 공경한 마음으로 알현하게 된 것을 영광스럽게 생각했습니다.

만일 혹은 그분의 행적을 아는 사람들이 있으면, 이 고을을 지나는 자들이 거듭 덮어 그 산소를 보호하였습니다. 이것으로써 비록 정성을 드리는 일은 먼 후손들이 직분을 나누어 하였습니다. 산소를 돌보는 일에 대해서 아비 된 자는 그 자식에게 가르치고, 형 된 자는 그 동생에게 힘쓰게 하여, 그들로 하여금 마음으로 느끼게 하고, 사모하게 하는 정성이 각각 엄숙하게 보호하고 깊이깊이 마음에 새기려는 뜻을 다할 수 있게 하였습니다. 이것은 잠시라도 지금과의 거리가 오래되고 멀다고만 여기지 말라는 것입니다. 그렇다면 이러한 족보를 제작한 것이 어찌 작은 보탬이겠습니까? 라고 말할 수 있겠습니까?

근년에 김양기金良噐씨의 형제들과 함께 그 묘를 보호하고, 관리하고자 하는 뜻을 말하다가, 먼 후손들이 힘을 합하여 마침내 족보를 만들자는 뜻을 이루게 되었습니다. 그리하여 그 뜻을 가지고, 나두동(1658, 효종 9~1728, 영조 4)을 추천하여 족보를 다듬는 일을 하게 하였습니다. 두동씨는 본래가 해박하고 박식하였으며, 또한 일찍이 『표해록』의 전체를 다듬어 정리하는 역할을 담당한 자입니다.

작년 봄에 비로소 통문을 띄워 모든 후손들에게 알리고, 금년 가을에 각각의 파들의 족보를 모두 모아 족보를 완성하는 일에 이르게 되었습니다. 마침내 김태기金泰噐씨와 그 삼종손三從孫인 김후金垕와 족보를 합하여 완성하였습니다. 그 족보를 구별하기 위하여 사질四帙로 나누었습니다. 이러한 두동씨의 의견을 가지고 완성하게 되었습니다. 이에 간략하게나마 그 전말을 기록하여 마치게 되었으니, 후인들이 지속적으로 완성시켜 이루어 나가길 바랍니다.

을미년(1715, 숙종肅宗41) 구월 그믐(9월 30일) 외육대손 완산 이홍명李弘命(1696, (숙종肅宗 22)~?)이 삼가 쓴다.

제 3 장

탐진최씨 나주성지파

최부崔溥의 후예後裔 자子 : 적迪

나두동은 『삼성보』(금남최선생외손보)의 구성을 최사전 → 최변 / 최열 → 최정원 → 최택 → 최부 다음으로 최부의 세 딸이 출가한 선산류씨, 나주나씨, 언양김씨를 기록하고 있다. 마지막으로 서자(諱 : 迪)을 기록해 놓고 있다.

최부의 후예들은 서자 적(1496, 연산燕山 2 ~ 1560, 명종明宗 15) → 최만령(1526, 중종中宗 21 ~ 1587, 선조宣祖 20) → 최번崔番(蕃, 1555, 명종明宗~1593, 선조宣祖26)으로 이어진다.

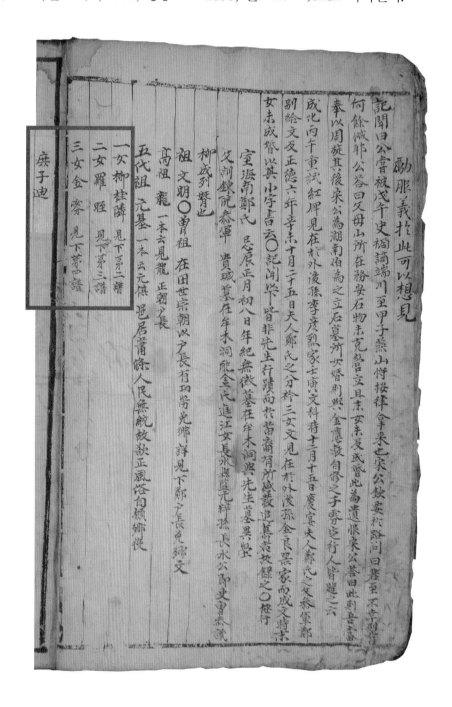

■ 최적崔迪의 가계도家系圖 - 최적의 후예後裔들

一世	二世	三世	四世
崔思全 (1067~1139) 諡號：莊景公 推 忠衛社功臣	崔弁 吏部尙書		
	崔烈	崔井元 進義副尉公	崔澤 (?~1444) 進士

五世	六世	七世	八世
崔溥 (1454~1504) 本貫：耽津 字：淵淵 號：錦南 文科：承文院校理	柳桂隣 本貫：善山 字：隣之 號：城隱 贈：吏曹參判		
	羅晊 本貫：羅州 字：伯升 武科：監察		
	金雰 本貫：彦陽		
	崔迪 (1496~1560) 本貫：耽津	崔萬齡 (1526~1587) 本貫：耽津	崔番(蕃) (1555/＾1593) 本貫：耽津

八世	九世
崔番(蕃)	崔龍海 (1588~1654)
本貫：耽津	本貫：耽津 字：佑卿 號：橘齋
	崔斗南 (1590~1661)
	本貫：耽津 字：明禹 號：訥窩
	崔龍雲 (1592~1654)
	本貫：羅州 字：慶秀 號：雲南

최부崔溥 후예後裔들의 묘역墓域

소재지 : 전남 나주시 공산면 동촌리 산121-1 설봉산

탐진최씨 성지파 묘역에 조성된 최부 후예들의 묘

최적崔迪의 어머니 묘역墓域

소재지 : 전남 나주시 공산면 동촌리 산121-1 설봉산

유인함양박씨지묘금남후배

孺人咸陽朴氏之墓錦南后配

최적의 어머니 함양박씨의 묘와 묘표

최부崔溥의 자子 최적崔迪의 묘墓와 묘비문墓碑文

소재지 : 전남 나주시 공산면 동촌리 산121-1 설봉산

통덕랑 최적과 부인 평산신씨의 묘와 묘비문

■ 최적崔迪의 묘비문墓碑文 간략簡略 해제解題

1. 정의

1862년 최응상이 지은 최적의 묘비문

2. 체제 및 내용

최적의 선대를 기술하면서 금남의 세계世系를 밝히고, 최적의 일대기를 간략하게 기술하고 있다.

3. 특성 및 가치

무오의 난 이후 모목동을 떠나게 된 이유와 다시 나주 성지촌으로 돌아오게 된 이유를 기술하고 있다.

■ 최적崔迪의 묘비문墓碑文

原文 :

公諱迪 字貫之 曾祖諱井元進義副尉 祖諱澤進士 父司諫院通政大夫承政院都承旨錦南 先生之配海南鄭氏 訓鍊院參軍貴城之女 無男 有三女 長曰柳桂隣 次曰羅晊 次曰金雰 後配咸陽朴氏宗吉之女 有庶子迪曰 公生纔九歲 遭先君黨禍之慘 流離無依故 與母夫人朴氏 復歸聖智居焉. 壬戌(1862, 哲宗13)九月日十二世孫應相謹識

국역 :

공의 휘는 적이요, 자는 관지다. 증조부는 휘가 정원이니 진의부위이시다. 조부는 휘가 택이니 진사이시다. 부는 사간원 통정대부 승정원 도승지 금남 최선생이시다. 그의 부인은 해남정씨시니 훈련원 참군 귀감의 딸이다. 아들이 없었고, 딸이 셋 있었다. 첫째는 유계린이고, 다음은 나질이고, 다음은 김분이다. 후부인은 함양박씨로 종길의 딸이다. 서자가 있었으니 곧 적이다. 그의 나이 겨우 9세가 되었을 때, 선군이 참혹하게 당화를 입자, 의지할 데 없이 떠돌아다닌 까닭에 어머니 박씨와 함께 성지촌으로 다시 돌아와 살게 되었다. 임술(1862, 철종13)년 9월 12세손 응상이 삼가 기록하다.

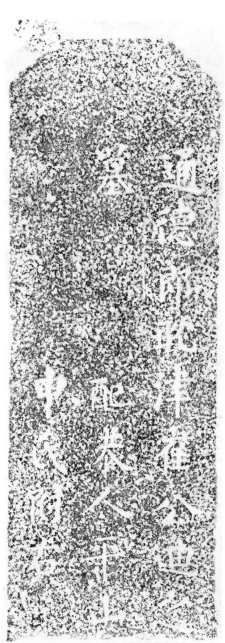

임술(1862, 철종13)년 9월에
12세손 응상이 지은 최적의
묘비문

통덕랑탐진최공적지묘
通德郎耽津崔公迪之墓
배공인 평산신씨부우
配恭人 平山申氏附右

최만령崔萬齡의 묘墓와 묘비문墓碑文

소재지: 전남 나주시 공산면 동촌리 산121-1 설봉산

최만령과 부인 함양박씨의 묘

최만령崔萬齡의 묘비문墓碑文

최만령과 부인 함양박씨의 묘비문

■ 최만령崔萬齡 묘비문墓碑文 간략簡略 해제解題

1. 정의

1862년 최낙종이 지은 최만령의 묘비문

2. 체제 및 내용

최만령의 선대를 기술하면서 탐진최씨에서 연유하였음을 밝히고 있다. 또한 금남의 세계世系를 밝히고, 최만령의 일대기를 간략하게 기술하고 있다.

3. 특성 및 가치

금남의 후계가 최적에 이어 최만령, 최번으로 이어지고 있음을 알 수 있다.

■ 최만령崔萬齡의 묘비문墓碑文

原文 :

公諱萬齡 字華一 系出耽津 麗朝莊景公諱思全始祖 以下世系絶經於兵燹之餘■■無來 福貫珠之講說之者也. 高祖諱井元進義副尉曾祖諱澤成均進士祖諱溥行司諫院司諫贈通政大夫承政院都承旨錦南先生考諱迪通德郞以 中宗二十一年丙戌(1526)三月初四日生 宣祖二十年丁亥(1587)六月初九日卒年六十二. 夫人全州李氏縣監[鼎淑 / 咸陽朴氏]之女 嘉靖七年戊子(1528)正月十六日生 宣祖二十五壬辰(1592)三月十三日卒年六十五年有一男諱蕃.

국역 :

공의 휘는 만령이고, 자는 화일이니 계통은 탐진최씨에서 나왔다. 고려 장경공 사전이 시조이다. 이하 세계는 전란을 여러 번 겪은 탓에 전해 오는 것이 없지만 관주의 복으로 강설하였다. 고조는 휘가 정원이니 진의부위요, 증조는 휘가 택이니 성균진사요, 조부의 휘는 부이니 사간원 사간으로, 통정대부 승정원 도승지로 추증된 금남선생이다. 아버지는 휘가 적이니 통덕랑이다. 중종 21년 병술(1526)년 3월 4일생이며, 선조 20년 정해(1587)년 6월 초9일 돌아가셨으니 62세였다. 부인은 전주이씨[함양박씨] 현감 정숙의 따님이시다. 가정 7(1528)년 정월 16일생이시며, 선조 25 임진(1592)년 3월13일에 돌아가셨으니 향년이 65세였다. 아들 하나를 두었는데 휘가 번이다.

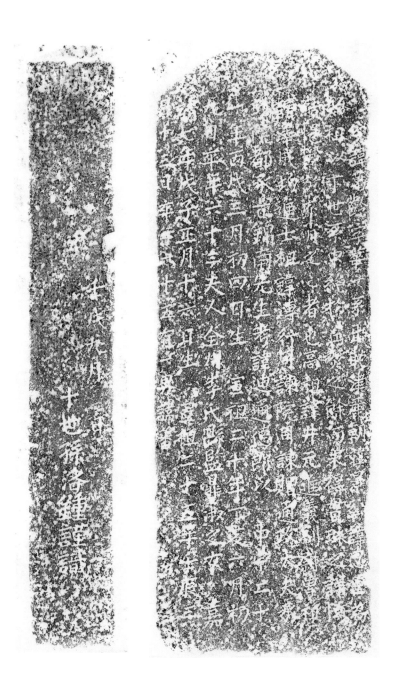

임인구월모일
십세손낙종근지
(1862, 철종 13)
壬戌九月▣日
十世孫洛鐘謹識

1862(철종13)년에 최낙종이
지은 최만령의 묘비문이다.
최만령의 묘비문 후면에는
최만령의 부인이 함양박씨가
아닌 전주이씨로 오기誤記
되어 있다.

성균진사탐진최공만령지묘
成均進士耽津崔公萬齡之墓
배선인함양박씨합조
配宣人咸陽朴氏合兆

최번과 부인 전주이씨의 묘

증형조참판탐진최공번지묘
贈刑曹參判耽津崔公蕃之墓
배정부인전주이씨합조
配貞夫人全州李氏合兆

최번과 부인 전주이씨의 묘비문

최번崔蕃의 묘묘墓와 묘비문墓碑文

1862(철종13)년에 최낙종이 지은 최번의 묘비문이다.
최번은 임진왜란 당시 수군으로 활약하였다. 이 일은
『선무원종공신록』에 기록되어 전해진다.

증형조참판탐진최공번지묘
贈刑曹參判耽津崔公蕃之墓
배정부인전주이씨합조
配貞夫人全州李氏合兆

최번과 부인 전주이씨의 묘비문

■ 최번崔蕃 묘비문墓碑文 간략簡略 해제解題

1. 정의

1862년 최낙종이 지은 최번의 묘비문

2. 체제 및 내용

최번의 선대를 기술하면서 금남최부의 후손임을 강조한다. 금남의 세계世系를 밝히고, 최번의 일대기를 간략하게 기술하고 있다.

3. 특성 및 가치

임진왜란 당시 최번의 일화 및 최번의 부인인 전주이씨의 일화를 기록하고 있다.

■ 최번崔蕃의 묘비문墓碑文

原文 :

公諱蕃 字德壯 號石亭 曾祖諱溥行司諫院司諫贈通政大夫承政院都承旨錦南先生 祖諱迪通德郞 父諱萬齡成均進士 以嘉靖三十四年(1555)乙卯九月十七日生公 自幼少臂力過人 善騎射 慷慨有大節 嘗以忠孝爲事己任矣. 當壬亂之時 與倡義使文烈公金千鎰忠烈公高敬命佐郞梁山璹諸烈士同聲倡義 行軍至晉州 皆爲戰亡 公三十八 事載壬辰原從勳錄 夫人全州李氏郡守諱銓之女 然倡義後 每日焚香祝天矣 忽聞義兵之咸歿 與三子設喪俱招魂而葬于先山下卽日飲藥致死 壬戌九月某日九代孫洛▣(鐘)謹識

국역 :

공의 휘는 번이고, 자는 덕장이며, 호는 석정이다. 증조부의 휘는 사간원 사간 증 통정대부 승정원 도승지 금남선생이다. 조부의 휘는 적이니, 통덕랑이다. 아버지의 휘는 만령이니 성균 진사다. 가정 삼십사(1555, 을묘, 명종 10)년 9월 17일생이다. 공은 어려서부터 팔의 힘이 남들보다 뛰어났으며, 말을 잘 탔고, 활을 잘 쏘았으며, 강개에 커다란 절도가 있었으며, 일찍부터 충효를 자기의 임무로 삼았다. 임진왜란을 당하여 창의사문열공 김천일과 충렬공 고경명, 좌랑 양산숙등 여러 열사들과 함께 의병을 일으켰다. 행군하여 진주성에 이르러 모두 전사하였으니, 공의 나이 38살이었다. 이 일은 임진년의 원종공훈록[선무원종공신녹권]에 실려 있다. 부인은 전주이씨로 군수인 전의 따님이시다. 창의한 날 이후로 매일 같이 향을 피우고 하늘에 기원했다. 문득 의병 모두가 전사했다는 소식을 듣고 아들 삼형제와 함께 초혼장을 치르시고는 그 날로 약을 마시고 죽음에 이르렀다. 임술년(1862) 구월모일 9대손 낙종 삼가 기록하다.

최적의 후예 최번崔蕃[番]

: 이문이무以文移武의 정신『선무원종공신록』에 등재되다

『선무원종공신록宣武原從功臣錄』(선조, 1605) 77쪽에 등재되어 있는

최번崔番(崔蕃)에 관한 기록으로 "수군최번水軍崔番"으로 기록되어 있음을 알 수 있다.

『선무원종공신록宣武原從功臣錄』

『선무원종공신록宣武原從功臣錄』은 선조 1605년 훈련도감판으로 편찬된 것으로, 임진
왜란 때 전공을 세웠던 사람들의 공훈을 기록하기 위해 국가에서 간행한 것이다.

『선무원종공신녹권宣武原從功臣錄券』은 임진왜란 때 공이 있으면서 1604년 선무공신에
들지 못한 사람을 선무원종공신에 녹훈하면서 내린 공신녹권이다.

선무공신宣武功臣은 임진왜란 때 무공武功을 세웠거나 명나라에 병량주청사신兵糧奏請
使臣으로 가서 공을 세운 이에게 내린 공신호이다.

『선무원종공신녹권宣武原從功臣錄券』
임진왜란 때 공을 세운 선무원종공신에게 발급한 증서

소장처 : 한국학중앙연구원 장서각

선무원종공신은 임진왜란 때 전투에서 공을 세우거나 군수품 보급에 기여한 인물로서, 1604년의 선무공신에 들지 못한 사람들을 대상으로 1605(선조 38)년 4월 9,060인을 녹훈하였다. 이 문서는 이 때 발급되었다. 호성원종공신扈聖原從功臣 및 청난원종공신淸難原從功臣도 함께 책훈되었다.

첫머리에 '선무원종공신녹권'이라는 문서의 명칭이 있고, 이 문서를 발급받는 개인의 신분과 성명을 기재하였다. 다음으로 1605년 4월 선조가 도승지 신흠申欽을 통해 공신도감에 내린 선무원종공신 녹훈의 전지傳旨를 실었다. 이 부분은 『선조실록』에도 실려 있다.

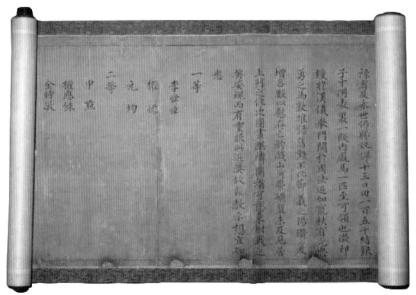

"일등 이순신, 권율, 원균" 一等 李舜臣, 權慄, 元均

『선무원종공신녹권宣武原從功臣錄券』

소장처 : 한국학중앙연구원 장서각

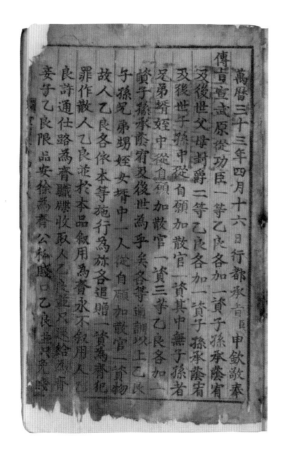

宣武原從功臣錄券 原文 :

萬曆三十三年四月十六日. 行都承旨臣申欽敬奉傳旨. 宣武原從功臣一等乙良. 各加一資. 子孫承蔭. 有及後世. 父母封爵. ○二等乙良. 各加一資. 子孫承蔭. 有及後世. 子孫中從自願. 加散官一資. 其中無子孫者. 兄弟婿姪中. 從自願. 加散官一資. ○三等乙良. 各加一資. 子孫承蔭. 有及後世(…). ○物故人乙良. 各依本等施行爲旀. 各追贈一資爲齊. ○作散人乙良. 并於本品敍用爲齊. ○妾子乙良. 限品安徐爲齊. ○公私賤乙良. 并只免賤爲齊. 下吏曹如敎.

『宣武原從功臣都監』

선무원종공신녹권

국역 :

선조38(1605)년 4월 16일 행 도승지 신흠이 정중히 전지를 받들기를, '선무원종공신' 1등은 각기 관품을 1자급씩 더하고, 자손은 문음을 입는다. 면죄 혜택은 후세에까지 적용되며 부모는 봉작한다. 음사蔭仕 및 죄를 면하며, 후세에 부모를 봉작封爵한다.

2등은 각기 관품을 1자급씩 더하고 자손은 문음을 입는다. 면죄 혜택은 후세에까지 적용되며, 자손 가운데 스스로 원하는 자에 대해 산관 1자급을 더한다. 이 가운데 자손이 없는 자는 형제·사위·조카 가운데 자원자에 대해 산관 1자급을 더한다.

3등은 각기 관품 1자급씩 올리고 자손은 문음을 입으며, 면죄 혜택은 후세에까지 적용된다. 음사蔭仕 및 죄를 면한다. (중략)

죽은 자는 각기 본 등급에 따라 시행하며, 각기 한 자급씩 추증追贈한다. 산직에 있는 사람은 모두 본 품에 서용하고, 첩의 아들은 한 품 서용하며, 공사천은 모두 면천하라'고 이조에 하교하셨다. 『선무원종공신도감』

최번崔蕃과 김천일金千鎰 의병장과의 관계를 추론하다

소장처 : 『나주최씨세보』

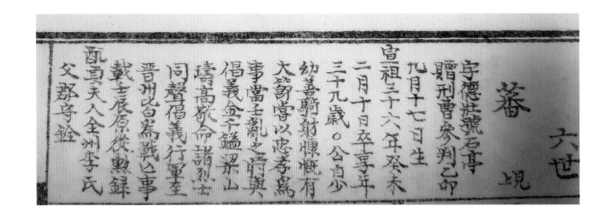

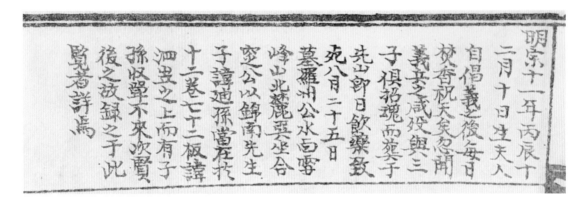

『나주최씨세보』에 기록되어 있는 최번에 관한 일화

『나주최씨세보』에 따르면, 최적의 손자이며 최만령의 아들인 최번은 1592년 임진왜란이 일어나자, 창의랑 김천일과 좌랑 양산숙을 따라 의병 활동을 하였다. 최번의 졸년은 계묘년 즉 1603년으로 기재되어 있다.

김천일 장군은 최부의 삼서三婿인 언양김씨 김분과 재종숙질간이다. 문열공 김천일 장군은 일찍이 미암 유희춘과 학문적 교류를 하고 있었다. 전후 관계를 추론해 보았을 때 최번이 문열공 김천일을 따라 의병으로 참전했을 가능성을 배제할 수 없다.

호남 의병장 김천일金千鎰

소재지 :『만가보』
소장처 : 한국학중앙연구원

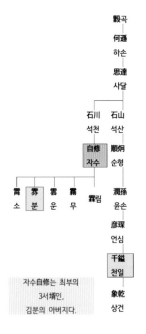

穀곡
何遜
하손
思達
사달

石川   石山
석천   석산

自修   顧炯
자수   순형

霄 霖 雲 霧 霖林   潤孫
소 분 운 무 림림   윤손

                        彥琛
                        언심

                        千鎰
                        천일

                        象乾
                        상건

자수自修는 최부의
3서壻인,
김분의 아버지다.

호남 의병장 김천일(1537~1593)은 임진 왜란 때의 의병장으로, 자는 사중士重이며, 호는 건재健齋이고, 시호는 충장 忠壯이다. 본관은 언양彦陽이다.

1592(선조 25)년 6월 임진왜란 때 부사府使를 그만두고 나주羅州에 있다가 의병을 일으켜 수원 행산고성杏山古城에 들어갔다. 8월에는 다시 강화江華로 진을 옮긴 후 연안 각처에 주둔한 적을 소탕하고 배를 몰아 양화도楊花渡에서 대승하였고 이듬해 5월에 진주晋州 싸움에 참전하여 성이 함락될 무렵 아들 상건象乾과 촉석루 아래서 남강에 몸을 던져 순절했다. 영의정에 추증追贈되었으며, 임진 삼장사壬辰三壯士로 일컬어지기도 한다.

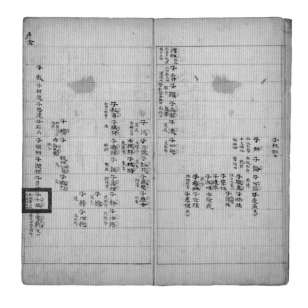

김천일의 가계도

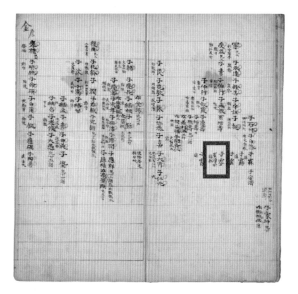

김분의 가계도

『만가보』에 기술된 김천일과 김분의 가계도이다.『만가보』를 보면 김천일은 최부의 막내사위인 김분의 아버지 김자수와 재종형제간임을 알 수 있다.

■ 최번崔蕃 이후의 나주최씨羅州崔氏 가계도家系圖

八世	九世
최번崔蕃(蕃) 本貫：耽津	최용해崔龍海 (1588~1654) 本貫：耽津 字：佑卿 號：橘齋
	최두남崔斗南 (1590~1661) 本貫：耽津 字：明禹 號：訥窩
	최용운崔龍雲 (1592~1654) 本貫：羅州 字：慶秀 號：雲南 나주최씨 청양파 입향조

최용해崔龍海 묘비墓碑와 묘표墓表

소재지 : 전남 나주시 공산면 동촌리 산121-1 설봉산

통덕랑 귤재탐진최공용해지묘

通德郎 橘齋耽津崔公龍海之墓

최용해의 묘소

公의 諱龍海요 字佑卿 號橘齋요 通德郞이며 姓은 崔氏니 系出於耽津하다 中祖의
諱浚良이니 生員이오 三傳諱鳳이니 兵部尚書요 生諱雲龍이니 兵曹佐郞이며 古
冶隱門人이요 生諱井元이니 進義副尉요 生諱澤은 成均進士니 公之五代以上이
요 高祖諱溥니 號錦南이요 國朝文歷校理應敎하시고 佔畢齋門人으로 流配端川

하였다가 甲子에 就刑享海南海村祠康津德湖祠하시다 曾祖諱迪이니 通德郞이
요 祖諱萬齡이니 成均進士요 考諱蕃이니 號石亭이며 贈刑曹叅判이오 妣貞夫
人全州李氏니 郡守玲의 女라 以宣祖戊子四月九日生公 孝宗甲午四月二十
九日卒하니 享年六十七이라 墓는 雪峰山北麓先考墓下巽坐이다 配晋州姜氏瑞
明의 女라 宣祖壬辰正月二十四日生하다 生二男에 長廷吉이니 號梧村世稱孝子長洞
處士요 次廷寬字根鐸이요 長房孫麗弼麗中이요 次房孫에 麗昌이며 麗德요 贈
通政兵叅이요 曾孫以下는 煩不載라 噫라 公之歿이 于今三百餘年이로되 墓無顯
刻故로 後孫之痛恨이 久矣라 幸玆今冬에 九代孫相允十代孫榮仁正安基洪等이
恐其泯没하야 將竪表石할새 命不肖祚하야 記其事蹟故로 不敢固辭而撰此如

石하노라

光復後甲寅十月 日

宗孫光洙와 後孫一同 謹竪

최용해 묘비문

1. 정의

나주최씨 청양파 시조 최용운의 첫째 형 및 둘째 형의 묘표, 즉 최번의 1남 최용해와 2남 최두남의 묘도문자이다.

2. 체제 및 내용

최용해 · 최두남 묘표의 체재는 일반적인 묘표 · 묘갈명의 구성과 크게 다르지 않다. 두 묘도문 모두 처음에 무덤 주인의 이름[명名]과 자호字號, 본관을 밝히고 있으며, 그 다음 피장자의 5대 이상의 조상과 4대 이하 조상의 신상에 대하여 서술하고 있다.

3. 특성 및 가치

5대 이상의 조상으로 중조中祖 최준량과 그의 3대손 최봉, 그 다음 대로 최운용−최정원−최택을 차례로 소개했으며, 4대 이하의 조상으로 고조 금남 최부, 증조 최적, 조부 최만령, 부 최번과 어머니 전주이씨를 소개하였다.

피장자 최용해와 최두남의 행적 및 부인과 후손, 묘표를 건립하게 된 사유에 대하여 기술하였다. 최용해는 1588년(선조21) 생이며, 부인은 진주강씨 서명의 딸로 1592년 (선조25)에 출생했다.

최두남은 1590년(선조23) 생으로 병자호란 때 참봉 나해봉과 정홍명의 종인宗人 진사 정억첨과 함께 창의해 청주에 이르렀으나 청과 화친이 성사되었다는 소식을 듣고 두문불출하였다고 한다.

■ 최용해崔龍海 묘표墓表

崔龍海墓表 : 原文

通德郎
橘齋耽津崔公龍海之墓

公의 諱 龍海요 字佑卿 號橘齋요 通德郎이며 姓은 崔氏니 系出於耽津하다 中祖의 諱 浚良
이니 生員이요 三傳諱 鳳이니 兵部尙書요 生諱雲龍이니 兵曹佐郎이며 吉冶隱門人이요 生
諱井元이니 進義副尉요 生諱澤은 成均館進士니 公之五代 以上이요 高祖諱溥니 號錦南이
요 國朝文歷校理應敎하시고 佔畢齋門人으로 流配端川하셨다가 甲子에 就刑 享海南海村
祠 康津德湖祠하시다 曾祖諱迪이니 通德郎이요 祖諱萬齡이니 成均進士요 考諱蕃이니 號
石亭이며 贈刑曹參判이요 妣貞夫人全州李氏니 郡守珪의 女라 以宣祖戊子四月九日生公 孝
宗甲午四月二十九日 卒하니 享年六十七이라 墓는 雪峯山北麓 先考墓下巽坐이다 配晉州姜
氏瑞明의 女라 宣祖壬辰正月二十四日生 孝宗庚寅四月二十二日卒하니 享年五十九라 墓公山
面長洞北麓子坐하다 生二男에 長廷吉이니 號吾村 世稱孝子長洞處士요 次廷寬 字根鐸이
요 長房孫 麗弼麗中이요 次房孫에 麗昌이며 麗德은 贈通政兵參이요 曾孫以下는 煩不載
라 噫라 公之歿이 于今三百餘年이로되 墓無顯刻 故로 後孫之痛恨이 久矣라 幸玆今冬에
九代孫相允 十代孫榮仁正安基洪等이 恐其泯沒하야 將竪表石할세 命不肖正祚하야 記其事
蹟 故로 不敢固辭 而撰此如右하노라.

光復後 甲寅 十月 日
宗孫光洙와 後孫一同 謹竪

최용해 묘표 : 국역

통덕랑
귤재 탐진 최공 용해의 묘

공의 휘는 용해요, 자는 우경 호는 귤재요, 통덕랑이며 성은 최씨니 탐진에서 계출하였다. 중조의 휘는 준량이니 생원이요, 3대를 지나 휘 봉은 병부상서요 휘 운용을 낳았으니 병조좌랑이며 길야 은(길재)의 문인이요, 휘 정원을 낳았으니 진의부위요, 휘 택을 낳았으니 성균관 진사요, 공의 5대이상이다. 고조의 휘는 부니 호는 금남이요, 조정의 문신으로 교리와 응교를 지내시고 점필재(김종직)의 문인門人으로 단천에 유배되셨다가 갑자년(1504, 연산10)에 형을 받으셨고 해남 해촌사와 강진 덕호사에 배향되셨다. 증조의 휘는 적이니 통덕랑이요, 조부의 휘는 만령이니 성균진사요, 부의 휘는 번이니 호는 석정이며 증형조참판이요, 어머니는 정부인 전주이씨니 군수 전의 딸이라. 무자년(1588, 선조21) 4월 9일 공을 낳으셨다. 효종 갑오년(1654, 효종5) 4월 29일에 졸하시니 향년 67세라 묘는 설봉산 북쪽 기슭 선고의 묘 아래 손좌이다. (공의) 부인은 진주강씨 서명의 딸이라 선조 임진년(1592, 선조25) 정월 24일 나셨고, 효종 경인년(1650, 효종1) 4월 22일에 졸하시니 향년 59세라. 묘는 공산면 장동 북쪽 기슭 자좌이다. 2남을 나으셨고 장남은 정길이니 호는 오촌 세칭 효자 장동처사요, 차남은 정관이니 자는 근탁이요, 장방손은 여필 여중이요, 차방손은 여창이며 여덕은 증통정대부 병조참의요, 증손 이하는 번다하여 기재하지 않는다. 아! 공이 돌아가신지 지금 300여 년이로되 묘에 묘비가 없으므로 후손들의 통한이 오래되었다. 다행히 이번 겨울에 9대손 상윤 10대손 영인 정안 기홍 등이 조상의 묘가 사라질까 두려워 장차 표석을 세우려할 때, 불초한 후손 정조로 하여금 그 사적을 기록하게 하므로 감히 고사하지 못하고 위와 같이 찬하노라.

광복 후 갑인년(1974) 10월 일
종손 광수 등 후손 일동이 삼가 세움

최두남崔斗南 묘비墓碑와 묘표墓表

증사헌부감찰눌와탐진최공두남지묘
贈司憲府監察訥窩耽津崔公斗南之墓
배숙부인이천서씨 합조
配淑夫人利川徐氏 合兆

최두남의 묘소

최두남崔斗南 묘비墓碑와 묘표墓表

소재지 : 전라남도 나주시 공산면 동촌리 산121-1 설봉산

최두남 묘비문

■ 최두남崔斗南 묘표墓表

崔斗南墓表 : 原文

贈司憲府監察訥窩耽津
崔公斗南之墓 巳坐
配淑人利川徐氏 合兆

墓表

公의諱는 斗南이오 字는 明禹오 號訥窩오 姓은 崔氏니 系出耽津하다 中祖諱는 俊良이니 生員이오 三傳諱鳳이니 兵部尙書오 生諱雲龍이니 兵曹佐郞이며 吉野隱門人이오 生諱는 井元이니 進義副尉오 生諱澤이며 成均進士니 公之五世 以上이오 高祖諱溥니 號錦南이며 文科로 選補湖堂이오 世稱錦南先生하다 曾祖諱迪이니 通德郞이오 祖諱萬齡이니 成均進士오 考諱蕃이니 號石亭이며 贈刑曹參判이오 妣는 貞夫人全州李氏니 郡守珵의 女라 以宣朝庚寅五月六日로 生公하니 稟性이 卓異하고 誠孝純一하며 常恨先君之死賊하야 終身不忘矣러니 當丙子胡亂에 與羅叅奉海崙과 鄭畸翁弘溟과 宗人進士億瞻으로 同聲倡義하여 行至淸州라가 聞和成握手하고 痛哭而歸하야 杜門自靖하고 不求仕進而以卒其世하니 卽顯宗辛丑七月五日이라 享年이 七十二니 後贈司憲府監察하다 墓는 雪峯山北麓先塋下巳坐이다 配는 淑人利川徐氏니 進士夢弼의 女라 宣朝辛卯四月十九日生이며 孝宗庚寅正月十一日卒하니 享年이六十이라 墓는合兆하다 生三男에 長은 廷敏이니 號는 梅溪이며 通政이오 次는 廷守니 號는 松湖며 進士오次는 廷達이니 文科하다 長房孫에 汝興이며 汝翼은 贈工叅이오 二房孫에 柄立이니 從仕郞이오 三房孫에 汝宗과 興宗이라 曾玄以下는 煩不盡記라 噫라 公이 以錦南先生之玄孫으로 不墜先生之遺韻 而其高標準節이 可爲百世之柯範 故로 其後承之福慶이 若是未艾하니 此豈非碩果不食之報耶아 公之歿이 于今三百有餘禩로대 墓無顯刻 故로 今將伐石樹墓할세 後孫正祚奉家牒 而來하여 求其牲文於余어늘 誼難固辭 而畧記如右라

務安朴學周 撰
務安朴漢喆 書
五世孫 鳴玉 祿生 鳴喆 鳴囿
八世孫 珏欽
後孫一同謹堅
光復後 甲寅 十月 日

최두남묘표 : 국역

증사헌부감찰 눌와 탐진 최공 두남의 묘 사좌, 배 숙인 이천서씨 합조

묘표

공의 휘는 두남이오 자는 명우요 호는 눌와요 성은 최씨니 탐진에서 계출하였다. 중조의 휘는 준량이니 생원이요, 3대를 지나 휘 봉은 병부상서요, 휘 운용을 낳았으니 병조좌랑이며 길야은(길재) 문인이요, 휘 정원을 낳았으니 진의부위요, 휘 택을 낳았으니 성균진사니, 공의 5세 이상이다. 고조의 휘는 부니 호는 금남이며 문과에 합격하여 호당(독서당)에 선발되어 사가독서의 영예를 누렸으니 세상에서는 금남선생이라 일컫는다. 증조의 휘는 적이니 통덕랑이오, 조의 휘는 만령이니 성균진사요, 아버지의 휘는 번으로 호는 석정이며 증형조참판이요, 어머니는 정부인 전주이씨니 군수 전의 딸이라.

경인년(1590, 선조23) 5월 6일에 공을 낳으시니 (공의) 품성이 탁이하고 효행에 정성을 다하고 순일했으며 항상 선군이 적신賊臣으로 몰려 죽임을 당한 것을 한스럽게 여기어 종신토록 잊지 않으셨다. 병자호란을 당하여 참봉 나해봉, 기옹 정홍명 종인宗人 진사 억첨과 함께 한 소리로 창의하여 청주에 이르렀으나 화친이 성사되었다는 것을 듣고 서로 손을 맞잡고 통곡하고는 돌아와 문을 걸어 잠그고 자정하며 벼슬에 나가는 것을 구하지 않고 졸하시니, 곧 현종 신축년(1661, 현종2) 7월 5일이라. 향년은 72세였다. 후에 사헌부 감찰에 추증되었다. 묘는 설봉산 북쪽 기슭 선영 아래의 사좌이다. 부인은 숙인 이천서씨니 진사 몽필의 딸이라. 신묘년(1591, 선조24) 4월 19일에 나셨으며 경인년(1650, 효종1) 정월 11일에 졸하니 향년 60세라, 묘는 합장하였다.

세 아들을 두었는데, 장남은 정민이니 호는 매계이며 통정대부요, 차남은 정수니 호는 송호며 진사요, 그 다음은 정달이니 문과文科를 하였다. 정민의 아들은 여흥이며 여익은 증공참贈工參이오, 정수의 아들은 병립이니 종사랑이오, 정달의 아들은 여종과 홍종이라. 증손과 고손 이하는 번다하여 다 기록하지 않는다. 아! 공公은 금남선생의 현손으로 선생의 유운을 실추하지 않으니 그 높은 의표와 법도에 따르는 공경한 자세는 가히 백세의 모범이 되므로 그 후손들에게 이어진 복과 경사가 이처럼 끊이지 않으니 이것이 어찌 자신을 억제하여 후손에게 복을 끼친다는 석과불식의 보답이 아니겠는가? 공이 돌아가신 지 지금 300년이 되었음에도 묘에 행적을 새긴 묘비가 없으므로 이제 묘비를 세우고 묘를 가꾸려할세 후손인 정조正祚가 가첩을 받들어 와서 나에게 그 묘도문자를 구하거늘 굳게 사양하기 어려워 대략 이와 같이 기록한다.

무안 박학주 찬, 무안 박한철 서, 5세손 명옥 녹생 명철 명유, 8세손 각흠 후손 일동이 삼가 세움.

광복 후 갑인년(1974) 10월 일

■ 호서지역 나주최씨羅州崔氏 가계도家系圖

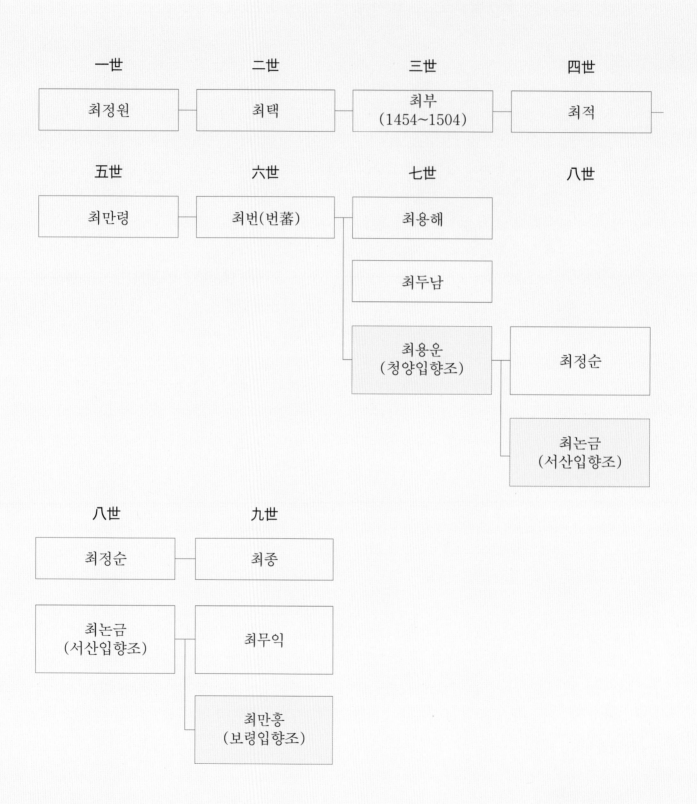

Ⅲ 금남가문의 확장

: 나주분관羅州分貫

나주최씨는 석정공石亭公 최번崔蕃의 아들, 손자 대에 이르러 호서지역으로 그 세거 지를 확장하였다. 『나주최씨세보』(1964)에 의하면 최택은 탐진최씨에서 나주최씨로 분관分貫했으며, 최택의 4대손인 석정공 최번의 아들과 손자 대에 이르러 나주 최씨는 충청으로 이주하여 그 세거의 범위를 확장하였다. 최번의 3남 최용운崔龍雲은 청양의 입향조이며, 최용운의 2남 최논금崔論金은 서산에 세거하였다. 최논금의 2남 최만흥崔萬興은 보령군의 월도와 효자도 오천鰲川 일대에 정착하였다. 석정공 최 번의 직계인 최용운—최논금—최만흥이 호서지역에 정착함으로써 나주최씨의 호 서시대가 열렸다.

본 장에서는 『세종실록지리지』(1454), 『신증동국여지승람』(1530), 『여지도서 』(1757), 『증보문헌비고』(1903) 등의 관찬 지리지와 함께 『충청도읍지』(1845), 『호서 읍지』(1871) 등에 수록된 청양·서산·보령 지역의 읍지 50여 종을 시기별로 전수 조사함으로써 나주최씨가 탐진에서 분관하여 호서지역으로 이거 정착했던 과정 을 객관적 자료를 통해 추적하고자 한다.

| 제 1 장 |

호서지역으로의 이거移居

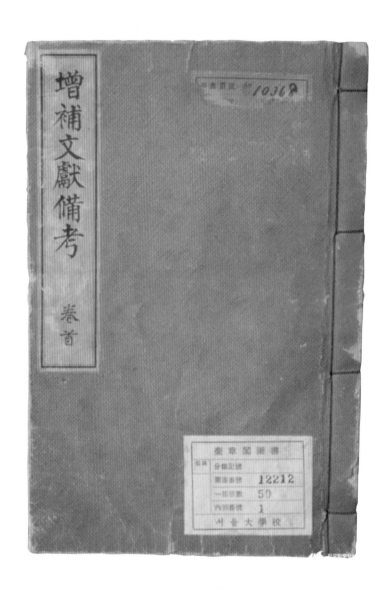

　『증보문헌비고增補文獻備考』(1903)는 20세기 초에 편찬된 대표적인 유서類書이다. 총 250권의 방대한 분량을 자랑하는 백과사전으로서 상고시대부터 대한제국 때까지 우리나라의 제도와 문물을 16가지의 분야(考)로 나누어 이를 연대순으로 정리하였다.

　1770년(영조 46)에 『동국문헌비고東國文獻備考』 라는 이름으로 처음 간행되었다가 이후 수정과 보완을 거듭하여 1903년에 완성되었다. 영조 대부터 고종 대까지 130여 년의 오랜 기간에 걸쳐 서명응(徐命膺, 1716~1787) 채제공(蔡濟恭, 1720~1799), 이만운(李萬運, 1723~1797), 신경준(申景濬, 1712~1781), 김택영(金澤榮, 1850~1927), 장지연(張志淵, 1864~1921) 등 당대 최고 학자 지식인들이 참여하여 편찬하였다.

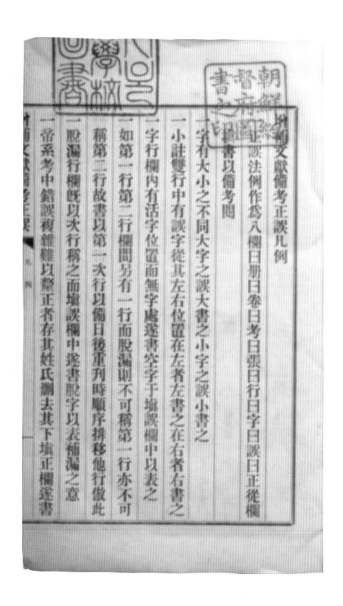

　　『증보문헌비고』의 가장 큰 범주인 16고考는 「상위고象緯考」, 「여지고輿地考」, 「제계고帝系考」, 「예고禮考」, 「악고樂考」, 「병고兵考」, 「형고刑考」, 「전부고田賦考」, 「재용고財用考」, 「호구고戶口考」, 「시적고市糴考」, 「교빙고交聘考」, 「선거고選擧考」, 「학교고學校考」, 「직관고職官考」, 「예문고藝文考」 이다. 이 가운데 「제계고」 7~14는 당시 우리나라의 모든 성씨를 집대성한 기록이다. 『증보문헌비고』 47권부터 53권까지 총 7권에 걸쳐 이씨·김씨·박씨를 비롯해 497개의 성씨를 수록하였다.[22] 이 중 최씨는 제 48권에 박씨, 정씨, 윤씨, 유씨와 함께 등재되어 있다. 최씨 항목 조에는 325개에 달하는 본관이 모두 망라되어 있다.

22) 차장섭, 「조선후기朝鮮後期의 문벌門閥」 –『증보문헌비고增補文獻備考』 씨족고氏族考의 분석–, 『조선사연구』 2, 조선사연구회, 1993.

『증보문헌비고』(1903)에 수록된 나주최씨羅州崔氏(우측에서 9열)

『증보문헌비고』제 47권, 「제계고」9, 씨족 3에 '나주최씨'의 기록이 등장한다. 38개의 최씨 조목 중에 '광양최씨' 조에 들어가 있으며 광양최씨 조에는 280여 개의 최씨가 지역별로 열거되어 있다. 한산[광주廣州의 별칭]최씨, 여주최씨, 한양최씨 등 서울과 경기지역 최씨가 가장 먼저 등장하며, 이어 공산최씨, 옥천최씨, 연산최씨 등 충청 지역의 최씨가 수록되어 있다. 그리고 전주의 속현인 우주紆州최씨와 이성利城최씨, 전주 지방인 두모豆毛최씨 다음에 '나주최씨'가 등장한다.

『증보문헌비고』(1903)의 「제계고」 9의 '보補'자 표식으로
1790년대 이전에 나주최씨가 관향으로 존재했다는 사실을 알 수 있다.

『증보문헌비고』는 각 고별로 역대의 사실들을 공사公私의 사적史籍과 기록에서 넓게 뽑아 편년 순으로 배열한 유서類書이다. 원문의 '보補'자의 표식은 이만운 단계의 증보·수정과정에서 1790년(정조 14)을 기준으로 이전의 사실이 본문에서 빠진 것을 보충한 것이고, '속續'자의 표식은 1790년 이후의 사실을 보충하여 쓴 것으로서 광무 연간의 개찬 때에도 이 같은 표식을 그대로 사용하였다.

'나주최씨'가 기재되어 있는 「제계고」 9에는 '보補'자 표식이 있다. 이는 1790년(정조 14) 편찬 시 그 이전의 사실이 빠진 것을 보충한 것이다. 이를 통해 1790년 이전에 '나주최씨'가 관향으로 존재했다는 사실을 알 수 있다.

관찬자료의 관향貫鄕기록 :『홍주읍지洪州邑誌』(1744년)

소장처 : 서울대학교 규장각한국학연구원

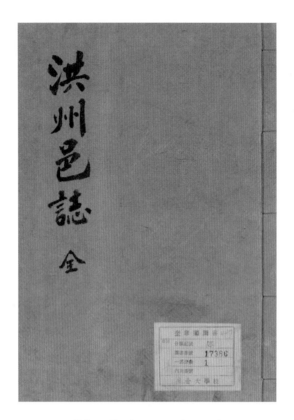

『홍주읍지』(1744년) 표지

　『나주최씨세보』(1964)는 최부의 부친인 최택 대에 탐진에서 나주로 분관했고, 석정공 최번의 아들·손자 대에 홍주로 이거했다고 밝히고 있다. [유아입홍지조고기년대惟我入洪之祖考其年代, 즉어 석정공비자즉손則於石亭公非子則孫, 진시자호손호眞是子乎孫乎, 막능가고莫能可考, 시무궁지한是無窮之限!] 또 계사년(1593)에 최번이 김천일과 함께 창의하여 진주에서 순절했다고 했으니[휘번諱蕃, 계사종금 천일순절어진주癸巳從金千鎰殉節於晉州] 나주최씨가 홍주 지역으로 이거 정착한 것은 임진왜란 후인 17세기 이후라고 볼 수 있다.

　현전하는 17세기 이후 홍주 및 해미, 서산[23]의 읍지는 모두 10종으로 가장 이른 것이 1744년(영조 20) 발행된 『홍주읍지』이다. 둘째는 『해미읍지』(1828년), 셋째는 『충청도읍지』(1846년경) '홍주목', 넷째는 『충청도읍지』(1846년경) '서산군', 다섯째는 『충청도읍지』(1846년경) '해미현', 여섯째는 『호서읍지』(1871년) '서산군', 일곱째는 『호서읍지』(1871년) '홍주목', 여덟째는 『호서읍지』(1871년) '해미현', 아홉째는 『읍지』(1895년) '해미현', 열째는 『읍지』(1895년) '서산군'이다.

---

23) 현 서산시 고북면은 조선시대 홍주목에 속했으며, 1895년(고종 32) 지방 제도 개편 시 해미군 상도면과 하도면 2개 면으로 나뉘었다. 1914년 행정구역 개편 때 서산군 고북면이 되어 오늘에 이른다.

『홍주읍지洪州邑誌』(1744년)
소장처 : 서울대학교 규장각한국학연구원

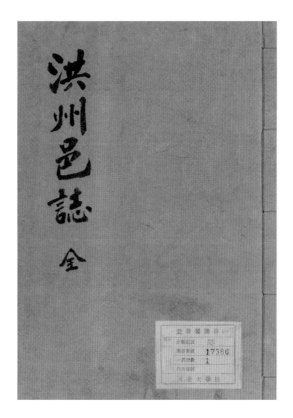

『홍주읍지』(1744년) 표지

　『나주최씨세보』(1964)는 최번이 임진왜란 시 김천일 장군을 쫓아 진주성에서 순절했으며, 나주 최씨가 석정공 최번의 아들·손자 대에 홍주로 이거했다고 보고 있다. 이를 통해 나주최씨가 홍주 지역으로 이거 정착한 것은 임진왜란 후인 17세기 이후라는 것을 유추할 수 있다.

　『나주최씨족보』(1992)는 최번의 3남이 최용운崔龍雲이고, 최용운의 2남이 최논금崔論金이며, 최논 금의 2남이 최만흥崔萬興이라고 기록하고 있다. 그리고 현재 보령시 오천면 월도月島와 효자도孝子島 에는 나주최씨 보령파가 집성촌을 이루고 있다. 따라서 17세기 이후 발행된 홍주와 보령의 자료를 확인할 필요가 있다.[24] 현전하는 17세기 이후 홍주 및 보령의 읍지는 모두 6종으로 가장 이른 것이 1744년(영조 20) 발행된 『홍주읍지』이다. 둘째는 『충청도읍지』(1846년경) '홍주목', 셋째는 『충청도 읍지』(1846년경) '보령현', 넷째는 『호서읍지』(1871년) '홍주목', 다섯째는 『호서읍지』 (1871년) '보령 현', 여섯째는 『읍지』(1895년) '보령현'이다.

---

24) 월도와 효자도는 현재 보령시 오천면 효자도리이지만, 조선 후기에는 홍주목에 속했다.

관찬자료의 관향貫鄕기록 : 『호서읍지湖西邑誌』(1871년)

소장처 : 규장각한국학연구원

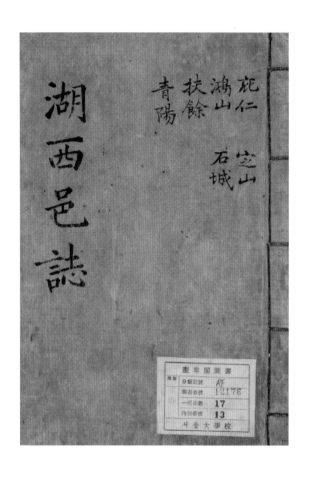

『호서읍지』(1871년) 표지

17세기 이후 총 10종의 홍주 및 해미, 서산의 읍지 중 『충청도읍지』(1846년경) '홍주목'과
『호서읍지』(1871년) '홍주목'에서 최씨를 확인할 수 있다.

『충청도읍지』(1846년경) '홍주목'의 성씨 조를 보면 " 【성씨姓氏】이李·김金·황
黃·채蔡·한韓·조趙·권權·임林·임任·홍洪·송宋·성成·정鄭·심沈·윤尹·강
姜·양梁·박朴·오吳·서徐·손孫·최崔·주朱·문文·전全·방方·전田·장張·허許
·강康·노盧·모牟·명明·인印·예芮·염廉·호扈·복卜·우禹"으로 최씨가 수록되
어 있다. 인물 조에는 최씨가 발견되지 않으나, '방리坊里' 조에 나주최씨 서산파
의 선영이 집중 분포하고 있는 '사기리沙器里'의 옛 지명 '사기소리沙器所里'가 있는
것으로 보아("高北面 距關門四十里 … 沙器所里") 성씨 조의 최씨는 나주최씨로 보인다.

『호서읍지湖西邑誌』(1871년)

소장처 : 규장각한국학연구원

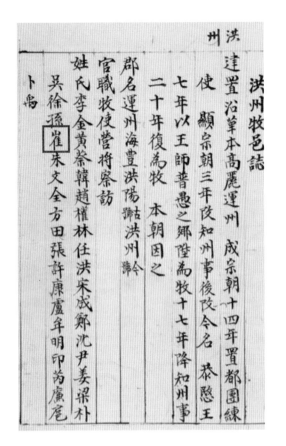

『호서읍지』(1871년) 홍주목 성씨姓氏 조(좌)와 방리坊里 조(우)

성씨 조에 최씨가 있으며, 방리 조에는 나주최씨의 세거지 고북면과
사기소리[沙器所里]가 수록되어 있다.

　　『호서읍지』(1871년) '홍주목'의 성씨 조를 보면 "【성씨姓氏】 이李 · 김金 · 황黃 · 채蔡 · 한韓 · 조趙 ·
권權 · 임林 · 임任 · 홍洪 · 송宋 · 성成 · 정鄭 · 심沈 · 윤尹 · 강姜 · 양梁 · 박朴 · 오吳 · 서徐 · 손孫 · **최崔** · 주
朱 · 문文 · 전全 · 방方 · 전田 · 장張 · 허許 · 강康 · 노盧 · 모牟 · 명明 · 인印 · 예芮 · 염廉 · 호扈 · 복卜 · 우禹"로
최씨가 수록되어 있다. 읍지에 인물 조가 없지만, '방리坊里' 조에 나주최씨 서산파의 선영이 집중
분포하고 있는 '사기리沙器里'의 옛 지명 '사기소리沙器所里'가 있는 것으로 보아("고북면高北面 거관문
사십리去關門四十里… 사기소리沙器所里") 성씨 조의 최씨는 나주최씨로 보인다. 홍주목 읍지 성씨 조
에 본관은 명시되어 있지 않지만, 방리坊里 조에 나주최씨 서산파의 선영이 집중 분포하고 있는 '사
기리沙器里'의 옛 지명인 '사기소리沙器所里'가 있는 것으로 보아("高北面 去關門四十里 … 沙器所里") 홍주목
읍지 성씨 조의 최씨는 나주최씨로 보인다.

관찬자료의 관향貫鄕기록 : 『서산군지瑞山郡志』(1927년)

『서산군지』(1927년)

　　『서산군지』(1927)는 식민지시기에 발행된 근대읍지로서 서산군의 연혁沿革을 비롯해 성씨姓氏, 인물人物, 서원書院, 문묘文廟, 선생안先生案 등 전통시대 읍지의 주요 목록과 함께 농업農業, 수산업水産業, 상업商業, 공업工業, 광업鑛業 등 서산의 각종 산업과 관련된 통계가 수록되어 있다. 이 가운데 당시 서산에 거주했던 모든 성씨를 본관과 함께 수록한 성씨 조가 주목된다.

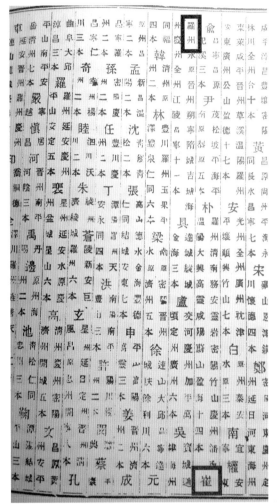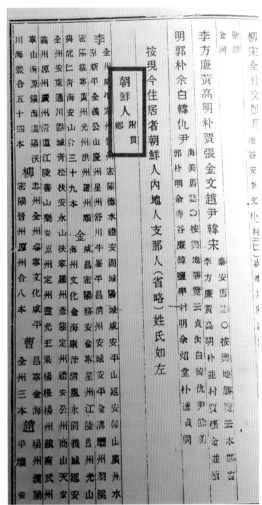

『서산군지』(1927년) 성씨姓氏 조
성씨 조에는 최씨와 본관 '나주羅州'가 함께 명시되어 있다.

『서산군지』(1927) 성씨 조에는 조선인 성씨와 일본인(내지인)의 성씨가 함께 수록되어 있다.
조선인의 성씨는 모두 103성姓이다. 주목해야 할 것은 "최崔 나주羅州·수원水原·진주晉州·삭녕朔
寧·수성隋城·길성吉城·해주海州·경주慶州·전주全州·강릉江陵·창녕昌寧 十一本"로 조선인 성씨조
에는 최씨와 본관 나주가 함께 명시되어 있다는 점이다. 또한 최씨 아래에는 모두 11개의 본관이
있으며 나주가 처음으로 등장한다.

『홍주읍지洪州邑誌』(1744년)

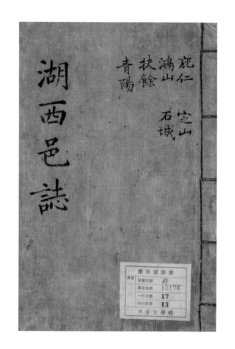

『호서읍지湖西邑誌』(1871년)

『증보문헌비고增補文獻備考』(1903년)

『서산군지瑞山郡志』(1927년)

　　관찬자료인 『홍주읍지洪州邑誌』(1744년), 『호서읍지湖西邑誌』(1871년), 『증보문헌비고增補文獻備考』(1903년), 『서산군지瑞山郡志』(1927년)를 통해 나주최씨 이거에 대한 실재적 기록을 살펴보았다.

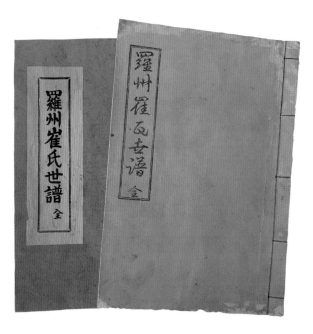

『나주최씨세보』(1964, 1977)

『나주최씨세보』(1965)

『나주최씨족보』(1992)

　　사찬자료인 『나주최씨세보』(1964, 1965)와 『나주최씨족보』(1992)를 통해 나주최씨 이거에 실재
적 기록을 살펴보면, 『나주최씨세보』(1964)는 최부의 부친인 최택 대에 탐진에서 나주로 분관했고,
석정공 최번의 아들·손자 대에 홍주로 이거했다고 밝히고 있다. 또 계사년(1593)에 최번이 김천일과
함께 창의하여 진주에서 순절했다고 한다. 이러한 기록을 통해 나주최씨가 홍주지역으로 이거한 시
기는 임진왜란 후인 17세기 이후라고 추측해 볼 수 있다. 이러한 추측은 관찬자료를 통해 나주최씨
의 관향에 관한 기록을 통해서 조금 더 구체적인 추론이 가능하게 된다.

増補文獻備考 卷之四十八

補 帝系考 九

附 氏族 三

弘文館 纂輯 校正

增補文獻備考 卷四十八

氏族

增補文獻備考 卷四十八

氏

新昌崔氏　禮山崔氏　木川崔氏　全義崔氏　靑山崔氏
崔氏　紆州崔氏　利城崔氏
濟州崔氏　光山崔氏　綾州崔氏　豆毛崔氏
南原崔氏　長興崔
羅州崔

朴氏

八大君分封源派

密城大君彥忱　今密陽
沙伐大君彥昌　今尙州
完山大君彥華　今全州
竹城大君彥立　今竹山
速咸大君彥信　今咸陽
江南大君彥智　今順天
高陽大君彥成　今高靈

　　‘나주최씨’가 관찬 자료에 처음 등장한 것은 『증보문헌비고』(1903) 이다. 특히 ‘보補’자의 표식 즉 ‘나주최씨’가 기재되어 있는 「제계고」 9 열에 ‘보補’자를 표기하고 있다는 것은 1790년(정조 14)에 편찬된 내용 가운데 그 이전에 기록되어야 할 내용이 누락되었다는 것을 짐작할 수 있다. 때문에 ‘보補’자를 통해 이전 기록에서 누락되었던 것을 보충해 놓고 있는 것이다. 따라서 1790년 이전에 ‘나주최씨’가 관향으로 존재했다는 사실을 알 수 있다. 즉 ‘나주최씨’ 기록이 있는 『증보 문헌비고』 제 48권 「재계고」 9의 ‘보補’ 자 표식은 당시 문헌비고의 최고 편집자인 이만운(李萬運 1723~1797)이 1790년(정조 14) 이전의 내용 중 누락된 것을 보충한 것으로써 이는 나주최씨가 1790년 이전에 존재했던 성관임을 알 수 있다.

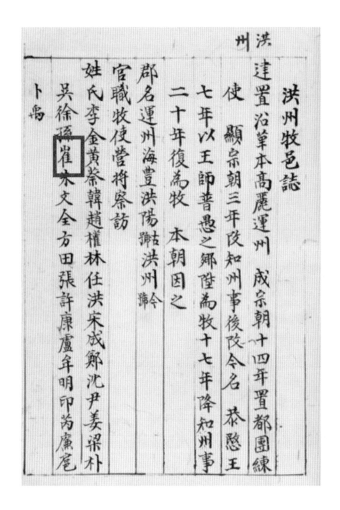

『홍주읍지』(1744년) 홍주목 성씨姓氏 조(좌)와 방리坊里 조(우)

나주최씨가 호서지역을 근거로 하여 세계를 확장해 나갔다고 하는 것은 관찬자료를 통해 확인할 수 있다. 예를 들면 홍주목 읍지 성씨 조에 본관은 명시되어 있지 않지만, 방리坊里 조에 나주최씨 서산파의 선영이 집중 분포하고 있는 '사기리沙器里'의 옛 지명인 '사기소리沙器所里'가 있는 것으로 보아[고북면高北面 거관문사십리去關門四十里 … 사기소리沙器所里] 홍주목 읍지의 최씨는 나주최씨로 보인다. 20세기에 들어 편찬한 『증보문헌비고』(1903)와 『서산군지(1927)에서 본관이 '나주' 인 최씨의 존재를 처음 확인할 수 있었다. 하지만, 1846년경 편찬된 『충청도읍지』와 1871년 『호서읍지』 '홍주목' 방리坊里 조에 나주최씨 서산파의 선영과 세거지가 집중 분포하고 있는 '사기리沙器里'의 옛 지명 '사기소리沙器所里'가 기록되어 있는 것으로 보아, 이 두 읍지에 수록된 최씨는 '나주최씨' 라고 짐작할 수 있다.

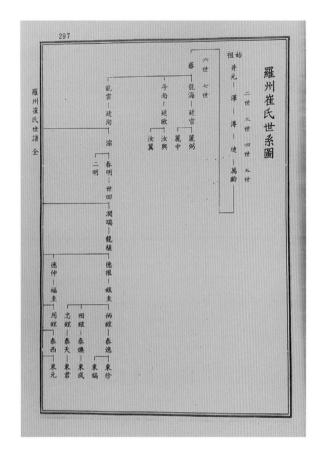

나주최씨세계도

『나주최씨족보』(1992)

　『증보문헌비고』에는 '나주최씨'라는 4자 외에 나주최씨의 세거지역이나 시조始祖, 인구수 등 나주최씨의 분관이나 이거와 관련한 다른 내용들은 보이지 않는다. 그렇다고 할지라도 최번을 세계로 하여 1자 최용해, 2자 최두남, 3자 최용운으로 세계는 이어져 나갔다고 하는 것은 『나주최씨세보』를 통해 확인할 수 있다.

　『나주최씨족보』(1992)는 최번의 3남이 최용운崔龍雲이고, 최용운의 2남이 최논금崔論金이며, 최논금의 2남이 최만흥崔萬興이라고 기록하고 있다. 다시 말해 최번의 3자인 최용운은 호서지역 가운데 청양과 부여를 기반으로 하여 자신의 세계를 넓혀 나갔다. 또한 최용운의 2자인 최논금은 호서지역 가운데 서산을 기반으로 하여 자신의 세계를 확장했다. 마지막으로 최논금의 2자인 최만흥은 보령을 중심으로 하여 세계를 구축해 나갔다. 현재 서산시 사기리, 신정리에는 서산파가, 청양군, 부여군에는 청양파가, 보령시 오천면 일대 월도月島와 효자도孝子島에는 나주최씨 보령파가 집성촌을 이루고 있다는 것은 나주최씨가 호서지역으로 이거 후 자신들의 세계를 다져 나갔다는 것을 뒷받침 해 줄 만한 근거가 된다.

부여군 외산면 장항리에 위치해 있던 나주최씨 청양파 세거지

나주최씨 서산파 세거지 사기리

나주최씨 서산파 세거지 신정리

나주최씨 보령파 세거지 오천면 월도

나주최씨 보령파 세거지 오천면 효자도

2020년 4월 현재 호서지역에 산재하고 있는 나주최씨 집성촌이나 나주최씨 분묘의 분포 및 대수 등을 미루어 볼 때, 조선 후기 이후로 청양·서산·보령지역을 중심으로 나주최씨의 혈맥과 명맥이 유지되어 왔음을 충분히 유추할 수 있다. 종합하면, 조선 후기 호서지역에 존재했던 나주최씨의 계보적 실체가 20세기에 들어 '나주최씨'라는 주체적 자각을 통해 관찬자료 [읍지] 및 사찬자료 [족보]로 발현된 것이라고 평가할 수 있다.

제 2 장

나주최씨 청양파
羅州崔氏 靑陽派

청양군靑陽郡 지도地圖(1871년)

청양현 지도

『호서읍지』(1871) '청양현'에 의하면, 청양은 홍주진관洪州鎭管에 속했다. 관직은 음관이나 문관 중에서 종6품 현감이 임명되었으며, 이는 지방관 중 가장 낮은 직급에 속하는 것이다. 읍세는 편호 編戶와 전답을 고려하면 4천 이상으로 소읍에 해당했다. 고을의 편호는 2,953호이다. 이중 남자는 5,624구, 여자는 6,289구로 총인구는 11,913구였다. 청양의 호구당 인구비[인구/호구]는 1호당 4. 03 명으로 다른 고을과 비교하면(청주목 3. 48명, 홍주목 4. 28명, 청풍도호부 2. 96명, 천안군 3. 33 명, 서천군 3. 34명, 면천군 3. 45명, 단양군 3. 56명, 대흥군 4. 02명, 비인현 3. 22명, 정산현 3. 69명, 홍산현 4. 45명, 부여현 4. 80명, 석성현 5. 08명) 많은 편에 속했다.[25]

---

25) 서울대학교 규장각한국학연구원, 지리지종합정보 참고.

나주최씨 청양파 세거지

제공 : 네이버 항공사진

부여군 외산면 장항리에 위치해 있던 나주최씨 청양파 세거지

■ 나주최씨羅州崔氏 청양입향조靑陽入鄕祖 최용운崔龍雲 가계도家系圖

■ 『나주최씨세보』(1965), 『나주최씨족보』(1992)에 기술된 최용운

『나주최씨세보』(1965), 『나주최씨족보』(1992) 등 나주최씨 관련 여러 기록에 의하면, 나주최씨의 호서시대를 연 인물은 최용운崔龍雲이다. 나주최씨 7세손인 최용운은 최번의 3남으로 호남에서 청양으로 이거함으로써 청양파의 시조가 되었다. 최용운은 나주최씨의 호서 이거는 물론, 나주로의 분관에 있어서 매우 중요한 인물이다. 『나주최씨세보』(1965)와 『나주최씨족보』(1992), 『탐진최씨 성지파보』(2001 이후)는 최용운에 대하여 다음과 같이 기록하고 있다.

『나주최씨세보』(1965)

용운龍雲

● 자字 경수慶秀, 호號 운남雲南

● 임진壬辰(1592) 5월 15일 생, 갑오甲午(1654) 3월 25일 졸

● 통훈대부通訓大夫 군자감정軍資監正 증贈 병조참판兵曹參判

● 묘墓 부여夫餘 외산면外山面 장항리獐項里 와곡瓦谷 해좌亥坐

배配

● 숙부인淑夫人 경주오씨慶州吳氏, 부父 참의參議 성철聖澈

● 무자戊子 9월 10일 생, 갑술甲戌 8월 22일 졸

● 묘墓 청양군靑陽郡 화성면化城面 장계리長溪里 금계동金鷄洞 우록右麓 건좌乾坐

『나주최씨족보』(1992)

용운龍雲

● 자字 경수慶秀, 호號 운남雲南

● 단기 3925 서기 1592 선조 25년 임진壬辰 5월 15일 생, 갑오甲午 3월 25일 졸, 향년 63

● 통훈대부通訓大夫 행行 군자감정軍資監正, 증贈 병조참판兵曹參判

● 묘墓 부여군夫餘郡 외산면外山面 장항리獐項里 와곡瓦谷 해좌亥坐

배配

● 증증贈 정부인貞夫人 경주오씨慶州吳氏, 부父 참의參議 성철聖澈

● 단기 3921 서기 1588 선조 21년 무자戊子 9월 10일 생, 갑술甲戌(1634년) 8월 22일 졸

● 묘墓墓 청양군靑陽郡 화성면化城面 장계리長溪里 금계동金鷄洞 후록後麓 건좌乾坐

● 단기 4322 서기 1989 기사년己巳年 공의 묘에 이장하여 합장 [移窆於公兆 合窆]

『탐진최씨 성지파보』(2001 이후)

용운龍雲

● 자字 경수慶秀, 호號 운남雲南

● 임진壬辰 5월 15일 생, 갑오甲午 3월 25일 졸

● 통훈대부通訓大夫 군자감정軍資監正, 증증贈 가선대부嘉善大夫 병조참판兵曹參判

● 분관나주分貫羅州

배配

● 정부인貞夫人 경주오씨慶州吳氏 성철聖澈 여女

최용운崔龍雲 묘역墓域

소재지 : 충청남도 부여군 외산면 장항리 산29-2

나주최씨 청양파 입향조 최용운의 묘역이다. 배 정부인 경주오씨와 함께 부장되어 있다.
원래는 묘표만 남아 있었으나, 숭조의 정신으로 2020년 6월 묘역정화사업을 진행하였다.

최용운崔龍雲 묘비墓碑와 묘표墓表

충청남도 부여군 외산면 장항리 산29-2

나주최씨 청양파 입향조 최용운과 그의 아내 정부인 경주오씨 묘비다.

군자감정 軍資監正 운남나주최공용운지묘 雲南羅州崔公龍雲之墓

증 정부인경주오씨부좌 贈 貞夫人慶州吳氏祔左

최용운崔龍雲 묘표墓表

소재지 : 충청남도 부여군 외산면 장항리 산29-2

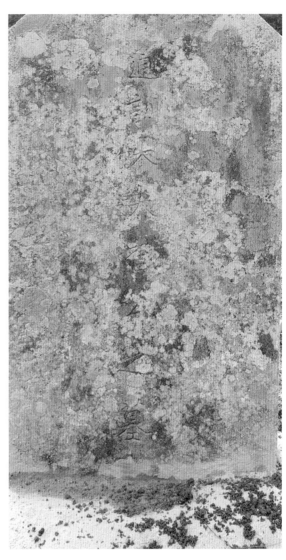

나주최씨 청양파 입향조 최용운의 묘표다.

전면에 '통훈대부최공지묘 通訓大夫 崔公之墓' 라고 새겨져 있다.

강희육년정미사월일입 康熙六年丁未(1667)四月日立

3-8-4
최용운崔龍雲 묘비문墓碑文

소재지 : 충청남도 부여군 외산면 장항리 산29-2

운남공雲南公 최용운崔龍雲의 묘비문墓碑文이다.

■ 최용운崔龍雲 묘비문墓碑文

原文 :

維扶餘外山面 獐項里 瓦谷 負亥之原 故軍資監正崔公龍雲藏也, 夫人柎焉.
公王麗平章事莊景公諱思全之達孫. 國朝 成宗時有諱溥字淵淵系出耽津號錦南文科爲校理.
燕山戊午史禍 杖流端川, 甲子受刑命, 中宗時 贈都承旨 海南康津立祠以亨焉.

盖錦南先生晚生男迪才九歲遭先生黨禍之慘流離無依.
與母夫人朴氏復歸羅州聖智村居焉. 生進士萬齡, 進士生石亭 蓍 少有大志. 當壬辰亂與金公
千鎰梁公山璹同聲倡義行軍至晉州殉節. 贈刑曹參判事載壬辰原從勳錄. 其配全州李氏 忽聞
義兵之沒 與稚子俱 招魂而葬衣履於先山 卽日飮藥致節後. 贈貞夫人 長男龍海號橘齋, 二男
斗南 號訒窩. 橘訒兩公仍籍耽津, 三男諱龍雲號雲南 自耽津移籍羅州.

宣祖壬辰五月十五日生于羅州. 官至軍資監正階通訓丙丁有功. 贈兵曹參判 配淑夫人贈貞夫
人父參議聖澈. 戊子九月十日生 甲戌八月二十二日卒. 生二男長廷洵 號竹堂 刑曹參議, 次論
金 嘉善大夫, 以下後承甚蓍不能盡載.
噫! 今距公之世 已數百載. 尙闕顯刻諸雲仍相與爲謀, 將揭德于羨道 使國慶君徵余語 余感
其明仁之誠, 略加㙩括俾歸刻之云.

檀紀四三二五(1992)年 壬申 月 日
西紀二千二十年 庚子 月 日

恩津 宋廷憲 撰
十二世孫 國慶 謹書

최용운崔龍雲 묘비문墓碑文 : 국역

여기 부여군 외산면 장항리 와곡 해좌는 군자감정 용운의 장지이니, 부인도 함께 합장되었다. 공은 고려조 평장사 장경공 휘 사전의 현달한 후손이다. 국조 성종 때에 휘 부가 있었는데, 자는 연연으로, 상계는 탐진이며, 호가 금남이니 문과에 급제하여 교리가 되었다. 연산군 무호사화에 단천으로 귀양 갔다가 갑자사화에 형을 받았다. 중종 때에 도승지로 추증되었다. 해남 강진에 사당이 세워져 배향되었다.

금남선생은 늦은 나이에 적을 낳았다. 겨우 9세에 선생이 당화의 비참함을 당하게 되어, 이리 저리 떠돌아다니게 되니, 의지할 곳이 없었다.

어머니 박씨 부인이 아들을 데리고 나주 성지촌으로 다시 돌아왔다. 진사 만령을 낳았고, 진사가 석정 번을 낳았다. (번은) 어려서부터 뜻을 크게 가졌다. 임진의 난을 당하여 김공 천일과 양공 산숙과 함께 소리 내어 의병을 일으켰다. 행군을 하며 진주에 이르러 순절하였다. 그 후에 형조참의로 추증되었으니, 임진원종공훈에 기록되어 있다. 그의 부인은 전주이씨인데, 갑자기 의병이 모두 죽었다는 전갈을 듣고, 어린 아들과 함께 초혼하여 의복과 신을 선산에 묻고는 그 날 극약을 먹고 절사하였다. 그 후에 정부인으로 추증되었다. 장남은 용해이니 호는 귤재다. 차남은 두남이니 호는 눌와다. 귤재와 눌와 두 공은 호적을 탐진으로 하였다.

삼남은 용운이니 호는 운남으로, 탐진에서 나주로 이관하였다. 선조 임진년(1592) 오월십오일에 나주에서 태어났다. 관직은 군자감정에서 통훈에 이르렀고, 병정노란(1636. 12~1637)에 공이 있었다. 후에 병조참판으로 추증되었다. 그의 아내 숙부인도 정부인으로 추증되었다. 부인의 아버지는 참의 성철이다. 무자(1588) 구월 십일에 생하시고, 갑술(1634) 팔월 이십 일에 졸하셨다.

(부인이) 두 아들을 낳으니, 장남은 정순으로, 호는 죽당이며, 형조참의이다. 차남은 논금이니 가선대부이다. 그 이하는 매우 많아서 다 기록하지 못하였다.

슬프구나! 지금 공의 세대와 그 거리가 이미 수백 년이 되었지만, 오히려 그토록 현각顯刻된 것이 빠져버렸다. 모든 운손과 잉손들이 서로 더불어 도모하고, 장차 자랑할 만한 도에 덕을 기리고자 하였다. 국경군으로 하여금 나에게 말로 도움을 청하게 하였다. 내가 밝은 인정仁情의 정성스러움에 감응하여 대략적으로나마 바로 잡고, 단속함을 보태어 새기게 되었다.

단기 사삼이오 임신년(1992) 봄에 은진 송정헌이 찬하였다.
서기 이천이십 경자년(2020) 월 일 십이세손 국경 근서

나주최씨羅州崔氏 청양파靑陽派 묘역墓域

소재지 : 충청남도 부여군 외산면 장항리 산29-2

나주최씨 청양파 묘역

최정순崔廷洵과 자子 최종崔淙의 묘비

소재지 : 충청남도 부여군 외산면 장항리 산29-2

최용운의 장자 최정순의 묘비로 전면에는
'통정대부형조참의최공정순묘
通政大夫刑曹參議崔公廷洵墓
배숙부인광산김씨부
配淑夫人光山金氏柎'가 새겨져 있다.

최정순의 장자 최종의 묘비로 전면에는
'가선대부중추부동지사최공종지묘
嘉善大夫中樞府同知事崔公淙之墓
배정부인진주강씨부
配貞夫人晉州姜氏柎'가 새겨져 있다.

나주최씨 서산파
羅州崔氏 瑞山派

3-10
홍주목洪州牧 지도地圖(1872년)

소장처 : 규장각한국학연구원

※ 현재 서산시 고북면은 조선시대 홍주목 소속이었다.

『호서읍지』(1871) '홍주목'에 의하면, 홍주에는 정3품의 목사牧使가 임명되었다. 종2품 부윤府尹에 이어서 두번째로 높은 등급의 목민관이다. 같은 등급의 지방관으로는 정3품 대도호부사大都護府使가 있다. 이밖에도 전영前營에 정3품 영장營將, 금정도金井道에 종6품 찰방察訪이 배속되었다. 읍세는 호구와 전결을 고려하면 1만이 넘는 중읍中邑에 속한다. 홍주의 호구당 인구비[인구/호구]는 1호당 4. 28명이다. 다른 고을과 비교하면, 청주목 3. 48명, 청풍도호부 2. 96명, 천안군 3. 33명, 서천군 3. 34명, 면천군 3. 45명, 단양군 3. 56명, 대흥군 4. 02명, 비인현 3. 22명, 정산현 3. 69명, 홍산현 4. 45명, 부여현 4. 80명, 청양현 4. 03명, 석성현 5. 08명 등으로 높은 편이다.[26]

나주최씨 서산파 세거지 사기리

나주최씨 서산파 세거지 신정리

■ 나주최씨羅州崔氏 서산입향조瑞山入鄕祖 최논금崔論金 가계도家系圖

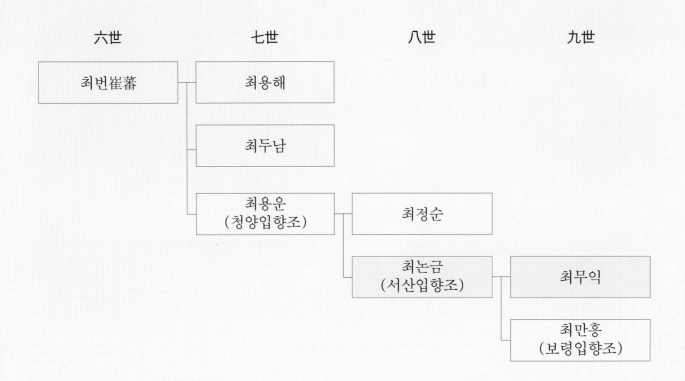

六世	七世	八世	九世
최번崔蕃	최용해		
	최두남		
	최용운 (청양입향조)	최정순	
		최논금 (서산입향조)	최무익
			최만흥 (보령입향조)

　『나주최씨세보』(1964, 1977), 『나주최씨 종친여러 분께 고함』(1979) 등 나주최씨 기록에 의하면, 최논금崔論金은 나주최씨 8세손으로 나주최씨의 호서시대를 연 최용운崔龍雲의 2남이다. 최논금은 서산에 이거·정착함으로써 서산파의 시조가 되었다. 『나주최씨세보』(1964) 이래로 나주최씨의 여러 문헌들은 최논금을 가선대부嘉善大夫로 기록하고 있으나, 당대 고문서나 사료에서 이를 객관적으로 확인할 수 없다.

■ 『나주최씨세보』(1964, 1977)와 『나주최씨족보』(1992)에 기술된 최논금

『나주최씨세보』(1964)

　논금論金

　● 가선대부嘉善大夫

　배배配

　● 정부인貞夫人 김해김씨金海金氏

　● 묘墓 고북면高北面 사기리沙器里[살마골] 묘좌卯坐 합장[合窆]

　● 유유有 2男 계파 불명

『나주최씨세보』(1977)

　논금論金

　● 가선대부嘉善大夫

　● 묘墓 서산군瑞山郡 고북면高北面 사기리砂器里(살마골) 묘좌卯坐

　배배配

　● 김해김씨金海金氏 정부인貞夫人

　● 묘墓 합장[合窆]

『나주최씨족보』(1992)

　논금論金

　● 가선대부嘉善大夫

　● 묘墓 서산군瑞山郡 고북면高北面 사기리沙器里 살마골 묘좌卯坐

　배배配

　● 정부인貞夫人 김해김씨金海金氏

　● 묘墓 합장[合窆]

　● 유유有 표석表石

　최논금에 대한 기록은 매우 소략하다. 이는 최논금의 낙향 이후, 후손들이 그 기록을 보존하지 못하고 실전했기 때문으로 나주최씨 서산파의 최초 족보인 『나주최씨세보』(1964)도 이를 기록으로 남겨 참고로 삼고 있다.[27]

---

27) 落鄕以後, 子孫不謹, 先世文憲(文獻)失傳. 公於石亭公, 未知或子或孫, 愼重之道, 不敢直書以子, 而以俟后日參考.

서산입향조瑞山入鄕祖 최논금崔論金 묘역墓域

소재지 : 충남서산시 고북면 사기리 산81-2

최논금 묘역

나주최씨 서산 입향조 최논금의 묘와 묘비

소재지 : 충청남도 서산시 고북면 사기리 산 81-2

최논금崔論金 일자一子 최무익崔茂益 묘역墓域

소재지 : 충청남도 서산시 고북면 사기리 산 83

가선대부나주최공휘무익 嘉善大夫羅州崔公諱茂益

배정부인서령류씨지묘 配貞夫人瑞寧柳氏之墓

제 4 장

나주최씨 보령파
羅州崔氏 保寧派

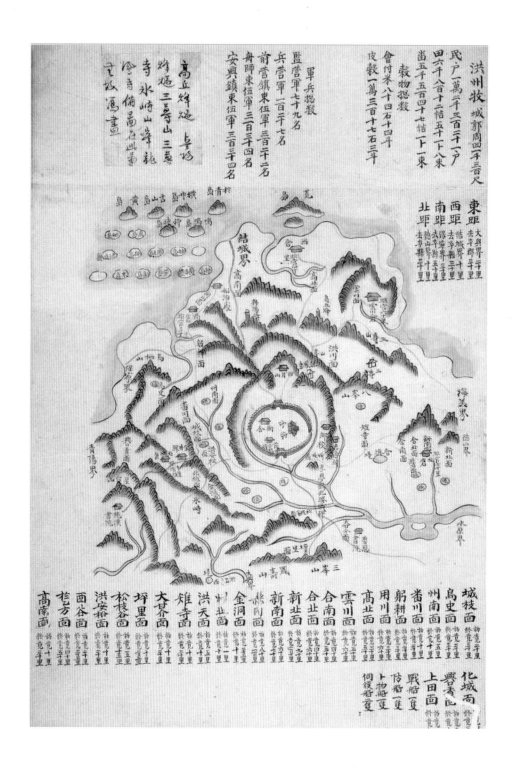

홍주목洪州牧 지도地圖(19세기 후반 고종 대)

소장처 : 서울대학교 규장각한국학연구원

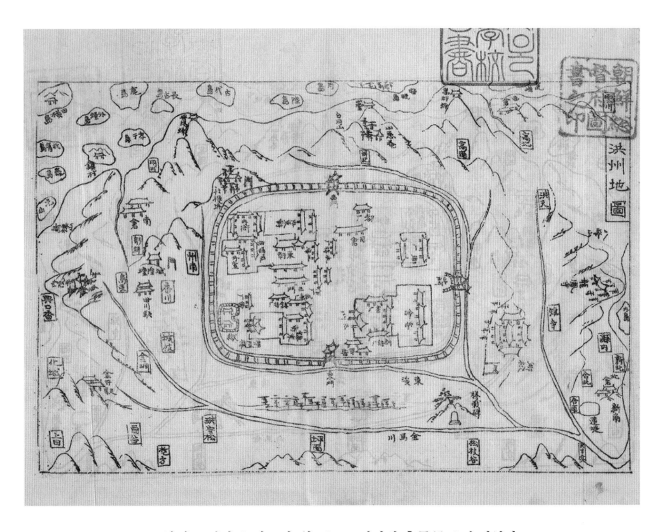

※ 현재 보령시 효자도와 월도는 조선시대 홍주목 소속이었다.

　『홍주읍지』(1744)에 의하면, 홍주의 역대 군호郡號로는 운주運州, 지주知州, 홍양洪陽, 홍주가 있었다. 홍주목은 진관鎭管으로, 소속 고을은 서천舒川, 결성結城, 홍산鴻山, 예산禮山, 남포藍浦, 신창新昌, 비인庇仁, 해미海美, 보령保寧, 서산瑞山, 태안泰安, 아산牙山, 당진唐津, 대흥大興, 면천沔川, 평택平澤, 온양溫陽, 청양靑陽, 덕산德山의 19개 읍이었다. 해도海島 항목에는 빙도氷島를 비롯하여 홍주목 소속의 16곳의 섬을 기재하였다. 홍주의 총 호구戶口는 민호民戶가 13,200호, 인구人口는 53,100구였다. 전답田畓 항목을 살펴보면 원장元帳에 전답이 총 12,352부 9속이었고, 그 중 밭이 6,812결 51부 8속, 논이 5,547결 1부 1속이었다.[28]

---

28) 서울대학교 규장각한국학연구원, 지리지종합정보 참고.

나주최씨 보령파 세거지 오천면 효자도

나주최씨 보령파 세거지 오천면 월도

■ 나주최씨羅州崔氏 보령입향조保寧入鄕祖 최만흥崔萬興 가계도家系圖

■ 『나주최씨세보』(1977)와 『나주최씨족보』(1992)에 기술된 최만흥

『나주최씨세보』(1977), 『나주최씨족보』(1992) 등 나주최씨 기록에 의하면, 최만흥崔萬興은 나주최씨 9세손으로 나주최씨의 호서시대를 연 청양파 시조 최용운崔龍雲의 2남인 최논금(서산파 시조)의 2남이다. 최만흥은 보령에 이거·정착함으로써 나주최씨 보령파의 시조가 되었다. 『나주최씨세보』(1977)와 『나주최씨족보』(1992)는 최만흥에 대하여 다음과 같이 기록하고 있다.

『나주최씨세보』(1977)

　만흥萬興

- 개국 342년 2월 9일 몰歿
- 묘墓 보령군保寧郡 청소면靑所面 장곡리長谷里 원후동元後洞 손좌巽坐

　배配

- 경주이씨
- 개국 338년 3월 5일 몰歿
- 묘墓 합폄合窆

『나주최씨족보』(1992)

　만흥萬興

- 영조 7년(1731) 신해 2월 9일 졸卒
- 묘墓 보령군保寧郡 청소면靑所面 장곡리長谷里 원후동元後洞 손좌巽坐

　배配

- 경주이씨. 영조 5년 기유 3월 5일 졸卒. 묘墓 합폄合窆

최만흥崔萬興 묘역墓域

소재지 : 충남 보령군 청소면 장곡리 51 −6

최만흥 묘비 및 나주최씨 보령파의 선영 조성의
뜻을 알리는 기념비(아래)

나주최씨 보령파 입향조 최만흥의 묘역

최만흥의 묘역을 답사중인 연구팀

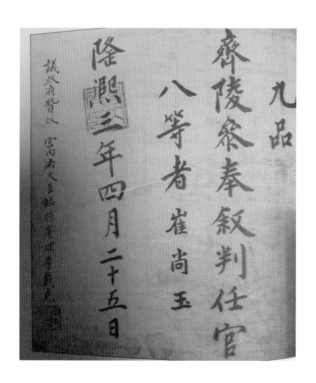

최만흥의 6세손 최상옥의 교지

구품九品

재릉참봉서판임관팔등자 최상옥齋陵參奉書判任官八等者 崔尙玉

융희삼(1909)년사월이십오일隆熙三年四月二十五日

Ⅳ 나주시대의 개막과 전개

: 금남여맥錦南餘脈

나주최씨는 최정원의 6세손인 최번의 3자三子 최용운崔龍雲이 입향조가 된 청양파를 기원으로 형성되기 시작하였다. 최용운의 2자二子인 최논금崔論金은 서산파의 입향조가 되었고, 최논금의 2자二子인 최만흥崔萬興은 보령파의 입향조가 되었다. 나주최씨는 각 세거지에서 금남의 가르침을 기리며 금남가문의 여맥을 이어나갔다.

『나주최씨족보羅州崔氏族譜』에 의거하면 서산파의 입향조인 최논금의 장자 최무익崔茂益은 최봉영崔奉榮, 최화일崔華日, 최봉일崔奉日 등의 세 아들을 두었는데, 3자三子인 최봉일 가계를 통해서 나주시대가 화려하게 조명될 수 있었다.

Ⅳ장에서는 『나주최씨족보』를 기초로 하여 최봉일 후손가를 중심으로 각 인물들의 묘소, 관력, 혼맥 등에 대한 관련 자료를 제시함으로써 금남가문의 여맥이 현재까지 이어져 오는 양상을 고찰하고, 역사 속에서 분파되었던 금남의 혈손들이 금남을 중심으로 다시금 하나로 통합 되어 가는 양상을 추적, 검토해 보기로 한다.

| 제 1 장 |

명가名家의 여운餘韻

■ 탐진최씨 하대 세계耽津崔氏下代世系_분관나주최씨分貫羅州崔氏 ■
-서산파의 최봉일 가계도를 중심으로 나주최씨 세계를 밝힘-

서산파 입향조 최논금崔論金 가계家系

八世	九世	十世
최논금 崔論金	최무익 崔茂益	최봉영 崔奉榮
		최화일 崔華日
		최봉일 崔奉日

최무익崔茂益 장자長子 최봉영崔奉榮 가계家系

최봉영 崔奉榮	최석윤 崔碩允	최현호 崔鉉浩	최권영 崔權永	최상철 崔相喆
최진환 崔鎭煥	최현기 崔鉉基	최덕선 崔德善	최춘금 崔春金	최여근 崔汝根

최무익崔茂益 3자三子 최봉일崔奉日 가계家系

十世	十一世	十二世	十三世	十四世
최봉일 崔奉日	최석기 崔碩起	최현우 崔鉉禹	최순영 崔舜永	최상효 崔相孝

十五世	十六世	十七世	十八世	十九世
최여화 崔汝化	최춘심 崔春深	최덕초 崔德初	최창기 崔昌基	최진태 崔鎭太

* 이후 인물 관련 기술은 『나주최씨족보』에 의거했다.

최무익崔茂益의 3자三子 최봉일崔奉日 묘역墓域

소재지 : 충청남도 서산시 고북면 사기리 산71-1 대포

최무익崔茂益의 3자 10세世 최봉일崔奉日의 묘소이다. 호號는 모재茅齋이며, 가전 및 묘표에 따르면 관품은 가선대부嘉善大夫이다. 배위配位는 정부인貞夫人 전주이씨全州李氏, 전주신씨全州申氏이다. 묘소는 사기리砂器里 대포大浦 묘좌卯坐에 있다.

　최무익崔茂益 3자三子 최봉일崔奉日 가계의 11세世 최석기崔碩起의 묘소이다. 관품은 통정대부通政大夫이며, 배위配位는 정부인貞夫人 나주정씨羅州丁氏이다. 묘소는 고북면高北面 사기리砂器里 후산後山 정좌丁坐에 자리하고 있다.

최현우崔鉉禹 묘역墓域

소재지 : 충청남도 서산시 고북면 사기리 산2-2[불너머리]

　최봉일崔奉日 가계의 12세世 최현우崔鉉禹의 묘소이다. 호號는 운암雲岩이며 배위配位는 곡부공씨曲阜孔氏이다. 묘소는 고북면高北面 사기리砂器里(불너머리) 정좌丁坐에 자리하고 있다.

최순영崔舜永 묘역墓域

소재지 : 충청남도 서산시 고북면 사기리 산39-2[동소목골]

　최봉일崔奉日 가계의 13세世 최순영崔舜永의 묘소이다. 호號는 금당錦堂이며 배위配位는 남원양씨南
原梁氏이다. 묘소는 고북면高北面 사기리砂器里(동소목골) 임좌원壬坐原에 자리하고 있다.

최상효崔相孝 묘역墓域

소재지 : 충청남도 서산시 고북면 사기리 산39-2(동소목골)

　최봉일崔奉日 가계의 14세世 최상효崔相孝의 묘소이다. 배위配位는 영산김씨永山金氏이다. 최상효의 기일은 4월 4일이며 배위 영산김씨의 기일은 2월 14일이다. 묘소는 고북면高北面 사기리砂器里(동소목골) 임좌원壬坐原에 자리하고 있다.

최여화崔汝化 묘역墓域

소재지 : 충청남도 서산시 고북면 사기리 산39-2[동소목골]

　최봉일崔奉日 가계의 15세世 최여화崔汝化의 묘소이다. 배위配位는 김해김씨金海金氏이다. 최여화는 1811년에 출생하였으며 기일은 1월 27일이다. 배위 김해김씨는 무진戊辰(1808년)생으로 기일은 4월 21일이다. 묘소는 고북면高北面 신정리新井里 건좌원乾坐原에 자리하고 있었으나 고북면高北面 사기리 砂器里(동소목골) 임좌원壬坐原으로 이장하였다.

소재지 : 충청남도 서산시 고북면 사기리 산39-2[동소목골]

4-7
최춘심崔春深 묘역墓域

소재지 : 충청남도 예산군 덕산면 대치리 산51-8(진재목골)

최봉일崔奉日 가계의 16세世 최춘심崔春深의 묘소이다. 배위配位는 한산이씨韓山李氏이다. 최춘심은 1828년 출생하였으며 기일은 2월 17일이고, 배위 한산이씨는 기축己丑(1829년)생으로 기일은 4월 2일이다. 묘소는 예산군禮山郡 덕산면德山面 대치리大峙里 진재목골 계좌癸坐에 자리하고 있다.

최덕초崔德初 묘역墓域

소재지 : 충청남도 서산시 운산면 원평리 산66 수정봉

　　최봉일崔奉日 가계의 17세世 최덕초崔德初의 묘소이다. 배위配位는 평산신씨平山申氏이다. 최덕초는 1869년 출생하였으며 기일은 1931년 1월 28일이고, 배위 평산신씨의 기일은 12월 29일이다. 묘소는 운산면雲山面 원평리院平里 수정봉하水晶峰下 유좌원酉坐原에 자리하고 있다.

청호당淸湖堂 최창기崔昌基 묘역墓域

소재지 : 충청남도 홍성군 갈산면 와리 산96-8

최봉일崔奉日 가계의 18세世 최창기崔昌基의 묘소이다. 그의 호號는 청호당淸湖堂이다. 배위配位는 경주김씨慶州金氏이며 처부妻父는 경소鏡昭이다. 최창기는 1897년 10월 5일 출생하였으며 1982년 4월 3일 졸하였다. 배 경주김씨는 1895년 출생하여 1963년 2월 9일 졸하였다. 묘소는 홍성군洪城郡 갈산면葛山面 와리臥里 묘좌卯坐에 자리하고 있다.

청호당淸湖堂 최창기崔昌基 가옥家屋

소재지 : 충청남도 서산시 고북면 남정 예정길 25

최창기崔昌基가 노년기를 보내신 가옥으로
그의 호號인 청호당淸湖堂의 실제 모습이다.

청호당淸湖堂 최창기崔昌基 영정影幀

소장처 : 나주최씨 서산파 종중

나주최씨 문업을 일구어낸 최창기崔昌基의 영정이다.
청호당은 나주최씨족보羅州崔氏族譜를 간행하는 등 나주최씨 문중사업을
주도하여 후손들의 숭조의식을 크게 고취시켰다.

청호당淸湖堂 최창기崔昌基 송덕비頌德碑

소재지 : 충청남도 서산시 고북면 사기리 산 81-2

충청남도 서산시 고북면 사기리에 위치한 최창기 송덕비

청호당淸湖堂 최창기崔昌基 송덕비頌德碑

소재지 : 충청남도 서산시 고북면 사기리 산 81-2

최창기崔昌基는 나주최씨족보羅州崔氏族譜를 간행하기 위하여 각 파派의 인적 자료를 수합하여 협조를 구하고 나주최씨의 족보를 간행하는 등 문중사업을 주도했다. 이 송덕비頌德碑는 그 공로에 대한 문중 사람들의 보답이다.

■ 청호당나주최공휘창기송덕비淸湖堂羅州崔公諱昌基頌德碑 간략簡略 해제解題

1. 정의

청호당淸湖堂 최창기崔昌基의 공적을 기리기 위해 세운 송덕비

2. 체제 및 내용

충청남도 서산시 고북면 사기리에 소재하고 있다. 청호당淸湖堂 최창기崔昌基의 선대 조상과 생년生年 등이 기록되어 있다. 아울러 그가 학문에 밝았으며 조상의 문적을 수집하여 무오사화 이후 실전된 족보를 간행하는 등의 업적이 비문으로 새겨져 있다. 또한 집안의 정신적 이념 정립과 후손에게 숭조 정신을 가르친 최창기의 덕을 기리고자 비를 세웠음을 기술하였다.

3. 특성 및 가치

『나주최씨족보羅州崔氏族譜』를 간행하기 위해 각 파派의 인적 자료를 수합하고 문중의 협조를 구하는 등 나주최씨의 족보를 간행하는 데 큰 역할을 한 최창기의 공로를 기리기 위한 송덕비이다.

■ 청호당나주최공휘창기송덕비淸湖堂羅州崔公諱昌基頌德碑

　　公公의 휘諱는 창기昌基요 호號는 청호당淸湖堂이시며 본관은 나주羅州이다. 성종조 13년 알성취인謁聖取人때 등제하여 『표해록漂海錄』을 찬술하시고 후일 통정대부 승정원 도승지로 추증되셨던 휘諱는 부溥요 자는 연연淵淵이고 호號는 금남錦南의 16세손이시고 가선공 휘 논 금論金의 11세손이시다. 고考는 생원 휘 덕초德初이시며 비妣 평산신씨平山申氏의 3남4녀 중 장남으로 1897년(정유丁酉) 음 10월 5일 서산군 고북면 신정리에서 출생하셨다. 공의 일생을 살펴보건대 공은 어릴 때부터 타고난 재질이 남달리 뛰어났으며 재주와 지혜가 총명하셨다. 성품이 온후하시고 한학에 해박한 지식으로 주위로부터 존경을 받으셨다. 공의 청년기에는 국가가 개화기 인지라 일가와 국가의 안위를 늘 걱정하시어 시기는 사료 미상이나 일제로부 터 국가 독립을 위한 독립운동에 가담하기도 하셨다. 나이 드신 후로는 조상 섬기심을 만인 의 근본이라 여기시어 집안의 뿌리 찾기와 일가 간의 화목에 노심초사 하시어 항상 말씀 중 에 일가 간에는 항렬은 지키되 계촌은 하지 말고 가깝게 지내라는 후대에 지표가 되는 교훈 을 남기셨다. 공께서는 선조께서 무고하게 무오사화에 연루되어 보책을 전치 못함을 항시 안 타깝게 생각하시어 어려운 여건 속에서 사기와 문헌을 찾아 십 수년간 경향 각지를 돌아다 니시며 조상의 문적을 수집 정리하시어 지금의 나주최씨 대동보의 기초가 되는 서산파보를 완성하여 우리 가문에 크나큰 업적을 남기셨다. 공께서는 또한 국가와 집안의 미래는 어린 이와 자손에게 있고 이들의 장래는 올바른 교육에 있다는 것을 늘 강조하시어 가정교육의 효과는 본이 되는 부모의 실천에 있으므로 모름지기 어른의 행동은 올바르게 해야 되며 남 을 음해하거나 모함해서는 절대로 안 되며 바른 마음과 실천으로 자손이 본받을 수 있도록 하라는 말씀과 효도의 기본 또한 부모의 실천이라 하시며 몸소 실행하셨고 그런 연후에 개 화기의 학교 교육은 반드시 시켜야 할 과정이라 말씀하시며 먼저 자각하시고 교육의 중요성 으로 집안 전체의 미래지표를 제시하셨다. 공의 노년기에는 고북면 남정리의 본가에서 뜻이 같은 붕우들과 더불어 계절 변함을 벗삼아 주역과 풍수지리에 심취하시어 만년 여생을 건 강하시고 고결하게 보내셨다. 공은 1982년(임술壬戌) 음 윤 4월 3일 타계하시어 묘소는 홍성 군 결성면 와리에 묘좌로 배配 경주김씨와 쌍분으로 모셔있으며 자손은 1남1녀를 두셨으니 자子는 휘 진태鎭太고 손자는 다섯을 두었는데 노년기에는 손자들이 바르게 성장함을 보시 며 늘 만족해 하셨다. 공께서 타계 후 13년이 지난 지금 집안의 정신적 이념 정립과 후손에 게 숭조정신을 가르치신 공덕을 우리 가문의 표상으로 길이 그 덕을 기리고 만대에 숭모코 자 이 비를 세웁니다.

1995년(을해乙亥) 음 10월 5일 나주최씨서산파종친회 세움

최봉일崔奉日 가계의 19세世 최진태崔鎭太의 묘소이다. 배위配位는 파평윤씨坡平尹氏 영분永分이며 처부妻父는 필문弼文이다. 최진태는 1920년 11월 22일 출생하였으며 1989년 7월 20일 졸하였다. 배위 윤영분은 1919년 10월 6일에 출생하였으며 2009년 4월 9일 졸하였다. 묘소는 홍성군洪城郡 갈산면葛山面 와리臥里 선고조하先考兆下[최창기 묘소 아래] 축좌丑坐에 자리하고 있다.

제 2 장

금남혈손錦南血孫의 재결합再結合

청양파靑陽派 나주최씨족보羅州崔氏族譜

소장처 : 나주최씨 청양파 종중

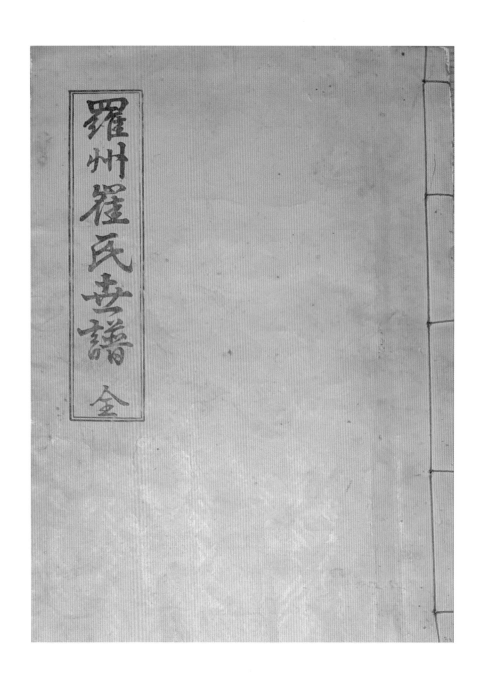

나주최씨羅州崔氏 청양파靑陽派에서

1965년 간행한 나주최씨세보羅州崔氏世譜

청양파靑陽派 나주최씨족보서羅州崔氏族譜序 간략簡略 해제解題

소장처 : 나주최씨 청양파 종중

1. 정의

나주최씨羅州崔氏 청양파靑陽派에서 1965년 간행한 나주최씨족보羅州崔氏族譜의 서문

2. 체제 및 내용

나주최씨가 탐진최씨로부터 분관하였음을 기술하고 있으며 전란으로 족보가 소실되어 제가諸家의 문헌을 탐구하고 이조실록 및 외손의 문적을 참고하여 수집하고 또한 문중의 협조를 얻어 족보를 간행하였음을 서술하고 있다.

3. 특성 및 가치

이 서문은 1965년 후손 최영경崔永慶이 찬술한 것으로 나주최씨의 분관 및 당시 족보를 발간하게 된 목적과 경위에 대해 기록하였다.

1965년 최영경이 찬술한 나주최씨청양파 족보의 서문이다.

■ 나주최씨족보서羅州崔氏族譜序

羅州崔氏族譜序 : 原文

大抵萬物之中에 惟人이 最貴者는 知其三綱五倫하고 知其收族之誼以然也라. 人而不知其
倫氣則何以知其氏族이며 不知其氏族則何以知其尊祖敬宗之道哉아. 知其收族之誼하고 知
其尊祖敬宗之道者는 莫如譜牒이어늘 惟我羅州之崔氏則諱井元進義副尉公이 自耽津으로
分貫하야 始爲始祖而至孫諱溥號錦南府君이 生有異質하고 博聞强記하여 英傑不覇라. 嘗以
佔畢齋門人으로 戊午士禍에 杖流瑞川이라가 甲子에 被刑하고 其曾孫에 諱蕃號石亭府君
이 素善騎射하야 常以忠信으로 爲己任러니 當壬辰亂에 不勝義憤하고 叫合同志하야 殉節
於晉州故로 後裔가 無意仕進하고 落落鄕里에 散在各處하여 隱居不出이 于今三百餘年이
라. 譜牒이 兵燹無傳하고 文獻이 無徵하야 無處可考온 況生於幾百載之後하야 考明於幾百
載之前事者가 豈不難乎아. 當今子孫之繁衍이 譬如海潮하야 不知其數며 且不知其何處之
居焉하야 本是一體之分으로 至於相視途人이 思之必矣리니 恨心者此也라. 其故何在오. 專
在於不收族不修譜之故也로다. 噫라. 余自少時로 慨然心思가 在於斯故로 不顧自身之淺聞
薄識하고 每有暇日則廣探錦南府君同門人集하며 其他諸家文獻하고 採擇李朝實錄하며 及
外裔文籍하야 僅僅贅輯而又以諸族에 盡力協助之誠意로 檀紀四千二百九十八年乙巳仲春
에 始刊成譜하니 莫非天佑神助며 宗族團合之誼가 專在於此也라. 可不重歟아. 根盛枝達하
고 流遠派分는 勢固自然이라. 豈可疎闊而不審愼이리요. 自是以後로 始祖以下至於子孫히
昭穆이 不差하고 派系가 明細하야 瞭然始繩墨하니 惟願諸族은 以尊祖敬宗과 孝悌忠信之
道로 以訓於后裔則歲垂千秋하고 孫遺千億이라도 身雖各居나 名載一冊하니 以一根之枝로
何以視於路人乎哉아. 各相勉勵篤睦하야 以爲後承之計則天運이 循環에 無往不復일새 以
先祖積德累仁之蔭으로 豈可無進展之日乎아. 覽斯譜者로 油然生百世親親之心矣리라. 敢忘
不肖하고 以俟後日之有補하야 是爲序라.

乙巳(1965)仲春日 後孫 永慶謹序

나주최씨족보서 : 국역

　대개 만물의 가운데에 오직 사람이 가장 귀한 것은 삼강오륜을 알고 종족 간의 정의를 모을 줄 알기 때문에 그러한 것이다. 사람으로서 형제를 알지 못하면서 어찌 씨족을 알겠으며, 씨족을 알지 못하면 어떻게 조상을 존경하며 종친을 사랑하는 도의를 안다고 하겠는가? 일가친척의 의리를 알고 조상을 숭배하며 종친을 사랑하는 도의를 아는 것은 보첩보다 더 중요함이 없거늘 우리 나주의 최씨는 휘는 정원이신 진의부위공이 탐진으로부터 분관하여 비로소 시조가 되시고 손자인 휘 부의 호는 금남 부군이시니 나면서부터 자질이 특이하고 넓은 학문과 해박한 총명으로써 영걸하시고 매이지 아니하였다. 일찍이 점필재 문인으로 무오사화에 단천으로 귀양 갔다가 갑자년에 형을 당하고 그 증손인 휘 번의 호는 석정이니 부군이 본래 기마와 활에 능하여 항시 충신으로 소임을 삼더니 임진왜란을 당하여 의분을 참지 못하고 동지들을 규합하여 싸우다가 진주에서 순절하셨다. 그러므로 후손들이 벼슬에 나갈 뜻이 없고 향리에 머물러 각처에 산재하여 은거한 지가 어언 삼백여 년이 되었다. 보첩이 전쟁에 소실되어 문헌이 증거가 없어 참고할 데가 없으니 하물며 몇 백 년 뒤에 나서 몇 백 년 전의 일을 밝히기가 어찌 어렵지 아니하다 하겠는가? 오늘날 자손들의 번성함이 해조와 같아서 그 수를 알지 못하여 본래 한 몸의 신분으로 서로가 길가는 사람으로 생각할 것이니 한심한 것이 바로 이런 것이다. 그 이유는 어디 있다고 하겠는가? 오로지 일가친척이 족보가 없는 탓일 것이다. 슬프다, 내가 젊어서부터 개연히 심사가 여기에 있었으므로 자신의 천문박식함을 생각하지 않고 언제나 여가만 있으면 금남부군과 동문수학했던 인사들의 문집 기타 제가의 문헌을 탐구하고 이조실록과 외손 문적을 채택하여 겨우 수집하고 또한 모든 일가들의 힘을 다하여 협조한 성의로 단기 4298년 을사년 중춘에 비로소 족보를 간행하였으니 천우신조가 아님이 없으며 종친들의 단합된 의리가 오로지 여기에 있었던 것이다. 이 어찌 소중함이 아니겠는가? 뿌리가 왕성하여야 가지가 무성하고 흐름이 멀어야 물결 이용이 많은 것은 자연의 섭리인 것이니 어찌 소홀하여 삼가지 아니하겠는가? 이로부터 시조 이하 자손에 이르기까지 소목이 그르치지 아니하고 파계가 명세하여 소상히 승묵과 같으니 원하건대 종친들은 조상을 숭배하고 종족을 사랑함과 효제충신의 도로 후손을 가르치면 수천 년을 지나고 수많은 자손일지라도 몸은 비록 각각 살 것이나 이름은 한 책에 실을 것이니 한 뿌리의 자손으로 어찌 길가는 사람 보는 것 같으랴? 각기 서로 힘써 돈목하여 뒤를 잇게 하는 계획을 하면 천운이 순환하여 갔다가 다시 오지 않음이 없을 것이다. 선조들의 쌓으신 음덕으로 어찌하여 크게 발전할 날이 없겠는가? 이 족보를 보는 자로 하여금 백세토록 친친의 마음이 뭉게뭉게 피어나게 하리라. 감히 불초함을 잊고 후일의 보충함이 있기를 기다리며 이에 서를 하노라.

　을사(1965년) 중춘일 후손 영경은 삼가 서하다.

서산파瑞山派 나주최씨족보羅州崔氏族譜(1964년)

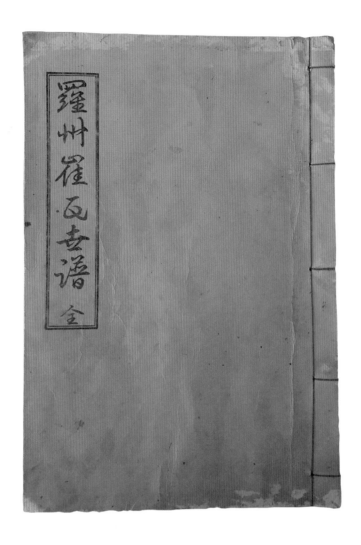

　　나주최씨羅州崔氏 서산파瑞山派에서 간행한 나주최씨족보이다. 서문은 「나주최씨족보
서　羅州崔氏族譜序」라는 제목으로 권두에 수록되어 있으며 1964년에 최창기崔昌基가 찬
술하였다. 1964년 간행된 나주최씨족보羅州崔氏族譜에는 서문과 발문이 각 1편씩 수록되
어 있다. 이 족보에 수록된 서문 및 발문의 현황은 아래 표와 같다.

	서문序文	발문跋文
1	서문 : 羅州崔氏族譜序 시기 : 1964년, 甲辰 찬자 : 崔昌基	발문 : 跋文 시기 : 1964년, 甲辰 찬자 : 崔東基, 崔滿基, 崔順基

4-12-2
서산파瑞山派 보령파保寧派 나주최씨족보羅州崔氏族譜(1977년)

소장처 : 나주최씨 서산파, 보령파 종중

나주최씨세보羅州崔氏世譜는 1977년 간행된 것으로 서산파와 보령파의 합본 형태를 띠고 있다. 이 족보에는 서문 1편과 발문 2편이 수록되어 있으며 그 현황은 아래 표와 같다.

	서문序文	발문跋文
1	서문 : 羅州崔氏族譜序 시기 : 1964년, 甲辰 찬자 : 崔昌基	발문 : 跋文 시기 : 1964년, 甲辰 찬자 : 崔東基, 崔滿基, 崔順基
2		발문 : 跋文 시기 : 1977년, 丁巳 찬자 : 崔忠基

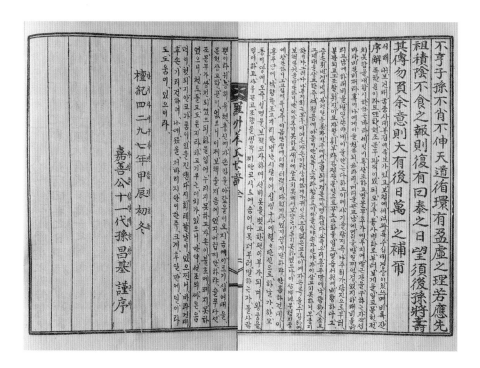

서명 : 羅州崔氏族譜序

편찬 시기 : 1964년, 甲辰 / 편찬자 : 崔昌基

나주최씨족보羅州崔氏族譜 서문序文은 1964년 최창기崔昌基가 찬술하였다.

■ 나주최씨족보서羅州崔氏族譜序 간략簡略 해제解題

1. 정의

1964년 최창기崔昌基가 찬술한 나주최씨족보羅州崔氏族譜의 서문序文

2. 체제 및 내용

나주최씨는 임진·계사년의 병화 이후 보계를 잃고 문헌이 전해지는 것이 없어서 역사 기록을 살펴 나주최씨의 분관과 그 조상에 대하여 그 세계世系를 파악하고 자손록을 수집하여 세보를 작성하였다. 이후 홍주에 입향入鄕하여 10여 대를 이어왔으나 상고할 만한 문헌이 적어 족보 편찬에 어려움이 있었음을 서술하였다.

3. 특성 및 가치

이 서문은 1964년 후손 최창기崔昌基가 찬술한 것으로 나주최씨의 분관 및 당시 족보를 발간하게 된 목적과 경위에 대해 기록하였고, 후손에게 족보를 발간한 뜻을 이어나가기를 염원한다. 이 서문은 1964년 간행된 나주최씨족보와 1977년 간행된 나주최씨족보에 수록되어 있다.

羅州崔氏族譜序：原文

吾見國中士大夫家, 皆有譜, 譜必有世德, 或有數十代卿相, 雖殘族寒門, 亦有顯祖, 文武官爵, 而吾家則自龍巳[29]兵禍以後, 失譜系文憲[30]無傳, 吾常恨焉. 世人或失祖, 而系名門無後, 而求淸路者 各姓皆有之. 或有以此勸, 吾寧可斷其頭借人之頭, 豈可以棄其祖而換人之祖乎. 吾不爲此也, 乃廣探史記, 則羅州之崔自耽津分貫, 而分貫之祖曰進士諱澤, 其子諱溥. 佔畢齋門人, 死於戊午史禍, 享列邑書院. 其曾孫諱蕃, 癸巳從金千鎰, 殉節於晉州命旌. 惟我入洪之祖, 考其年代, 則於石亭公非子則孫, 眞是子乎孫乎, 莫能可考, 是無窮之恨. 然凡羅州之崔, 皆此之孫也. 上世下系一貫無疑, 故乃輯子孫錄, 爲世譜一卷, 多有不備 間有不考, 不得成樣, 而此創始於三百年無形之中, 其苦心力得, 則此身一生, 髮髮皆白, 豈易言也哉. 按入洪之祖, 赴走于支離兵亂, 十生九死之一身, 入天涯一塊之地, 欲全性命 解儒衣而編於漁夫 遠王宮斷師友, 不思祖鄕, 安於食土, 所與語者, 皆野人, 是誰知儒賢忠臣之孫也. 至今十餘代, 無文憲[31]可考, 今此譜役, 豈不難乎. 嗚呼. 先祖文武雙全, 而蒙禍不亨子孫, 不肖不伸, 天道循環, 有盈虛之理, 若應先祖積陰, 不食之報, 則復有回泰之日. 望須後孫, 將壽其傳, 勿負余意, 則大有後日萬一之補爾.

檀紀四二九七年甲辰初冬
嘉善公十一代孫昌基謹序

---

29) 사巳 : 사蛇의 오기誤記
30) 헌憲 : 헌獻의 오기誤記
31) 헌憲 : 헌獻의 오기誤記

나주최씨족보서 : 국역

내가 보건대 나라의 사대부 집안에는 모두 족보가 있다. 족보에는 대대로 쌓아 온 아름다운 덕이 있고, 혹 수십 대의 경상卿相이 있으며 비록 잔미하고 한미한 문족에도 현조顯祖와 문무의 관작이 있다. 우리 집안은 임진·계사년의 병화 이후로부터 보계를 잃고 문헌이 전해지는 것이 없음을 내가 항상 한스럽게 여기는 바이다. 세상 사람들이 혹 조상을 잃고 명문 가운데 후사가 끊어진 곳에 계통을 연결시켜 청로를 구하는 자가 있는데, 이런 예는 어느 성관이든 있게 마련이다. 혹자가 이러한 일을 권하였는데 나는 차라리 내 머리를 자를지언정 다른 사람의 머리를 빌릴 수는 없고, 또 어찌 내 조상을 버리고 남의 조상을 나의 조상으로 바꿔치기를 하겠는가. 나는 차마 이런 일을 할 수가 없다. 이에 역사 기록을 두루 살펴보니 나주 최씨는 탐진최씨로부터 분관되었고, 분관조는 진사 휘 택이요, 그 아들은 휘 부이다. 점필재 김종직의 문인이며 무오사화 때 죽임을 당했고 여러 고을의 서원에 제향되었다. 그 증손은 휘 번이니 1593년(계사년)에 김천일을 좇아 진주에서 순절하여 왕명으로 정려했다. 우리 홍주 입향조의 연대를 따져보면 석정공에게 아들이 아닌 손자가 될 듯한 바 참으로 아들이 되는지 손자가 되는지를 도무지 고증할 수 없는 것에 한스러움을 금할 수가 없다. 그러나 무릇 나주의 최는 모두 이 어른의 자손이다. 상세와 하계가 하나로 꿴 듯 의심이 없는 까닭에 이에 자손록을 수집하여 세보 1권을 만드니 미비한 것이 적지 않고 중간 중간에 고증하지 못한 것도 있어 모양새를 제대로 갖추지는 못했으나 이는 삼백 년 동안 형체가 없는 가운데 새롭게 만든 것이고 고심하며 힘을 쏟아 얻은 것인 데다 이 몸이 평생토록 온 머리카락을 다 새어가며 만든 것이니 어찌 함부로 입을 댈 수 있겠는가. 살펴보건대 이 홍주 땅에 낙향한 선조가 언제 그칠지도 모르는 병난에 분주히 떠돌면서도 구사일생으로 살아남아 넓은 하늘 아래 후미진 작은 땅으로 들어와 오직 성명을 보전코자 선비 옷을 벗고 어부의 무리에 편입되었고, 왕궁을 멀리하고 사우의 교제를 끊었으며, 조향[고향故鄕]을 생각할 겨를도 없이 생계를 해결해야 할 땅에 안착하여 지내다 보니 더불어 대화하는 이는 모두 시골사람[야인野人]들 뿐이었으니 누군들 우리가 유현이자 충신의 후손임을 알 수 있었겠는가. 홍주에 입향 한 이후 지금까지 10여 대가 되도록 상고할만한 문헌이 없으니 지금 족보를 편찬하는 일이 어찌 힘들지 않겠는가. 슬프다. 선조는 문무를 아우른 분이었으나 화를 입은 나머지 자손들도 형통하지 못하여 불초하고 잔약한 지경에 이르고 말았다. 하늘의 도는 순환하여 차고 비어지는 이치가 있으니 만약 선조의 쌓은 음덕에 감응하고 그 음덕으로 자손이 형통하는 보응이 있게 된다면 다시금 과거의 영광을 회복하는 날이 있을 것이다. 바라건대 후손들이 이 족보를 오래도록 간수하고 저하여 나의 뜻을 저버리지 않는다면 후일에 만에 하나라도 크게 도움이 있으리라.

단기 4297년(1964년) 갑진 초겨울

가선공 11대손 창기 삼가 쓰다.

■ 나주최씨족보羅州崔氏族譜 발문跋文 간략簡略 해제解題

1. 정의

1964년 최동기崔東基·최만기崔滿基·최순기崔順基가 찬술한 나주최씨족보羅州崔氏族譜의 발문跋文

2. 체제 및 내용

나주최씨의 혈족이 전국에 흩어져 거주하고 분파하며 선대의 문적文籍을 실전하게 되어 계통을 찾아보기 어려운 실정이었으나, 최창기崔昌基의 노력으로 시조 이하 당대까지의 혈통을 정리하여 족보를 간행하게 되었음을 기술하였다.

3. 특성 및 가치

이 발문은 1964년 최동기崔東基·최만기崔滿基·최순기崔順基가 찬술한 것으로 1964년 간행된 나주최씨족보와 1977년 간행된 나주최씨족보에 수록되어 있다.

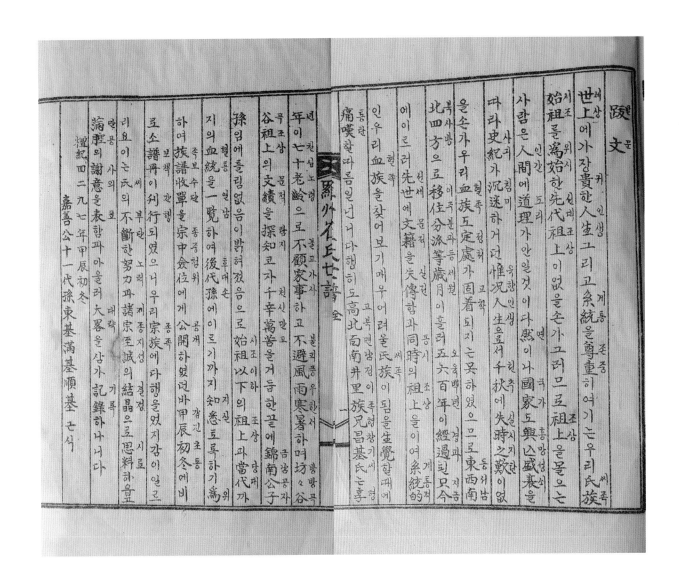

1964년에 제작된 나주최씨세보 발문

■ 나주최씨족보羅州崔氏族譜 발문跋文

羅州崔氏族譜跋文 : 原文

世上에 가장 貴한 人生 그리고 系統을 尊重히 여기는 우리 氏族始祖를 爲始한 先代祖上
이 없을손가. 그러므로 祖上을 모르는 사람은 人間에 道理가 안일 것이다. 然이나 國家
도 興亡盛衰을 따라 史紀가 沈迷하거던 惟況人生으로서 千秋에 失時之歎이 없을손가. 우
리 血族도 定處가 固着되지는 못하였으므로 東西南北四方으로 移住分派等 歲月이 흘러
五六百年이 經過된 只今에 이르러 先世에 文籍을 失傳함과 同時에 祖上을 이어 系統的인
우리 혈족을 찾어보기 매우 어려울 氏族이 됨을 生覺할 때에 痛嘆할 따름일너니 다행히도
高北面 南井里 族兄 昌基氏는 享年이 七十老齡으로 不顧家事하고 不避風雨寒署하며 坊坊
谷谷 祖上의 文績을 探知코자 千辛萬苦을 거듭한 끝에 錦南公子孫임에 틀림없음이 밝혀
졌음으로 始祖以下의 祖上과 當代까지의 혈통을 一覽하여 後代孫에 이르기까지 知悉토록
하기爲하여 族譜收單을 宗中僉位에게 公開하였던바 甲辰初冬에 비로소 譜冊이 刊行되였
으니 우리 宗族에 다행을 어찌 감이 일르리요 이는 (昌基)氏의 不斷한 努力과 諸宗至誠의
結晶으로 思料하옵고 滿腔의 謝意을 表함과 아울러 大略을 삼가 記錄하나이다.

檀紀四二九七年甲辰初冬 (1964년)
嘉善公 十一代孫 東基 滿基 順基 근지[32]

---

32) 근지謹識 : 삼가 적는다는 표현이다. 識識는 그 음이 '석'과 '지'가 있으나 본문에서는 기록한다는 의미이므로 '지'로 바로잡는 것이 옳다.

나주최씨족보발문 : 국역

　세상에 가장 귀한 인생 그리고 계통을 존중히 여기는 우리 씨족 시조를 위시한 선대조상이 없겠는가. 그러므로 조상을 모르는 사람은 인간의 도리가 아닐 것이다. 그러나 국가도 흥망성쇠에 따라 역사 기록이 불분명한 것이 있거늘 하물며 보통 사람들의 삶에 있어 천추에 때를 놓치는 탄식이 없겠는가. 우리 혈족도 정처가 고착되지는 못하였으므로 동서남북 사방으로 이주하고 분파하는 등 세월이 흘러 오륙백 년이 지난 지금에 이르러 선세의 문적을 실전함과 동시에 조상 대대로 이어진 우리 혈족의 계통을 찾아보기 매우 어려울 씨족이 될 수도 있다는 생각을 하노라면 통탄스러운 심정을 금할 수가 없다. 다행히도 고북면 남정리 족형 창기씨는 일흔의 노령에도 불구하고 자신의 집안 일은 제쳐두고 비바람과 추위와 더위를 무릅쓰고 방방곡곡을 찾아다니며 조상의 문적을 탐지하기 위해 갖은 수고를 다한 끝에 우리가 금남공의 자손임이 틀림없다는 것이 밝혀졌으므로 시조 이하의 조상으로부터 당대에 이르기까지의 혈통을 일목요연하게 정리하여 후대손들까지도 모두 알 수 있도록 하기 위하여 족보를 편집하기 위해 수합했던 단자를 종중의 여러 분들에게 공개하고, 갑진 초겨울에 비로소 보책이 간행되었으니 우리 종족의 다행스러움은 이루 말 할 수가 없다. 이는 (창기)씨의 끊임없는 노력과 여러 종친들의 지극한 정성이 맺은 결실인 것으로 사료된다. 이에 온 마음을 다해 감사의 뜻을 표함과 아울러 대략을 삼가 기술하여 발문으로 삼는다.

단기4297년 갑진(1964년) 초겨울
가선공 11대손 동기 · 만기 · 순기 삼가 기록합니다.

■ 나주최씨족보羅州崔氏族譜 발문跋文 간략簡略 해제解題

1. 정의

1977년 최충기崔忠基가 찬술한 나주최씨족보羅州崔氏族譜의 발문跋文

2. 체제 및 내용

나주최씨의 혈족이 전국에 흩어져 거주하고 분파하며 선대의 문적을 실전하게 되어 계통을 찾아보기 어려운 실정이었으나, 최창기崔昌基의 노력으로 홍주에 입향 入鄕한 선조의 계통을 잇게 되었음을 기술하였다. 오천에 있는 수영의 휘하 도서인 육도陸島에는 나주최씨가 족보를 불사른 곳이라는 전설이 여전히 전해지고 있다. 1976년 최덕환崔德煥이 족보를 홍성에서 발견한 후 최충기에게 이 사실을 전달하여, 최창기에게 찾아가서 이야기 한 끝에 합동보를 만들게 되었음을 기록하고 있다.

3. 특성 및 가치

이 발문은 1977년 최충기崔忠基가 찬술한 것으로 1977년 간행된 나주최씨족보에 수록되어 있다. 최충기와 최창기 두 집안의 기록을 대조해보고 상계가 유사함을 알게 되었다는 내용이 있다는 점에서 의의를 발견할 수 있다.

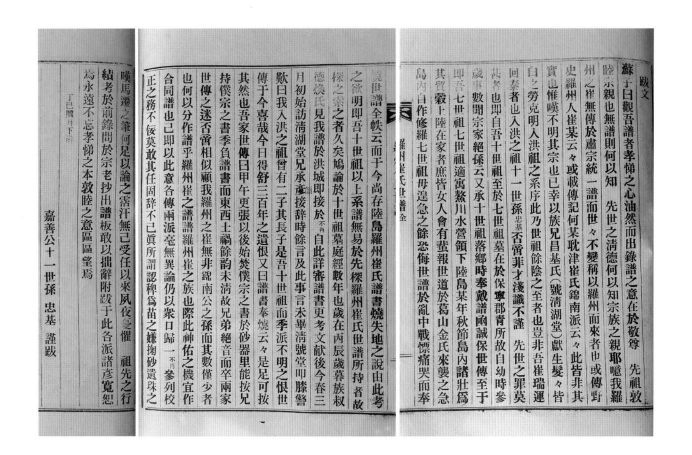

1977년에 제작된 나주최씨족보 발문

■ 나주최씨족보羅州崔氏族譜 발문跋文

跋文 : 原文

蘇子曰, 觀吾譜者, 孝悌之心油然而出 錄譜之意, 在於敬尊先祖, 敦睦宗親也, 無譜則何以知先世之淸德, 何以知宗族之親耶. 噫, 我羅州之崔, 無傳於肅宗統一譜, 而世世不變 稱以羅州而來者也. 或傳野史, 羅州人崔某云云, 或載傳記, 何某耽津崔氏錦南派云云, 此皆非其實也, 惟嘆不明其宗也已. 幸以族兄昌基氏(號淸湖堂), 獻生髮髮皆白之勞, 克明入洪祖之系序, 此乃世祖餘陰之至者也, 豈非吾崔瑞運回泰者也. 入洪之祖十一世孫忠基, 否³³⁾菅菲才淺識, 不謹先世之罪莫甚者也. 卽自吾十世祖至於七世祖墓, 在於保寧郡靑所, 故自幼時, 參歲事數, 聞宗家絶孫云, 又承十世祖落鄕時, 奉戴譜函 誠保世傳 至于卽吾七世祖, 七世祖適寓鰲川水營領下陸島, 某年秋節, 島內諸壯爲其貿穀上陸, 在家者, 庶皆女人, 會有蜚報. 世道於葛山金氏來襲之急, 島內自作修羅. 七世祖母, 遑急之餘, 恐侮世譜於亂中, 戰慓痛哭而奉燒世譜全帙云. 而于今尙存陸島, 羅州崔氏譜書燒失地之說. 由此考之, 欲明卽吾十世祖以上系譜, 無易於先樑羅州崔氏世譜所持者, 故樑之索之者, 久矣. 鳩論於十世祖墓庭經數年也. 歲在丙辰歲暮, 族叔德煥氏, 見我譜於洪城, 卽接於不肖. 自此詳審譜書, 更考文獻後, 今春三月初, 始訪靑湖堂兄, 承顔接辭時餘 言及此事, 言未畢, 淸號堂叩膝警歎曰, 我入洪之祖, 曾有二子, 其長子, 是吾十世祖, 而季派不明之恨, 世傳于今, 喜哉. 今日得舒三百年之遺恨. 又曰, 譜書奉燒云云, 是足可按其然也. 吾家世傳曰, 甲午更張以後, 始焚僕從之書於砂器里, 能按兄持僕從之書, 季負譜書而東西, 士禍餘韻未淸, 故兄弟絶音而卒. 兩家世傳之迷, 否菅相似, 顧我羅州之崔, 無非錦南公之孫, 而其數僅少者也, 何以分作譜乎. 羅州崔之譜, 譜羅州崔之族也, 際此神佑之機宜作合同譜也. 已卽以此意, 各傳兩派, 毫無異論, 仍以衆口歸一, 不肖參列校正之務, 不侫莫敢其任, 固辭不已, 眞所謂認稗爲苗之嫌掬砂遺珠之嘆, 馬遷之筆, 何足以論之霑汗無已. 受任以來, 夙夜憂懼, 祖先之行績, 考於前錄, 問於宗老, 抄出譜板, 敢以拙辭附跋于此, 各派諸彦, 寬恕焉, 永遠不忘孝悌之本, 敦睦之意區區望焉.

丁巳臘月下澣

嘉善公十一世孫 忠基 謹跋

---

33) 否 : 不

발문 : 국역

　소자[蘇洵]가 미산소씨족보 서문에서 이르기를 '우리 족보를 보는 사람은 효제의 마음이 뭉게뭉게 피어오를 것이다. '고 했다. 그러므로 족보를 기록하는 뜻은 선조를 공경하며 종친끼리 돈목하는데 있다. 만일 족보가 없다면 어떻게 선조들의 높으신 덕을 알 것이며 종족끼리 친목해야 함을 알 수 있을 것인가. 아! 우리 나주최씨는 숙종 때의 통일보에서는 전함이 없으나 대대로 변함없이 나주를 관향으로 일컬어 왔다. 혹 야사에 나오는 인물 중에 나주최씨 아무개라고 쓰인 곳이 있으며 전기 같은 책자에 어떤 아무개는 탐진최씨 금남파라고 적혀있는 경우가 있는데, 이 모두는 사실이 아니 며 그 종을 명확하게 하지 않은 것이 한탄스러울 따름이다. 다행히 족형 창기(호 청호당)씨께서 한 평생 백발이 되는 수고를 마다하지 않은 덕분으로 홍주 땅에 들어오신 선조의 계통과 차서를 잘 밝혀졌으니 이는 곧 대대 선조들의 음덕이 미치신 바이니, 어찌 우리 최씨의 서운이 회복되는 조짐 이 아니겠는가. 홍주 입향조의 11세손이 되는 이 충기는 재주와 식견이 부족할 뿐만 아니라 선조를 공경치 못한 죄가 막심한 자이다. 나의 10세조부터 7세조까지의 무덤이 보령군 청소에 있는 탓으로 어려서부터 자주 세일제에 참여하다 보니 종가에 자손이 끊어졌다는 것을 알게 되었다. 또 듣기를 10세조께서 낙향할 때 족보를 담은 상자를 받들고 오셨고, 대대로 잘 보존하다 우리 7대조에 이르 게 되었다. 7대조는 마침 오천에 있는 수영의 휘하 도서인 육도에 우거하셨는데, 아무해 가을에 섬 의 여러 장정들이 쌀을 사기 위해 육지로 나가고 집에 남은 이는 모두 여인들이었다. 마침 갈산의 김씨들이 습격한다는 소문이 돌아 섬은 아수라장이 되었다. 그때 7세 조모께서는 황급한 나머지 난리 중에 세보가 모욕을 당할까 두려워하여 전율하고 통곡하며 세보 전질을 불살랐다고 한다.

　지금도 육도에는 나주최씨가 족보를 불사른 곳이라는 전설이 여전히 전해진다. 이런 사실을 통해 살펴볼 때, 나의 10세조 이상의 계보를 밝히고자 하나 나주최씨족보를 가진 이를 찾기는 쉽지 않아 서 이를 찾는지 오래이며 10세조 묘소 앞에 옹기종기 모여 앉아 논의한 지도 여러 해가 지났다. 병 진년(1976년) 세모에 족숙 덕환씨께서 족보를 홍성에서 발견하고 즉시 나에게 연락을 했다. 이로부 터 그 보서의 내용을 자세히 살펴보고 다시 문헌을 참고한 후에 금년 봄 삼월 초에 비로소 청호당 형을 방문하여 얼굴을 마주하고 대화를 나누던 끝에 말이 이 사안에 이르렀는데, 말이 채 끝나기 도 전에 청호당형께서 무릎을 치시며 탄식하기를, '우리 홍주 입향조는 일찍이 두 아들을 두셨는데 그 장자가 나의 10세조이시나 계파가 분명하지 못한 한스러움이 지금까지 전해왔는데, 기쁘게도 오 늘 삼백 년 유한을 풀게 되었다'고 했다. 또 '족보를 태웠다는 말 또한 족히 그럴 수 있겠다는 판단 이 든다.' 라고 했다. 우리 집안에 대대로 전해오는 말에 따르면 '갑오경장 후에 비로소 노비 문서를 사기리에서 불살랐다고 하며, 형은 노비 문서를 지니고, 동생은 족보를 지고 동서로 흩어졌다가 사 화의 잔재가 일소되지 않은 까닭에 형제간에 소식이 끊긴 채 죽었다'고 하는데 양가의 세전이 서로 비슷할뿐더러 우리 나주최씨는 모두 금남공의 후손인 데다 그 수 또한 적으므로 족보를 따로 따로 만들 이유가 없다.

　나주최씨의 족보는 나주최씨의 종족을 기록하는 것이다. 신명이 도운 이 기회에 마땅히 합동보를 만들어야 한다. 청호당의 뜻을 각파에 전달하니 조금의 이론이 없이 뭇 사람의 의견이 귀일 되었다. 나는 교정의 업무를 담당하는 반열에 참여하게 되었는데 그 임무를 도저히 감당할 수 없어 굳게 사양하였지만 받아들여 지지 않았으니, 피를 벼로 오인하여 가꾸는 혐의와 모래를 고른다고 구슬을 놓친다는 탄식은 진실로 이를 두고 하는 말일 것이다. 책임 맡은 뒤로 아침저녁으로 근심하고 두려워하는 가운데 선조의 행적을 이전의 기록에서 상고하고, 종중 노인들에게 물어서 족보 책판을 초출하고는 감히 졸렬한 문장으로 여기에 발문을 붙이니 각 파의 여러분들은 너그럽게 용서하시기 바란다. 인륜의 근본인 효제와 종족 간에 친목을 돈독하게 하는 마음을 영원히 잊지 않기를 간절히 바랄 따름이다.

정사년(1977년) 섣달 하순
가선공 11세손 충기가 삼가 발문을 쓰다.

나주최씨족보 羅州崔氏族譜

소장처 : 나주최씨대종회

나주최씨족보羅州崔氏族譜는 1992년 간행되었으며 나주최씨의 세 파인
청양파靑陽派, 서산파瑞山派, 보령파保寧派의 파보를 아우른 합보合譜의 성격을 가지고 있다.

■ 나주최씨족보羅州崔氏族譜 서발문序跋文 수록 현황

	서문序文	발문跋文
1	서문 : 羅州崔氏族譜序 시기 : 1964(갑진甲辰)년 찬자 : 崔昌基	발문 : 跋文 시기 : 1964(갑진甲辰)년 찬자 : 崔東基, 崔滿基, 崔順基
2	서문 : 羅州崔氏族譜序 시기 : 1965(을사乙巳)년 찬자 : 崔永慶	
3	서문 : 羅州崔氏族譜序 시기 : 1964(갑진甲辰)년 　　　 1977(정사丁巳)년 찬자 : 崔昌基	발문 : 跋文 시기 : 1964(갑진甲辰)년 찬자 : 崔東基, 崔滿基, 崔順基 발문 : 跋文 시기 : 1977(정사丁巳)년 찬자 : 崔忠基
4	서문 : 羅州崔氏世譜序 시기 : 1992(임신壬申)년 찬자 : 崔完冀 서문 : 羅州崔氏族譜序 시기 : 1992(임신壬申)년 찬자 : 宋廷憲	발문 : 跋文 시기 : 1992(임신壬申)년 찬자 : 崔癸成

■ 나주최씨족보羅州崔氏族譜 서문序文 간략簡略 해제解題

1. 정의

1992년 최완기崔完冀가 찬술한 나주최씨족보羅州崔氏族譜의 서문序文

2. 체제 및 내용

광복 후 자유의 물결을 타고 홍수와 같이 밀어닥친 서구의 물질문명을 분별없이 받아들여 조상으로부터 전래되는 가통을 무시하는 사회적 분위기가 만들어졌으나 여전히 보학에 대한 연구가 이루어져 전통문화를 보존하고 있음을 기술하였다. 이에 나주최씨 문중에서는 나주최씨의 관향을 밝히는 관향비를 세우고 대종회를 결성하여 대동보를 발간하였다.

3. 특성 및 가치

이 서문은 1992년 최완기崔完冀가 찬술한 것으로 1992년 간행된 나주최씨대동보에 수록되어 있다. 나주최씨 청양파, 서산파, 보령파의 합보에 수록된 발문이라는 점에 그 의의가 있다.

■ 나주최씨족보서 羅州崔氏族譜序

羅州崔氏世譜序 : 原文

우리는 檀君聖祖의 民族思想과 弘益人間의 道德精神이 民族生存의 뿌리를 내리고 大聖孔子의 儒敎理念이 이를 뒷받침하여 三綱五倫을 철저히 지켜왔을 뿐 아니라 祖上을 崇拜하고 겨레를 사랑하며 이웃을 돕는 美風良俗을 生活의 哲學으로 삼아 五十年歷史를 綿綿히 이어 왔다. 그러나 光復後 自由의 물결을 타고 洪水와 같이 밀어닥친 西歐의 物質文明을 分別없이 받아들여 倫理의 퇴폐와 道德의 타락으로 祖上傳來의 家統을 무시하고 나아가서는 人類社會의 아름다운 전통이 점차 퇴색되여 主人없는 家庭과 주인없는 社會와같이 秩序가 문란함을 엿볼 수 있다. 多幸히도 뜻있는 분들의 祖上崇拜를 위한 方法의 하나로 譜學연구가 활발히 전개되고 있음은 우리民族思想과 전통文化를 保存 發展시키기 위해 매우 고무적인 현상이라 하겠다. 따라서 우리는 祖上代代로 내려오는 좋은 文化遺産과 祖上의 얼을 이어받아 保存 승화시켜 부끄럼없이 後孫에게 물려주어야 함은 우리의 義務인 것이다.

나의 뿌리를 찾고 이를 자랑으로 生覺하며 崇祖와 尙門으로 家門을 빛나게 가꾸며 名門으로 發展시키는 것은 子孫의 道理이며 當然之事라 할 것이다. 他氏族들의 繁昌함을 目見하고 뿌리조차 바로 심지 못한 우리 나주최씨와 비교할 때 너무나 차이가 있음에 안타까운 마음 금할 길 없었다. 나의 淺學으로 아는바 적지만 뜻이 있는곳에 길이 있다고 祖上의 上系를 바로 찾을수 있는 좋은 期會가 到來한 것이다. 耽津崔氏들과 같이 문헌을 찾아보고 族譜를 찾아보아 羅州崔氏가 된 경위를 찾을수 있었고 나주에 貫鄕의 始源이 되는 貫鄕碑를 세우니 이것으로 羅州崔氏의 上系를 연결하는 始源이 된 것이다. 其後大宗會를 결성하고 族譜를 발간하니 모든게 순조롭게 해결되었음은 우리 모두 기쁘게 生覺하는 바이다. 其間 先人들께서 우리 祖上의 上系를 찾느라 많은 고생들을 하였고 各派가 上系를 달리하여 혼선을 가져 왔지만 그러나 그 어려운 環境속에서도 派譜를 발간하여 오늘에 傳하여 오니 오늘날 大宗譜를 發刊하는데 크나큰 도움이 되었으며 지금은 古人이 되신 靑陽派의 諱永慶氏 瑞山派의 諱 창기씨 保寧派의 諱 창주씨 등 手苦하신 많은분들께 늦게나마 眞心으로 感謝를 드리며 우리들은 이분들의 勞苦를 길이 잊어서는 안 될 것이다.

上系를 찾는 과정에서 耽津崔氏大宗會會長을 비롯한 派宗會 會長들과 여러차례의 會合을 거쳐 本事業을 推進하는데 피눈물나는 어려움이 있었으니 이에 同參하여 주신 順基씨 秀憲씨 癸成씨 殷柱씨 東賢씨 永福씨 俊世씨 在成씨 國慶씨 그 외 協助하여 주신 많은 분들께 感謝를 드립니다. 이제 一次的 事業을 대충 마무리 하면서 우리 羅州崔氏 모두는 일치단결하여 門中을 發展시켜 名門貴族이 되도록 協力하여야 함은 이 時代에 태어난 우리들의 使命이요 命題인 것이다.

西紀一九九二年壬申初 後裔 大宗會長 完冀 謹識

나주최씨세보서 : 국역

우리는 단군 성조의 민족사상과 홍익인간의 도덕정신이 민족생존의 뿌리를 내리고 대성공자의 유교이념이 이를 뒷받침하여 삼강오륜을 철저히 지켜왔을 뿐 아니라 조상을 숭배하고 겨레를 사랑하며 이웃을 돕는 미풍양속을 생활의 철학으로 삼아 50년 역사를 면면히 이어 왔다. 그러나 광복 후 자유의 물결을 타고 홍수와 같이 밀어닥친 서구의 물질문명을 분별없이 받아들여 윤리의 퇴폐와 도덕의 타락으로 조상으로부터 전래되는 가통을 무시하고 나아가서는 인류사회의 아름다운 전통이 점차 퇴색되어 주인 없는 가정과 주인 없는 사회와 같이 질서가 문란함을 엿볼 수 있다. 다행히도 뜻있는 분들의 조상숭배를 위한 방법의 하나로 보학 연구가 활발히 전개되고 있음은 우리 민족사상과 전통문화를 보존 발전시키기 위해 매우 고무적인 현상이라 하겠다. 따라서 우리는 조상 대대로 내려오는 좋은 문화유산과 조상의 얼을 이어받아 보존 승화시켜 부끄럼 없이 후손에게 물려주어야 함은 우리의 의무인 것이다. 나의 뿌리를 찾고 이를 자랑으로 생각하며 숭조와 상문으로 가문을 빛나게 가꾸며 명문으로 발전시키는 것은 자손의 도리이며 당연지사라 할 것이다. 다른 씨족들의 번창함을 목견하고 뿌리조차 바로 심지 못한 우리 나주최씨와 비교할 때 너무나 차이가 있음에 안타까운 마음을 금할 길 없었다. 나의 얕은 배움으로 아는 바 적지만 뜻이 있는 곳에 길이 있다고 조상의 상계를 바로 찾을 수 있는 좋은 기회가 도래한 것이다.

탐진최씨들과 같이 문헌을 찾아보고 족보를 찾아보아 나주최씨가 된 경위를 찾을 수 있었고 나주에 관향의 시원이 되는 관향비를 세우니 이것으로 나주최씨의 상계를 연결하는 시원이 된 것이다. 그 후 대종회를 결성하고 족보를 발간하니 모든 것이 순조롭게 해결되었기에 우리 모두 기쁘게 생각하는 바이다. 그동안 선인들께서 우리 조상의 상계를 찾느라 많은 고생들을 하였고 각파가 상계를 달리하여 혼선을 가져왔으나 그 어려운 환경 속에서도 파보를 발간하여 오늘에 전하여 오니 오늘날 대종보를 발간하는데 크나큰 도움이 되었으며 지금은 고인이 되신 청양파의 휘 영경씨 서산파의 휘 창기씨 보령파의 휘 창주[충기]씨등 수고하신 많은 분들께 늦게나마 진심으로 감사를 드리며 우리들은 이분들의 노고를 길이 잊어서는 안될 것이다. 상계를 찾는 과정에서 탐진최씨대종회 회장을 비롯한 파종회 회장들과 여러 차례의 회합을 거쳐 본 사업을 추진하는데 피눈물 나는 어려움이 있었으니 이에 동참하여 주신 순기씨 수헌씨 계성씨 은주씨 동현씨 영복씨 준세씨 재성씨 국경씨 그 외 협조하여 주신 많은 분들께 감사를 드립니다.

이제 일차적 사업을 대충 마무리하면서 우리 나주최씨 모두는 단결하여 문중을 발전시켜 명문 귀족이 되도록 협력하여야 함은 이 시대에 태어난 우리들의 사명이요 명제인 것이다.

서기1992년(임신) 초
후예 대종회장 완기 삼가 기록하다.

■ 나주최씨족보羅州崔氏族譜 서문序文 간략簡略 해제解題

1. 정의

1991년 송정헌宋廷憲이 찬술한 나주최씨족보羅州崔氏族譜의 서문序文

2. 체제 및 내용

최국경崔國慶이 가승과 야사를 보여 나주최씨족보의 서문을 찬술하게 된 계기를 밝히고 있다. 나주최씨의 상계에 대한 대략적인 기록과 1965년에 족보를 만들고 이후 1990년에 여러 친족이 도모하여 누락된 것을 증보하고 오류를 바로잡아 족보를 다시 발간하였음을 기술하였다.

3. 특성 및 가치

이 서문은 1991년 송정헌宋廷憲이 찬술한 것으로 1992년 간행된 나주최씨대동보에 수록되어 있다. 나주최씨 청양파, 서산파, 보령파의 합보에 수록된 서문이라는 점에 그 의의가 있다.

羅州崔氏族譜序：原文

氏羅州者, 自耽津而分貫矣. 前修羅州崔氏之譜, 其序例俱悉, 而酒者, 又續之崔君國慶, 眪家乘及野史, 丐一語于余相之, 崔君從余遊久, 而篤志學古, 純實無僞者也. 顧余無文, 不忍孤其誠意. 按國朝有錦南先生, 崔公諱溥字淵淵, 系出高麗莊景公耽津伯, 諱思全之遠裔. 父進士諱澤. 公生羅州, 世稱羅州人. 博通經史. 成宗壬寅, 登謁聖科, 爲弘文館副校理, 以推刷敬差官, 往濟州, 聞父喪, 渡海遭風漂, 至中原台州, 半年後回還本國, 撰進漂海錄. 服闋爲司諫院司諫, 參修東國通鑑. 燕山戊午, 以佔畢齋門徒, 杖流端川, 甲子竟被極刑. 中宗丁卯, 贈承政院都承旨, 加贈禮曹參判. 享羅州曲江祠海南海南[■村]祠光州武陽祠. 外裔眉菴柳公希春, 撰行錄. 配海南鄭氏, 參軍貴瑊女. 有三女無男. 後取[娶]咸陽朴氏, 生一男, 諱迪. 生才九歲, 遭先公之慘禍, 流離無依, 與母夫人朴氏, 復歸于羅州聖智村隱居焉. 迪生諱萬齡進士, 進士生諱蕃號石亭. 龍蛇之亂, 與金公千鎰梁公山璹, 殉節于晉州, 贈刑曹參判. 是生三子, 長男諱龍海, 號橘齋, 次男諱斗南, 號訥窩, 司憲府監察. 橘訥兩派, 入耽津譜, 三男諱龍雲, 號雲南, 軍資監正. 世居羅州, 故移貫羅州之始. 寔生二男, 長諱廷洵, 號竹堂, 刑曹參議. 次諱論金, 嘉善大夫. 羅州之族, 無慮數千百, 而生檀聖開天四二九八年乙巳, 始創譜系, 未免疏略之歎. 今庚午春, 諸族合謀, 增補其闕漏者, 證正其誤謬者. 上自祖先下至子孫, 編族譜單卷, 儘一目瞭然, 此羅州崔氏之重刊成譜, 良有以也. 嗚虖. 夫譜者, 明昭穆而收子孫, 有惇宗睦族之義也. 在昔蘇氏之說, 張子之序, 蔑以加矣. 方且洋瀾

橫溢, 東方禮義之風, 掃地無餘, 惟幸貴門, 今此之擧, 爲衰世之警鍾. 故遂感而爲之序.

檀紀四三二五年 一月 日

德殷 宋廷憲 識

나주최씨족보서 : 국역

나주를 씨로 한 것은 탐진으로부터 분관한 성족이다. 앞서 나주최씨의 보를 편수하였을 때 그 서
문과 범례에 다 갖추어져 있고, 요즘 다시 족보를 속편續編하고 있는 최군 국경이 가승과 야사를 보
이며 한 마디 말을 나에게 청했다. 최군은 오래도록 나를 종유한 사람으로 그 뜻이 돈독하고 옛 사
람의 글을 배워 거짓이 없이 순실한 사람이다. 생각하건대, 나는 문장에 능하지 못하지만 차마 그
의 성의를 저버릴 수는 없었다. 살펴보건대, 국조에 금남선생 최공이 계시니 휘는 부요 자는 연연이
다. 상계는 탐진에서 나왔는데, 고려 장경공으로 탐진백에 봉해진 휘 사전의 면 후손이다. 아버지는
진사이니 휘는 택이다. 공이 나주에서 태어났으므로 세상에서는 '나주사람[나주인羅州人]'으로 일
컬어졌다. 경사에 박통했고, 성종 임인년(1482년)에 알성 문과에 급제하여 홍문관부교리가 되었다.
추쇄경차관으로 제주에 가셨다가 부친상을 듣고 바다를 건너다 풍랑을 만나 중원 태주에 정박하
였다가 반년 뒤에 본국으로 돌아와서『표해록漂海錄』을 지어 올렸다. 상을 마치고 사간원 사간이 되
어『동국통감』을 찬수하였다.

연산군 무오년(1498년)에 점필재 김종직의 제자라는 이유로 장을 맞고 단천으로 유배되었다가
마침내 갑자년에 극형을 당하였다.

중종 정묘년에 승정원도승지로 추증되었다가 예조참판으로 추증되었다.

나주 곡강사와 해남 해남사[해촌사]와 광주 무양사에서 제향한다. [실재로는 강진 덕호사와 해남
의 해촌서원이다] 외손 미암 유희춘이 행록을 찬술하였다.

배는 해남정씨이니 참군 귀감의 딸이다. 딸만 셋이고 아들은 없다. 뒤에 함양박씨를 맞아 한 아
들을 두니 휘는 적이다. 나서 겨우 아홉 살에 선공의 참화를 만나 객지로 유리하여 의탁할 곳 없다
가 모부인 박씨와 함께 다시 나주 성지촌으로 돌아와 숨어 살았다.

적이 진사인 휘 만령을 낳고 진사가 휘 번을 낳으니 호는 석정이다. 임진왜란 때 김천일·양산숙과
함께 진주에서 순절하여 형조참판으로 추증되었다. 세 아들을 낳으니 장남의 휘는 용해요 호는 귤
재이며 차남의 휘는 두남이며 호는 눌와이니 사헌부감찰이다. 귤재·눌와 양파는 탐진보에 들어 있
다. 셋째 아들 휘는 용운이요 호는 운남으로 군자감정이다. 대대로 나주에 살았으므로 이때부터 나
주로 이관했다.

두 아들을 낳으시니 장자의 휘는 정순이요 호는 죽당이니 형조참의이다. 둘째의 휘는 논금이니
가선대부이다. 나주최씨의 자손들은 무려 수천 명이나 탄생하였건만 단군 개천 4298년인 을사년
(1965년)에 비로소 족보를 만들었으나 소략한 한을 면하지 못하였다. 지금 경오년(1990년) 봄에 여
러 친족이 함께 도모하여 그 빠지고 누락된 것을 증보하고 잘못되고 어긋난 것을 바로 잡았다.

위로 선조로부터 아래로 자손에 이르기까지 한 권의 족보로 편집하여 모두 한눈에 알아보게

하였으니 나주최씨가 족보를 중간한 데에는 진실로 그럴만한 이유가 있었던 것이다.

아! 족보라는 것은 소목을 밝히고 자손들을 수록하여 종족 간에 화목하게 하는 뜻이 있는 것으로 이에 대해서는 옛날 송나라 소순의 '미산소씨족보서'와 장자의 서문에 잘 서술되어 있으므로 여기서 더 이상 보탤 필요가 없다. 또한 서양의 물결이 범람하고 동방예의의 풍속은 남김없이 사라져 버렸는데, 다행히 귀문의 이러한 거조는 말세의 경종이 되는 것인 바 이에 감동하여 서문을 짓는다.

단기4324년 신미(1991년) 12월 일
덕은 송정헌 짓다.

■ 나주최씨족보羅州崔氏族譜 발문跋文 간략簡略 해제解題

1. 정의

1992년 최계성崔癸成이 찬술한 나주최씨족보羅州崔氏族譜의 발문跋文

2. 체제 및 내용

최창기의 노력으로 세보를 발간하게 되었으며, 그 후 1967년 가을 보령지방에도 나주최씨가 거주하고 있다는 사실을 최계수를 통해 알게 되었고 서로 같은 종친임을 확인하여 1977년 세보를 합본하였음을 기술하였다. 이후 나주 성향의 공원에 관향비를 건립하고 제막식이 거행되었으며 1992년 나주최씨대동보를 발간하게 된 경위 등이 기록되어 있다.

3. 특성 및 가치

이 발문은 1992년 최계성崔癸成이 찬술한 것으로 1992년 간행된 나주최씨대동보에 수록되어 있다.

■ 나주최씨족보발羅州崔氏族譜跋

羅州崔氏族譜跋 : 原文

사람이 世上에 태어나서 가장 貴한 人生을 산다는 것은 自己의 系統을 잘 알아 祖上을 崇尙하는 일이라 生覺합니다. 우리 羅州崔氏는 耽津崔氏에서 分系되었으며 錦南 先生任의 後孫임을 數次 確認하였습니다.

羅州崔氏는 戊午史禍時 變을 當하여 先祖께서 忠淸地方으로 避身하여 살게 되었으며, 數代를 살면서 여러가지 原因으로 因하여 서로를 모르고 이웃 郡에서 살아왔음을 생각하면 심히 서글프며 안타깝게 生覺됩니다.
그러나 서로 消息을 모르고 往來는 없었으나 崇祖思想은 서로의 가슴속 깊이 사로잡고 있었기에 各各 世譜을 지니고 있었음은 매우 다행스러운 일이었다고 生覺합니다.
一九六四年 瑞山派는 故 崔昌基氏의 勞心焦思로 一次 世譜을 發刊하게 되었으며, 그後 一九六七年 가을 保寧地方에도 羅州崔氏가 居住하고 있다는 事實을 崔桂洙氏가 어느 初喪집에 갔다가 알게되어 故 崔忠基氏와 本人을 찾아와 協議 崔昌基氏와 相面케 하였던바 같은 宗親임을 確認하여 一九七七年 世譜를 合本하여 왔습니다.

一九八九年 十二月 日刊 新聞에서 全南 羅州市에서 姓鄕의 公園을 造成한다는 廣告을 보게 되었습니다. 어찌된 일입니까? 갑자기 熊川에서 居住하는 崔完翼氏가 本人에게 電話가 있어서, 一九九〇年 五月 二十二日 洪城에서 만나 各各의 世譜를 比較하여 보았습니다. 靑陽地方에 居住하시는 宗親들은 一九六五年에 世譜을 發刊하였다는 事實을 確認하였으며 같은 先祖에 한자손임이 매우 반가웠습니다.

그後 數次에 맞나 羅州市에서 推進하는 姓鄕의 公園造成事業에 同參키로 大宗會를 열어 決議하였으며 一九九〇年 十月三十日 現場에서 除幕式을 성황리에 갖게 되었습니다. 이날의 뜻깊은 일이 있기까지는 모든 宗親任들의 物心兩面으로 協助하신 은덕으로 生覺하오며 後孫에게 길이 傳할수 있는 자랑 거리로 生覺합니다.

임원진들이 數次에 모임을 갖고 全國에 있는 羅州崔氏를 調査하여 보았더니 一九八五年 現在 三,二六四名이라는 事實도 알았으며 羅州崔氏 大同譜를 發刊키로 協議하고 推進한 結果 今年에 完成됨을 매우 기쁘게 生覺합니다.

全國에 있는 羅州崔氏를 全部 收錄못함을 아쉽게 生覺하오며 此後 增補發刊時에는 모두 빠짐없기를 바라면서 宗親끼리 더욱 사랑하고, 父母任에게 孝를 行할 것과 宗親間에 合心하여 祖上 崇拜를 하여 주시기 바라면서 宗親 여러분께서 계속적인 協助를 부탁드립니다.

一九九二年 二月 十三日
嘉善公 十二世孫 癸成 謹跋

나주최씨족보발 : 국역

사람이 세상에 태어나서 가장 귀한 인생을 산다는 것은 자기의 계통을 잘 알아 조상을 숭상하는 일이라 생각합니다. 우리 나주최씨는 탐진최씨에서 나뉘었으며 금남 선생님의 후손임을 수차례 확인하였습니다.

나주최씨는 무오사화 때 변을 당하여 선조께서 충청지방으로 피신하여 살게 되었으며, 수 대를 거치면서 여러 가지 원인으로 인하여 서로를 모르고 이웃에서 살아왔음을 생각하면 매우 서글프며 안타깝게 생각됩니다.

그러나 서로 소식을 모르고 왕래는 없었으나 숭조사상은 서로의 가슴속 깊이 사로잡고 있었기에 각각 세보를 지니고 있었음은 매우 다행스러운 일이었다고 생각합니다.

1964년 서산파는 고 최창기씨의 노심초사로 일차 세보를 발간하게 되었으며, 그 후 1967년 가을 보령지방에도 나주최씨가 거주하고 있다는 사실을 최계수씨가 어느 초상집에 갔다가 알게 되어고 최충기씨와 본인을 찾아와 협의 최창기씨와 상면케 하였던바 같은 종친임을 확인하여 1977년 세보를 합본하여 왔습니다.

1989년 12월 일간 신문에서 전남 나주시에서 성향의 공원을 조성한다는 광고를 보게 되었습니다. 어찌된 일입니까? 갑자기 웅천에서 거주하는 최완기씨가 본인에게 전화가 있어서, 1990년 오월 이십이일 홍성에서 만나 각각의 세보를 비교하여 보았습니다. 청양지방에 거주하시는 종친들은 1965년에 세보를 발간하였다는 사실을 확인하였으며 같은 선조에 한자손임이 매우 반가웠습니다.

그 후 여러 차례 만나 나주시에서 추진하는 성향의 공원 조성사업에 동참할 것을 대종회를 열어 결의 하였으며 1990년 10월 30일 현장에서 제막식을 성황리에 갖게 되었습니다. 이날의 뜻 깊은 일이 있기까지는 모든 종친님들의 물심양면으로 협조하신 은덕으로 생각하오며 후손에게 길이 전할 수 있는 자랑거리로 생각합니다.

임원진들이 수차례 모임을 하고 전국에 있는 나주최씨를 조사하여 보았더니 1985년 현재 3,264명이라는 사실도 알았으며 나주최씨 대동보를 발간하기로 협의하고 추진한 결과 금년에 완성됨을 매우 기쁘게 생각합니다.

전국에 있는 나주최씨를 전부 수록하지 못함을 아쉽게 생각하며 차후 증보 발간 시에는 모두 빠짐없기를 바라면서 종친끼리 더욱 사랑하고, 부모님에게 효를 행할 것과 종친 간에 합심하여 조상 숭배를 하여 주시기 바라면서 종친 여러분의 지속적인 협조를 부탁드립니다.

1992년 2월 13일
가선공 12세손 계성이 삼가 발문을 씁니다.

나주최씨종친여러분께고함

소장처 : 나주최씨 보령파 최병룡 개인소장

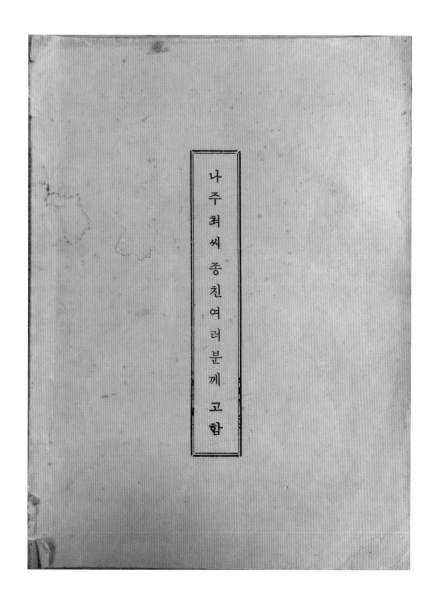

1979년 6월 나주최씨 보령파의 최충기가 작성한 것이다. 이 문서에는 최정원崔井元을 시조로 하는 부여·청양·대전 등지의 나주최씨가 1965년에 파보를 만들었으며 최택崔澤을 시조로 하는 서산 지역의 나주최씨는 1964년에 파보를 만들었다는 내용이 수록되어 있다. 또한『한국성씨고』에 최택이 나주로 본관을 옮겼다는 기록이 있는 것으로 보아 최택을 시조로 보는 것이 합당하다고 주장하는 내용이 실려 있다.

나주최씨대종친회羅州崔氏大宗親會 태동胎動과 종무기록宗務記錄

소장처 : 나주최씨 서산파 최문수 소장

羅州崔氏大宗親會 胎動과 宗務記錄

그동안 나주최씨 대종친회 활동 상황(狀況)을 살펴보면

대종친회의 태동(胎動)은 서기1990년5월22일 충남 홍성(洪城)에서 청양(靑陽),서산 (瑞山),보령(保寧)의 3파(三派)가 회동(會動)하여 대종회(大宗會) 수립(樹立)을 결의(決議)하기에 이르렀다.

당시 대종회 결성(結成)의 촉진제적(促進劑的) 사건은 동년 4월 17일자 조선일보(朝鮮日報)에 보도(報道)된 나주시(羅州市)의 성향공원(姓鄕公園) 설치(設置)의 계획(計劃)에 참여(參與)하기로 3파(三派) 대표들의 합의(合意)된 결정이 대종회의 구성(構成)에 적극적 효과(效果)를 가져왔다.

따라서 우리 나주최씨 대종회를 창립하는 계기(契機)를 조속(早速)히 앞당기게 되었으며 3파 대표들의 접촉(接觸)이 빈번(頻繁)하였다.

동년 9월23일 홍성에서 3파 대표자회의에서 대종회칙(안)(大宗會則)(案)을 제정(制定)하고 임시(臨時) 집행부(執行部)를 구성(構成)한후 창립총회(創立總會)에서 인준(認准)받기로 하였다. 선임(選任)된 임원(任員)은 회장:최완익(崔完翼). 부회장:최동현(崔東賢),최은주(崔銀周).총무:최계성(崔癸成).재무:최국경(崔國慶)을 선임하고 이사는 각파(各派)에서 3명씩 참여키로 결정하였다.

임원진(任員陣)은 최우선 사업으로 첫째,나주성향공원(羅州姓鄕公園)에 관향비(貫鄕碑) 건립(建立)에 주력(注力)하기로 하고 둘째, 대종회 창립총회를 개최하고 가장 시급한 과제로 대종보(大宗譜)를 간행(刊行)함을 목표로 세웠다.

서기 1990년 10월 30일 나주성향공원(羅州姓鄕公園)에 관향비(貫鄕碑) 제막(除幕)을 하게 되어 우리 나주최씨의 존재(存在)를 세상에 알리는 계기(契機)가 되었다.

서기 1991년 2월 24일 제1회 나주최씨 대종친회 정기총회 개최

장소:천안(天安)시내 한양회관에서 제1회 나주최씨 대종친회 창립총회를 개최하였다.

동회의(同會議)에서   회장1명:최완익(崔完翼),부회장2명:최수헌(崔壽憲),최동헌(崔東賢),총무:최계성(崔癸成),재무:최국경(崔國慶),감사3명:최재성(崔在成),최영복(崔永福),최영혁(崔永赫)등이 선임 (先任)되었다.

또한 대종회 회칙(大宗會 會則)이 인준(認准)되어 그야말로 명실상부(名實相符)한 나주최씨 대종친회(羅州崔氏大宗親會)가 공식출범(公式出帆)하게되었다.

종회 추진사업(宗會推進事業)으로 1991년4월6일 금남선생(錦南先生)춘제(春祭,寒食祭)에 참례(參禮).4월26일 드디어 나주최씨족보(羅州崔氏族譜)가 완성되어 출간(出刊)하였으며 배포(配布)하게되었다.

1992년 2월17일 제2회 정기총회를 홍성에서 개최 78명 참가.

1993년 3월 1일 제3회 정기총회를 온양에서 개최 64명 참가.

1995년 6월 4일 제4회 정기총회를 홍성에서 개최 59명 참가하여 최완익회장의 연임(連任)으로 종회(宗會)를 이어 오면서 많은 공적(功績)을 이룩하였다.

나주최씨대종친회羅州崔氏大宗親會는 1990년 5월 22일 충남 홍성에서 청양, 서산, 보령의 나주최씨 문중 3파가 회동하여 대종회의 수립을 결의하였다. 1990년 나주시 성향공원姓鄕公園 설치 계획에 동참할 것을 3파 대표들이 합의하였던 것이 대종회 결성의 결정적 계기가 되었다.

이에 1991년 2월 24일 제1회 나주최씨 대종친회 정기총회가 천안에서 개최되었으며 이 회의에서 회장 최완기崔完翼, 부회장 최수헌崔壽憲, 최동헌崔東賢, 총무 최계성崔癸成, 재무 최국경崔國慶 등이 선임되었다. 또한 대종회 회칙이 인준되어 나주최씨대종친회가 공식 출범하였다. 대종회의 추진사업으로 1991년 4월 26일 나주최씨족보羅州崔氏族譜가 완성되어 출간되었다. 이후 2005년까지 매년 종친회의와 이사회 등을 개최하고 금남공 시향 참례, 관향비, 사적비 건립 등 숭조 사업에 매진하였다.

나주최씨대종친회羅州崔氏大宗親會 정기총회定期總會 회의록會議錄

소장처 : 나주최씨 서산파 최문수 소장

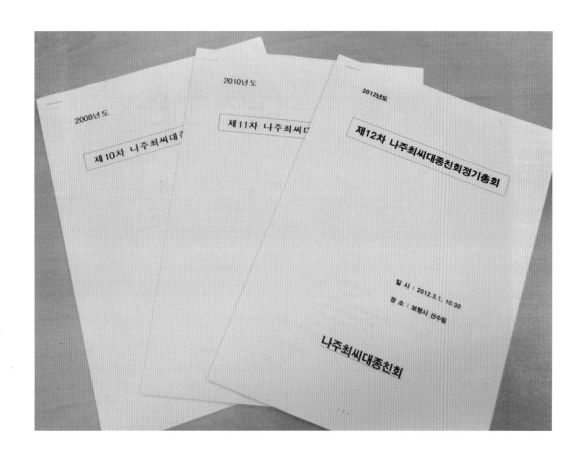

　　나주최씨대종친회는 1990년 5월 22일 결성되어 수년간 종친회의 및 임원회의 등을 거쳐 문중사업과 선조 현창 사업에 주력하였다.

　　2008년 제10차 나주최씨대종친회 정기총회는 서울 충무로에서 개최되었으며 2006년 3월 1일부터 2008년 2월 29일에 이르기까지의 문중사업 경과보고 및 결산보고 등을 시행하였다.

　　홍성에서 개최된 2010년도 제11차 나주최씨대종친회 정기총회에서는 2008년 3월 1일부터 2010년　2월 28일까지의 문중사업(금남공 춘제, 나주성향의 공원 내 관향비 주변 조경 공사, 금남공 사적비 건립 추진 등) 및 결산보고가 시행되었다. 또한 2010년 10월 4일에 금남선생 강학비 입비立碑 위치 기초공사가 완공되었으며 이에 따른 경과보고가 이루어졌다.

　　2012년 제12차 나주최씨대종친회 정기총회는 보령에서 개최되었다. 회의록에는 2010년 3월 1일~2012년 2월 29일의 기간 동안 이루어진 문중사업(금남공 춘제, 금남최선생강학비 건립 사업 추진, 해촌서원의 금남 최선생 강학비 제막식 등)에 관한 경과보고, 결산보고, 감사보고 등의 내용이 기록되어 있다.

제 3 장

숭조사업崇祖事業의 면모面貌

나주최씨관향비羅州崔氏貫鄉碑 건립 과정 - 나주성향공원 조형물

소재지 : 전라남도 나주시 대호동 산62번지

나주성향공원 조형물은 전라남도 나주시 대호동 성향의 공원 입구에 건립되어 있다.

제 1 차 나주최씨관향비羅州崔氏貫鄕碑 제막식除幕式

소재지 : 전라남도 나주시 대호동 산62번지

　　나주최씨 대종회 완기, 수헌, 동현, 계성, 재성, 영복, 국경 등의 적극 주선과 청양파 종손 재선 在善, 서산파 종손 상익相益, 보령파 종손 병국炳國, 즉 나주최씨 세 파 종손의 주도 하에 1990년 10월 30일에 나주최씨관향비羅州崔氏貫鄕碑를 건립하였다.

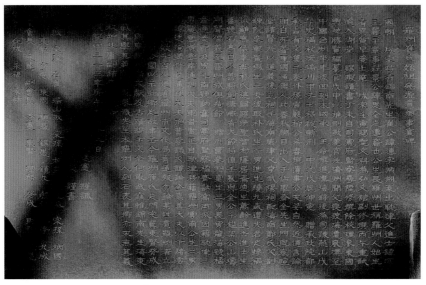

■ 나주최씨관향비羅州崔氏貫鄕碑 간략簡略 해제解題

1. 정의

1990년 나주 성향의 공원에 건립된 나주최씨관향비羅州崔氏貫鄕碑

2. 체제 및 내용

나주를 관향으로 하는 나주최씨 문중에서 1990년 나주 성향의 공원에 건립한 관향비 이다. 나주에서 생장한 최부崔溥의 생애를 간략히 서술하였으며 무오사화와 갑자사화 이후 최부의 아들인 적迪이 나주 성지촌에 은거하였음을 기록하였다. 또한 나주 성향의 공원에 관향비를 세우게 된 경위를 확인할 수 있다.

3. 특성 및 가치

최적崔迪의 손자인 최번崔番의 세 아들 용해龍海, 두남斗南, 용운龍雲이 각각 나뉘어져 용해·두남은 탐진을 본관으로 하였고 용운은 본관을 나주로 옮겼음을 기술하였다.

■ 나주최씨시조발원관향사실비 羅州崔氏始祖發源貫鄉事實碑

羅州崔氏始祖發源貫鄉事實碑 : 原文

國朝成宗時, 有錦南先生崔公, 諱溥字淵淵. 系出耽津, 父進士諱澤, 王麗平章事莊景公諱思全之遠裔也. 公生長羅州, 世稱羅州人. 始生有異質, 早登上庠, 成宗壬寅, 登謁聖文科, 爲弘文館副修撰, 丙午重試選入湖堂賜暇讀書. 丁未自司憲府監察尋陞修撰除校理. 參東國輿地勝覽編纂官, 戊申以推刷敬差官, 往濟州, 聞父喪, 渡海遭風, 漂至中原台州, 半年後回本國, 承王命撰進漂海錄, 後爲司諫. 燕山戊午士禍, 杖流端川, 甲子士禍, 被斬刑. 中宗戊辰伸冤, 贈承政院都承旨. 有文集二卷, 外孫眉巖柳公希春撰遺事, 公天姿,自然近道, 言論明白, 所著東國通鑑, 人比春秋綱目. 出入于佔畢齋金先生門, 與寒暄堂諸賢, 托以道義, 後立祠于海南康津, 又亨武陽祠. 配海南鄭氏, 父訓鍊院參軍貴瑊. 生三女, 後取[娶]朴氏生一男諱迪, 生纔九歲, 遭先君之慘禍流離無依 奉母朴氏, 復歸羅州聖智村隱居焉. 迪生諱萬齡進士, 進士生諱番[蕃]號石亭. 自少善騎射, 慷慨有大節. 時值壬亂, 與金公千鎰梁公山璹, 同聲倡義, 至晉州城俱殉節, 贈刑曹參判. 寔生三男, 長男諱龍海號橘齋通德郎, 次男斗南號訥窩司憲府監察. 橘齋訥窩兩派, 因籍耽津, 三男龍雲號雲南通訓大夫軍資監正, 自耽津移籍羅州. 雲南公生二男, 長諱廷洵號竹堂通政大夫刑曹參議, 次諱論金嘉善大夫. 以下諸雲仍, 無慮數千百人. 酒者羅州市文化局, 有通報, 勿論某姓貫羅州者, 立姓鄉碑于公園, 以示此鄉之故事云. 今羅州崔氏之門, 完冀·東賢·癸成·秀憲·國慶諸彦, 持文獻及古蹟, 謁示文余, 何敢哉. 竊惟錦南先生, 海東千載, 其學典義, 孰不尊慕哉. 先生本羅州人, 刻石表其鄉, 亦不無其義, 略叙如此, 庸副諸彦之誠云.

檀紀 四三二三年 庚午 陰 九月 十二日

德殷 宋廷憲 謹識

後孫 崔國慶 謹書

나주최씨시조발원관향사실비 : 국역

국조 성종 때에 금남 최공이 계셨으니 휘는 부요 자는 연연이다. 상계는 탐진이었으며 부는 진사 휘는 택이다. 고려 평장사 장경공 휘 사전의 먼 후손이다. 공은 나주에서 생장하였기에 세상 사람들이 '나주사람[羅州人]'이라고 일컬었다.

나면서부터 특이한 자품으로 어린 나이에 생원이 되어 성균관에서 유학했고, 성종 임인년(1482)에 알성문과에 급제하여 홍문관부수찬이 되었으며, 병오년(1486)에 문과 중시에 선발되고 호당에 선발되어 사가독서하였다.

정미년 사헌부감찰이 된 지 얼마 되지 않아 홍문관수찬으로 승진하고, 또 교리에 임명되었다. 『동국여지승람』 편찬관으로 참여하였고 무신년에 추쇄경차관으로 제주에 갔다가 부친상을 듣고 바다를 건널 때 풍랑을 만나 표류하다가 중국 태주에 이르렀다가 반년 만에 본국에 돌아왔다. 이에 왕명을 받들어 『표해록』을 지었고, 후에 사간이 되었다.

연산군 때 무오사화로 장형을 받고 단천으로 유배되었다가 갑자사화 때 참형을 당하였다. 중종 무진년에 신원되고 승정원 도승지에 추증되었다.

문집 두 권이 있다. 외손 미암 유희춘이 유사를 찬술하였다. 공의 천자가 자연스러워 도에 근접했다. 언론은 명백하여 왕명을 받고 지은 『동국통감』을 사람들이 공자의 『춘추』와 주자의 『자치통감강목』에 견주었다.

점필재 김선생 문하에 출입하였고 한훤당 김굉필 등 제현과 더불어 도의로 의탁하였다. 후에 해남 강진에 사당을 세워 제향하고, 또 무양사에서도 제향하고 있다. 부인은 해남정씨니 부는 훈련원 참군 귀감이다. 세 딸을 낳았고 뒤에 박씨부인을 취하여 아들 하나를 낳았다. 겨우 아홉 살에 선군의 참사를 만나 사방을 떠돌다 모친 박씨를 모시고 다시 나주 성지촌으로 돌아와 은거하였다.

적이 만령 진사를 낳았고 진사가 휘 번을 낳으니 호는 석정이다. 젊어서부터 말타기와 활쏘기에 능하였고 강개하여 대절이 있었다. 당시 임진왜란을 만나 김천일과 양산숙과 더불어 한 목소리로 창의하였으나 진주성에 이르러 모두 순절하였고 후에 형조참판으로 증직되었다.

이에 삼남을 낳으니 장남은 용해요 호는 균재이니 통덕랑이 되었고 차남은 두남이며 호는 눌와요 사헌부감찰이 되었다.

균재·눌와 두 파는 기존대로 탐진을 본관으로 삼았고, 삼남 용운의 호는 운남이며 통훈대부 군자감정이니 탐진에서 나주로 본관을 옮겼다.

운남공은 이남을 낳으니 장은 휘 정순이니 호는 죽당이며 통정대부 형조참의이다. 차는 논금이니 가선대부이다. 그 이하 자손들은 수 천 명에 이른다.

요즘 나주시 문화국에서 통보하기를 '성이 무엇이든 나주를 관향으로 삼은 성씨는 성향비를 공원에 세워 이 고을의 고사故事를 드러내자'고 했다. 이에 근자에 나주최씨 문중의 최완기·동현·계성·수헌 국경 등 제언諸彦이 문헌과 고적을 가지고 나를 방문하여 이를 보이며 글을 청하는데, 내 어찌 감당하겠는가.

가만히 생각하면 금남선생은 우리 동방 천년의 역사에서 그의 학문과 절의를 누가 존모하지 않으리오. 선생은 본래 나주 사람이었으므로 비석에 새길 때 그 관향을 '나주'로 표기하였다. 이렇게 한데에는 그럴만한 뜻이 없는 것이 아니므로 대략 이 같이 서술하고 제언의 성의에 부응코자 한다.

서기 1990년 10월 30일
덕은 송정헌이 찬술하고
후손 최국경이 글씨를 쓰다

4-18-1
제 2 차 나주최씨관향비羅州崔氏貫鄉碑 제막식除幕式

소재지 : 전라남도 나주시 대호동 산62번지

2003년 나주최씨관향비 제막식을 기념하고 있다.

제 2 차 나주최씨관향비 羅州崔氏貫鄕碑

소재지 : 전라남도 나주시 대호동 산62번지

2003년 6월 6일 제막된 나주최씨관향비 전경

2003년 6월 6일 제막된 나주최씨관향비의 전면, 측면, 후면의 모습

■ 제 2 차 나주최씨관향비羅州崔氏貫鄕碑 간략簡略 해제解題

1. 정의

2003년 나주최씨대종회 회장 최관수의 주관으로 수립된 나주최씨관향비

2. 체제 및 내용

1990 경오년庚午年에 건립된 나주최씨관향비羅州崔氏貫鄕碑 비문碑文을 국역해 놓은 것으로 후손들의 이해를 돕기 위하여 제작되었다.

3. 특성 및 가치

『해촌집』, 『호당록』 등 문헌조사를 실시한 후 1989년 나주시청에서 나주최씨 문중에 '나주에 관향비를 건립할 의사가 있으면 나주시청에 접수하라'는 내용의 공문을 발송하였고, 탐진최씨 문중과 협의를 거쳐 나주 성향의 공원 토지를 지원받아 나주최씨관향비를 건립하게 되었다.

1990년 9월 12일에 나주최씨관향비羅州崔氏貫鄕碑를 나주 성향의 공원에 1차 건립한 후 2003년 6월 6일 나주최씨대종회 회장 최관수의 주관으로 제 2 차 나주최씨관향비 제막식이 거행되었다.

제 2 차 나주최씨관향비羅州崔氏貫鄕碑의 건립은 당시 나주최씨대종회 회장 관수寬洙의 후원으로 이루어졌다.

■ 제 2 차 나주최씨관향비羅州崔氏貫鄕碑 비문碑文

羅州崔氏貫鄕事實碑 : 原文

조선조 성종때에 호가 금남錦南인 최 공公이 계셨으니 휘諱는 부溥이시고, 자는 연연淵淵이시다. 진사 휘 택澤의 아들로서 위 계보는 탐진耽津이었고 고려 때 평장사 장경공莊景公 휘 사전思全의 먼 후손이시다. 공公은 일사오사一四五四년 나주에서 태어나 세인들이 '나주인'이라고 칭하였다. 공은 타고난 재질이 남달리 뛰어났으며 청렴결백하고 효심이 깊으셨다. 사서오경을 통달하여 문장을 짓는데 뛰어난 재능을 보이시어 이십사二十四세때 진사에 급제하고 이십구二十九세때 성종임금께서 알성 취인謁聖 取人 하실 때 문과에 등제 상사생上舍生이 되어 성균관에서 공부하셨다. 교서관 저작과 박사 군자감 주부를 거쳐 성균관 전적으로 재직 시 동국통감東國通鑑을 편찬하셨다. 일사팔육一四八六년에 중시에서 아원亞元으로 등제하여 사헌부 감찰을 거쳐 홍문관 부수찬시 동국여지승람東國輿地勝覽 편찬에 참여하시고 수찬으로 승진되셨다.

일사팔칠一四八七년 부교리로 승진 추쇄推刷 경차관敬差官의 임무를 받아 제주에 갔다가 이듬해 아버지의 부음訃音을 받고 창황히 바다를 건너던 중 폭풍을 만나 표류하다가 중국 태주에 표착되어 반 년 만에 본국에 돌아왔다. 그때 왕명을 받고 표류의 전말에 대한 표해록漂海錄을 찬술하였다. 공은 연이은 모친상으로 사四년 동안 한 번도 집에 가지 않고 여막에서 산소를 지키시는 효행을 실천하였다. 후에 사헌부 지평을 거쳐 호당에서 사가독서賜暇讀書를 한 후 홍문관 교리를 제수 받은 후 예문관 응교로 파격적인 승진을 하셨고, 일사구육一四九六년 호서지방에 가뭄이 심하여 연산군의 명을 받아 중국에서 배워 온 수차제조 기술을 가르치어 가뭄 해갈을 하는데 큰 업적을 남기셨다.

그해 상례에서 사간원 사간이 되셨을 때 연산군의 잘못된 정치에 대한 상소上疏를 올린 후 미움을 샀고, 일사구팔一四九八년 무오사화戊午士禍때 공이 점필재佔畢齋 문집을 소장하였다는 이유로 곤장형을 받고 단천에 유배되었다. 일오영오一五0五년 갑자사화甲子士禍때 당쟁에 휘말리어 억울하게 참형을 당하셨으니 그때 공의 나이 오십일五十一세셨다. 공은 일오영육一五0六년 신원伸冤이 되어 통정대부 승정원 도승지로 추증되었다. 외손자 미암眉巖 유공柳公 희춘希春이 공의 유사遺事를 저술하고 금남문집을 두 권으로 정리 후세에 전하고 있다.

후에 해남 해촌사와 광주 무양사에 배향하였다. 공은 부인인 해남 정씨와의 사이에 세 딸을 두셨다. 후에 박씨부인을 맞아 외아들 휘 적迪을 낳으셨으나, 아홉 살 어린 나이에 아버지 금남공께서 참화를 당하자 정처 없이 떠돌며 살으셨다. 어머니 박씨를 모시고 다시 나주 성지촌 聖智村으로 돌아와 세상을 피해 숨어 살으셨다. 휘 적께서 진사 휘 만령萬齡을 낳으셨고, 만령께서는 아들 휘 번蕃을 낳으시니, 호는 석정石亭이시다. 젊어서부터 말타기와 활쏘기에 능하셨고, 항상 의기충천하여 절의와 기개가 있으셨다.

당시 임진왜란을 만나 김천일金千鎰과 양산숙梁山璹 등과 의기투합하여 의병을 일으키어 진주성 전투에서 성이 함락되어 장렬하게 순절하셨다. 후에 형조참판으로 증직 받았다. 석정공은 슬하에 아들 셋을 두셨으니 장남은 휘 용해龍海이시며, 호는 귤재橘齋로 통덕랑의 품계를 받으셨고, 차남은 휘 두남斗南이요, 호는 눌와訥窩로 사헌부 감찰이셨다. 귤재와 눌와의 양파兩派는 적籍을 탐진으로 하셨다. 삼남은 휘 용운龍雲이시니 호가 운남雲南으로 통훈대부 군자감정을 지내셨으며 본관을 탐진에서 나주로 이관하셨다.

운남공께서는 두 아들을 낳으시니 장남은 휘 정순廷洵이시니 호는 죽당竹堂이시며 통정대부 형조참의를 지내셨고, 차남은 휘 논금論金이시며 가선대부이시다. 그 이하 자손들은 충청도의 청양, 부여, 서산, 보령을 본거지로 경향각지에 많은 씨족이 분포되어 있다. 나주시에서 나주가 관향인 성씨는 성향비를 세워 이 고을의 고사를 보도록 하였다. 일구구영一九九0년 십十월 이 곳에 나주최씨 관향비를 세웠으나 후손들이 나주최씨 뿌리를 이해하기 쉽도록 한글로 제작하여 새로운 관향비를 세우니 자손만대에 우리 나주최씨의 번창을 기원한다.

서기 二00三년 六월 일
나주최씨대종회장 운남공 十四세손 최 관 수 세움

대전大田 뿌리공원公園

소재지 : 대전 중구 뿌리공원로 79 뿌리공원

대전광역시에 소재한 뿌리공원에는 성씨별 조형물이 설치되어 있으며
총 244개의 성씨 조형물이 등록되어 있다.
나주최씨 조형물은 66번으로 등록되어 있다.

대전大田 뿌리공원公園 나주최씨상羅州崔氏像

소재지 : 대전 중구 뿌리공원로 79 뿌리공원

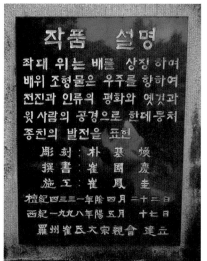

대전 뿌리공원에 조성된 나주최씨 상으로, 이 조형물의 좌대 위는 배를 상징하며 배 위 조형물은
우주를 향하여 전진과 인류의 평화와 옛것과 윗사람의 공경으로 한데 뭉쳐 종친의 발전을 표현한
다고 한다. 조형물의 후면에는 나주최씨의 유래와 관련된 내용이 새겨져 있다. 1998년 5월 17일 나
주최씨대종친회에서 건립하였다.

■ 나주최씨羅州崔氏의 유래由來

羅州崔氏의 由來 : 原文

羅州로 貫한 崔氏는 耽津崔氏의 生員公諱浚良의 六世孫인 副尉公諱井元을 始祖로 삼고 副尉公의 三男인 進士公諱澤의 五世孫으로 參判公인 諱蕃의 三男中長派兄弟는 耽津으로 系代하고 있으나 三男인 贈參判公諱龍雲을 起一世하여 羅州로 分貫移籍하였다. 始祖인 副尉公의 孫子인 錦南公諱溥께서 羅州出生으로 朝鮮成宗朝에 登文科하여 湖堂에 들어 賜暇讀書를 한 후 『東國通鑑』 『東國輿地勝覽』 등의 編纂에 參管하는 등 文名을 떨치었으므로 그의 後孫들이 錦南公의 前出生世居地인 羅州로 分籍하여 世系를 綿綿이 이어 오늘에 이르렀으며 忠南靑陽과 瑞山保寧등 各地에서 散居하고 있으니 無慮數千百人이다. 다만 錦南公은 推刷敬差官으로써 濟州에 가셨다가 父親喪을 듣고 바다를 건너다가 風浪을 만나 中原台州에 정박하였다가 半年 뒤에 本國에 돌아와서 御命으로 漂海錄을 지었으니 이는 世界的으로 最初 있는 일로써 그의 該博한 文聲을 天下에 떨치셨다. 이는 吾國에 자랑이며 吾門에 큰 光榮이므로 이에 彫刻像을 세워 기리는 것이다.

나주최씨의 유래 : 국역

나주를 관향으로 삼은 최씨는 탐진최씨의 생원공 준량의 6세손인 부위공 정원을 시조로 삼고 부위공의 삼남인 진사공 택의 5세손으로 참판공인 번의 삼남 중 장파형제는 탐진으로 계대하고 있으나 삼남인 증참판공 용운을 1세로 하여 나주로 분관·이적하였다. 시조 부위공의 손자인 금남공이 나주 출생으로 조선 성종조에 문과에 급제하여 호당에 들어 사가독서를 한 후 『동국통감』, 『동국여지승람』 등의 편찬에 참관하는 등 문명을 떨치었으므로 그의 후손들이 금남공의 출생 이전부터 세거지였던 나주로 분적하여 세계를 면면히 이어 오늘에 이르렀으며 충남 청양과 서산, 보령등 각지에서 산거하고 있으니 무려 수천 백인이다. 다만 금남공은 추쇄경차관으로 제주에 가셨다가 부친상을 듣고 바다를 건너던 중 풍랑을 만나 중원 태주에 정박하였다가 반년 뒤에 본국에 돌아와서 어명으로 표해록을 지었으니 이는 세계 최초의 일로써 그의 해박한 문성을 천하에 떨치셨다. 이는 우리나라의 자랑이며 우리 가문의 큰 광영이므로 이에 조각상을 세워 기리는 것이다.

2019년 각 성관을 테마로 하여 조성된 뿌리공원에서 개최되는 대전효문화뿌리축제에 참가한 나주최씨 문중의 모습이다. 뿌리공원은 1997년 11월 1일 개장하였으며 나주최씨상과 그 뒷면에 나주최씨의 유래를 확인해 볼 수 있다.

금남최선생사적비錦南崔先生事蹟碑

소재지 : 전라남도 무안군 몽탄면 이산리 산125(늘어지)

금남최선생사적비錦南崔先生事蹟碑는 2008년 탐진최씨성지파종회耽津崔氏聖智派宗會와의 협의를 거쳐 나주최씨종회羅州崔氏宗會의 후원으로 전라남도 무안군 몽탄면 이산리[늘어지] 금남선생 묘소 앞에 건립되었다. 18대 후손 최관수崔寬洙의 재정 후원으로 대한광복 63(2008)년에 건립되었으며 제막식은 2008년 11월 21일, 전남 무안군 몽탄면 이산리[늘어지] 경모재 앞에서 거행되었다.

금남최선생사적비錦南崔先生事蹟碑

소재지 : 전라남도 무안군 몽탄면 이산리 산125(늘어지)

2008년 11월 21일 금남최선생사적비錦南崔先生事蹟碑의 전면과 측면 그리고 후면의 모습이다.

금남최선생사적비 錦南崔先生事蹟碑

소재지 : 전라남도 무안군 몽탄면 이산리 산125(늘어지)

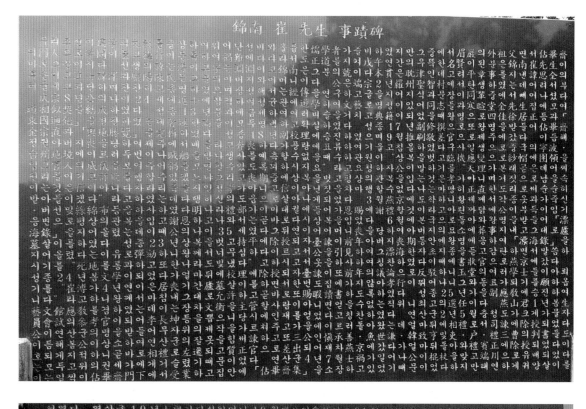

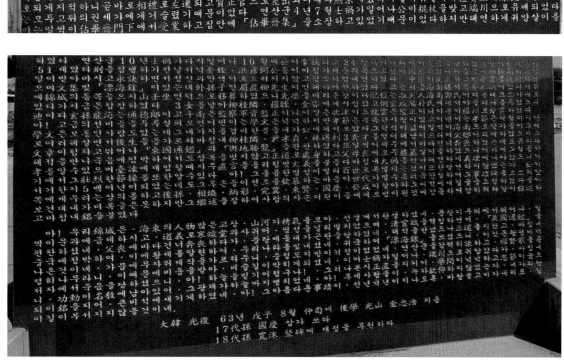

금남 최선생 사적비를 국역해 놓은 비문이다.

금남최선생사적비錦南崔先生事蹟碑

소재지 : 전라남도 무안군 몽탄면 이산리 산125(늘어지)

서기 2008년 11월 21일

단기 4341년 무자 10월 일

추진위원推進委員: 화상化祥 · 완기完冀 · 동현東賢 · 계성癸成 · 상환相煥 · 병채炳彩 · 대원大遠 · 영기榮基

■ 금남최선생사적비錦南崔先生事蹟碑 간략簡略 해제解題

1. 정의

2008년 후손 최관수崔寬洙의 후원으로 건립된 금남최선생사적비錦南崔先生事蹟碑

2. 체제 및 내용

금남 최부의 생애와 행적에 대해 기술하면서 후손으로서의 자긍심을 일깨우고 있다.

3. 특성 및 가치

2008년 탐진최씨성지파종회耽津崔氏聖智派宗會와의 협의를 거쳐 나주최씨종회羅州崔氏宗會의 후원으로 전라남도 무안군 몽탄면 이산리[늘어지] 금남선생 묘소 앞에 건립되었다.

금남최선생사적비錦南崔先生事蹟碑는 후학後學광산光山 김충호金忠浩가 글을 짓고 17대손代孫 국경國慶이 글씨를 썼다. 18대손代孫 관수寬洙는 사적비의 건립에 재정을 후원했다.

■ 錦南崔先生事蹟碑 : 原文

錦南崔先生事蹟碑

惟我 朝鮮朝尊儒學崇文敎俊士鴻儒磊落相望而就中以眉巖之外祖佔畢齋之門人學行崇篤而臨禍難守正道翹然爲戊午名賢者錦南崔先生是也. 先生諱溥字淵淵錦南其號也氏耽津高麗平章事諱思全之裔而進士諱澤驪陽陳氏其考妣也.

先生以端宗二年甲戌生於羅州聖智村第自幼剛毅精敏及長治經屬文職與詞拔乎儕類 成廟丁酉先生年二十四而中進士遊泮宮文藝鳴于世與同志約會於寒暄堂金先生第結夫道相似契壬寅登文科累官爲典籍承 上命與四佳徐居正等同修東國通鑑所著論皆明白的確丙午以副修撰又承 命與佔畢齋金宗直等完輯輿地勝覺丁未陞副校理九月以推刷敬差官往濟州翌年正月奔父喪渡海船爲風所漂載浸載傾十生九死遂至於中國之寧波台州界再遇賊船死生未卜之際從吏請解喪服權着紗帽團領以示官人之儀圖夫免禍先生曰天理本直安得違天行詐乎! 且釋喪卽吉非孝也. 以詐欺人非信也.

寧至于死絶不忍行非孝非信之事吾當順受以正終幸神佑得生三月轉達于燕京 皇帝賜各種衣領靴襪及綠綿布先生以禮部旣入奏將謝恩故不得已入闕權服吉服以謝恩出卽復穿喪服六月還本國承 上命撰進漂海錄時先生年三十五厥後連丁母喪葬之先考墓仍竝居廬壬子闋服持平臺諫以前年初喪應 命撰錄劾之

上謂之太深乃引見之聞其漂海原委嗟歎曰跋涉死地亦能華國乃 賜衣褒至於是以書狀官赴燕京 癸丑爲文學尋拜校理臺諫又以前論駁之玉堂諸學士啓曰崔溥連喪四年一不到家孝行卓異願與之爲同僚 上卒依允旋又 賜暇讀書甲寅秋陞副應敎兼藝文館應敎是非將主文衡者莫之得焉極選也.

乙卯春爲生員會試參考官取李長坤等時以得人稱之丙午五月湖西大旱先生承燕山命敎之以水車之制至秋乃還尋以相禮拜司諫翌年春先生上章極諫燕山之失且痛斥三公愼承善魚世謙韓致亨及吏戶禮三曹判書卽還爲相禮差質正官再赴燕京旣還拜禮賓正是皆坐忤權貴也.

至戊午七月史禍作以先生嘗受業於佔畢齋門而家藏畢齋集杖流端川處之坦蕩蕩及甲子禍再作十月先生被拿二十四日就市時年五十一將行刑前夕金公銓洪公彦弼等適輕罪同囚酌酒餞之

先生一一受飲永訣神色不亂陽陽如平常 中廟改玉 贈都承旨有文集及漂海錄外孫眉巖柳先
生錂傳之墓初在海南縣西牟木洞後移之錦城東於吾之山負壬原從先兆也.

齊淑夫人海南鄭氏舊異塋今合窆焉.
生三女適柳桂隣羅晊金雰側室咸陽朴氏有一子曰迪至玄孫龍海通德郎斗南監察龍雲監正是
分貫羅州, 嗚呼! 古今之士子歷觀之或有優乎學文而遜於孝節者或有卓乎孝節而疎於學文者
其能兼之者吾於先生見之矣. 其學也.
博嘗委禽于海南仍累年居之而敎後生終得柳桂隣尹孝貞林遇利三秀才海南遂以爲文鄉其文
也. 雄東國通鑑輿地勝覺並修之焉. 又 嘗自濟州奔喪漂海至於遇賊濱死猶不脫喪服以正處
之而內外艱並廬墓于以其卓孝可知之矣. 在臺諫也. 屢進危言力扶大義卒罹大禍從容就義于
以其壯節又可知矣.

掎歟其令名遠揚於百世不亦宜乎! 先生之歿于今爲五百年餘而其雲仍慕先之心愈遠愈切相與
協謀將堅其事蹟碑於堂斧之南後孫 相煥 · 完冀 · 東賢 · 國慶 · 癸成 來謁以錂之之文顧雖
不文感其善繼述而垂範於爲人子姓者敢述之如右焉遂銘以系之曰

掎我 錦城 海東冀北 山河精氣先生乃作文詞拔萃早登龍榜道交寒暄聲譽飛颺歷夫淸宦編修
東鑑奔喪渡海遭難風帆遇賊守正終泊神州乃謁天王用華靑邱歸錄漂海寔出王命旱敎水車湖
西無炳極諫燕山痛斥權貴以之見惡雲路逢泥繼作史禍賦鵬端川竟也. 就市噫難諶天然素秉
直學瞻節高功存名敎其光亘霄吁嗟後人孰不仰之我叨銘之俾鑱豐碑掎其休積世禪千百風風
雨雨永永不泐

大韓 光復六十三年戊子崔葦月仲休後學光山金忠浩謹譔
十七代後孫國慶謹書
十八代後孫寬洙豎碑後援

나주최선생사적비 : 국역

우리 조선이 유학儒學과 문교文敎를 숭상하여 뛰어난 선비와 훌륭한 유학자儒學者가 즐비하였지만 그 중에서 미암眉巖의 외조부外祖父면서 점필재佔畢齋의 문인門人으로 학문學問이 높고 덕행德行이 돈독하여 화난禍難에 다다라서도 정도正道를 지켜 무오戊午 연간의 우뚝한 명현名賢이 된 분은 금남최선생錦南崔先生이 바로 그 분이시다. 선생의 휘諱는 부溥이고 자字는 연연淵淵이고 금남錦南은 그분의 호號이다. 본관本貫은 탐진耽津인데 고려 평장사平章事를 지낸 휘諱 사전思全의 후손이고 진사휘택進士諱澤과 여양진씨驪陽陳氏는 그분의 아버지와 어머니이다.

공公은 단종端宗2년 나주성지촌羅州聖智村에서 탄생하였는데 어려서부터 굳세고 과단하며 찬찬하고 총명하였으며 장성해서는 경전經傳을 연구하고 글을 지어 지식과 문장이 동배同輩 중에서 빼어나셨다. 성종成宗 8년 공公의 나이 24세에 진사進士에 합격하여 성균관에 유학遊學하여 문예文藝로 명성이 있어 동지同志들과 한훤당김선생寒暄堂金先生 집에 모여 도상사계道相似契를 결성結成하였다. 성종 13년 문과에 급제하여 여러 벼슬을 거치고 전적典籍이 되었을 때 왕명으로 사가서거정四佳徐居正 등과 『동국통감東國通鑑』을 편찬하였는데 저술著述한 논론들이 모두 명백하고 확실하였다. 성종 17년 부수찬副修撰으로 또 왕명을 받들어 점필재김종직佔畢齋金宗直과 『여지승람輿地勝覽』을 완집完輯하였다 성종18년 부교리副校理에 승진하였으며 9월 추쇄경차관推刷敬差官으로 제주에 갔다.

이듬해 정월아버지 상喪을 당하여 제주에서 배를 타고 분상奔喪하다가 풍랑에 표류하여 기울고 침몰하였다. 구사일생으로 중국의 영파寧波·태주지경台州地境에 이르러 두 번이나 적선賊船을 만나 생사를 예측할 수 없을 때 수하관원이 "상복을 벗고 임기응변臨機應變으로 사모紗帽에 단령團領을 입고 관인官人의 위의威儀를 보여 주어 화禍를 모면할 수 있도록 꾀하시지요." 라고 요청하자 공이 말하기를 "천리天理가 본래 곧은데 어찌 천리를 어기고 사기詐欺를 행할 수 있겠느냐 그리고 상기喪期 중에 상복을 벗고 평상의 관복을 입는 것은 효孝가 아니며 거짓으로 남을 속이는 것은 신信이 아니다. 차라리 죽을지언정 효孝가 아니고 신信이 아닌 짓을 차마 행할 수 없다 나는 마땅히 직도直道한 도리로써 순순히 받아들이겠다." 라고 하였는데 다행히 신의 도움으로 살아나게 되었다. 3월 연경燕京에 도착하니 황제께서 각종 옷과 가죽신·버선 및 녹면포綠綿布 등을 하사하였다. 명明나라 예부禮部가 이미 대궐에 들어가 은사恩賜에 사례謝禮 할 것이라고 아뢴 까닭에 공公이 부득이 임기응변으로 평상의 관복을 입고 사은謝恩하고 나와서는 곧바로 다시 상복을 입었다. 6월에 본국으로 돌아와 왕명을 받들어 『표해록漂海錄』을 지어 올렸는데 이때 공公의 나이 35세였다.

그 뒤 연이어 어머니 상喪을 당하여 아버지의 묘소에 장사葬事 지내고 그대로 여묘廬墓살이를 하였다. 성종 23년 상복을 벗고 지평持平에 제수除授되자 대간臺諫이 전년前年아버지 상기喪期동안에 왕명에 응하여 『표해록漂海錄』을 지어 올렸다는 이유로 탄핵彈劾하니, 왕께서 '너무 심하다' 이르고서 공公을 인견引見하여 그 표해漂海한 자초지종을 듣고 감탄하면서 말씀하기를 "사지死地를 통과하고 또한 나라도 빛냈다" 고 하시고서 옷을 하사하여 칭찬하였다.

이때에 서장관書狀官으로 연경燕京에 갔다. 성종 24년 봄 문학文學이 되었다가 얼마 뒤에 교리校理에 제수除授되자 대간臺諫이 또 전년前年의 의논議論으로 반박反駁하니 옥당玉堂의 여러 학사學士들이 아뢰기를 "최부崔溥가 4년 연이은 거상居喪기간 여묘廬墓살이를 하면서 한 번도 집에 가지 않아 효행孝行이 뛰어나니 그와 동료가 되기를 원願하옵니다"라고 하니 왕께서 마침내 그대로 윤허允許하고 곧바로 또 사가독서賜暇讀書하도록 하였다. 성종 25년 가을 부응교副應教에 승진하여 예문관응교藝文館應教를 겸하였는데 이는 장차 문형文衡을 주관主管할 사람이 아니면 얻을 수 없는 직위니 최고의 선임選任이다.

연산군燕山君 1년 봄 생원회시生員會試의 참고관參考官이 되어 이장곤李長坤 등을 뽑으니 당시에 인재를 얻었다고 칭찬하였다. 연산군 2년 5월 충청도에 커다란 가뭄이 들자 공公이 연산군의 명을 받들어 무자위의 제작을 가르쳐 주고 가을에 이르러 돌아왔는데 얼마 뒤에 상례相禮로서 사간司諫에 제수除授되었다. 이듬해 봄 공公이 상소하여 연산군의 잘못을 힘써 간諫하고 또 삼공三公인 신승선愼承善·어세겸魚世謙·한치형韓致亨 및 이吏·호戶·예禮 삼조三曹의 판서判書들도 호되게 지적하니 곧바로 상례相禮로 좌천左遷되고 질정관質正官으로 차출差出되어 재차 연경燕京에 갔다가 얼마 뒤 돌아와 예빈정禮賓正에 제수除授되었다.

이는 모두 고위의 권세가에게 거슬렸기 때문이었다. 연산군 4년 7월 사화士禍가 일어나 공公이 곧 장棍杖을 맞고 단천端川으로 유배되었다. 이는 일찍이 점필재문하佔畢齋門下에서 수업受業하고 집안에 『점필재집佔畢齋集』을 소장하고 있었기 때문이다. 하지만 태연하게 귀양살이를 하였다. 연산군 10년 사화士禍가 다시 일어나 10월에 공公이 나포拿捕되고 24일 저자거리에서 죽음을 당하였다.

당시 공公의 나이 51세였다. 형刑을 집행하기 전 날 저녁 김전金銓·홍언필洪彦弼 공公 등이 마침 가벼운 죄목으로 함께 수감囚監되었다가 술을 따라 전별餞別하니 일일이 받아 마시고 영결永訣

하면서 정신과 안색이 흐트러지지 않고 평소처럼 태연하였다.

중종中宗이 반정反正하고 도승지都承旨를 추증追贈하였으며 문집文集 및 『표해록漂海錄』이 있는데 외손자外孫子인 미암유선생眉巖柳先生이 인쇄하여 전하였다. 묘는 처음 해남현海南縣 서쪽 모목동牟木洞에 있다가 뒤에 면성綿城의 동쪽 늘어지 산임좌山壬坐 언덕으로 이장移葬하였으니 선영先塋을 따라온 것이다. 배위配位는 숙부인해남정씨淑夫人海南鄭氏이다. 본래 묘소가 따로 있다가 지금은 합장하였다. 3녀女를 낳아 유계린柳桂隣·나질羅晊·김분金雰에게 시집갔고 측실함양박씨側室咸陽朴氏에게서 아들 하나를 두었으니 적迪이다. 현손용해玄孫龍海는 통덕랑通德郎이고, 두남斗南은 감찰군자감정監察軍資監正이고, 용운龍雲은 감정監正이니 이 분이 나주羅州로 분관하였다.

아! 고금의 선비들을 두루 살펴보면 어떤 이는 학문學文은 넉넉하지만 효절孝節은 부족한 사람이 있고, 어떤 이는 효절孝節은 탁월하지만 학문學文은 보통인 사람이 있는데 그 네 가지를 겸비한 분을 내가 공公에게서 보았다. 그 학식이 넓어 일찍이 해남海南으로 장가들어 그대로 여러 해 살면서 후생後生들을 가르쳐 마침내 유계린柳桂隣·윤효정尹孝貞·임우리林遇利 3수재秀才를 얻어 해남이 드디어 문향文鄕이 되게 하였으며 그 문장文章이 힘차고 뛰어나『동국통감東國通鑑』과 『여지승람輿地勝覺』을 편찬하였다. 또 일찍이 제주에서 바다 건너 분상奔喪하였는데 표류하다 해적을 만나 죽음에 임박하면서도 상복을 벗지 않고 정도正道로 처신處身하고 부모상父母喪에 모두 여묘廬墓살이를 하였으니 여기에 그 월등한 효孝를 알 수 있으며 대간臺諫에 재임할 때 자주 직언直言을 올려 힘껏 대의大義를 들었다. 마침내 대화大禍를 만나 태연하게 의리義理에 나아갔으니 여기에서 그 장렬壯烈한 절조節操를 또한 알 수 있다.

아! 그 훌륭한 명성이 멀리 백세百世토록 떨치는 것이 또한 당연하지 않겠는가! 공公이 서거한지 5백 여 년이 되었는데도 그 후손들이 선조를 흠모欽慕하는 마음이 백대百代가 멀수록 더욱 간절하여 그 사적비事蹟碑를 묘소의 앞 쪽에 세우려는 상의를 하고 후손後孫 상환相煥·완기完冀·동현東賢·국경國慶·계성癸成이 찾아와 그 비석에 새길 글을 요청하였다. 돌아보건대 내가 비록 글은 못하지만 계술繼述을 잘하여 사람의 자손이 된 이들에게 모범이 된 것에 감동하여 감히 위와 같이 서술敍述하고 마침내 명銘을 붙였다.

아! 우리 금성錦城은 해동海東의 인물人物 많은 고장

산하山河가 정기精氣를 모아 선생께서 탄생하셨네.

문장이 무리에서 뛰어나 일찍이 문과에 급제하시고

도의道義로 한훤당寒暄堂과 사귀어 명성을 널리 떨치었으며

청환직淸宦職을 역임하면서 『동국통감東國通鑑』을 편찬하셨네.

부상父喪에 바다건너 분상奔喪하다가 풍랑에 돛대가 곤란을 당하였네.

해적을 만났으나 정도正道를 지켰고, 마침내 중국에 정박하여

이에 황제를 알현하여 우리나라를 빛내셨네.

귀국하여 『표해록漂海錄』을 쓰셨으니 이것은 왕명에서 나온 것이네.

가뭄에 무자위 제작을 가르쳐 주니 충청도 지방이 걱정이 없었네.

연산군을 강력히 간諫하고 권세가權勢家를 통렬히 나무라니

이 때문에 미움을 받아 벼슬길이 막히게 되셨네.

이어 사화士禍가 일어나 단천으로 귀양 갔다가

마침내 저자에서 죽음을 당하셨으니

아! 하늘을 믿기 어렵구나!

그러나 본시 정직正直을 지키어 학문學問이 넉넉하고

지절志節이 높으니 공훈功勳이 명교名敎에 남아있어

그 광채가 하늘까지 뻗치었네.

아! 후세 사람들이 누가 흠앙欽仰하지 않겠는가!

내가 외람되이 명銘을 지어 큰 비석에 새기게 하였네.

아! 그 아름다운 사적事蹟이 천 년 백 년이 지나도록

바람 불고 비가 내려도 길이길이 부서지지 않을 것이네.

대한大韓 광복光復 63년 무자戊子 8월 중순仲旬에 후학後學 광산光山 김충호金忠浩 지음.

17대손代孫 국경國慶 삼가 쓰다.

18대손代孫 관수寬洙 수비竪碑에 재정을 후원하다.

금남최부선생사적비제막식錦南崔溥先生事蹟碑除幕式

　금남최부선생사적비제막식錦南崔溥先生事蹟碑除幕式은 2008년 11월 21일 오전 11시 전라남도 무안군 몽탄면 이산리(늘어지)에서 거행되었으며 탐진최씨성지파종회와 나주최씨종회가 공동으로 주최하였다.

　행사는 크게 2부로 나누어 진행되었으며 제1부에서는 묘전헌관墓前獻官 나준수羅俊洙, 집례執禮 정재성鄭在城 등의 주관으로 제막고유제除幕告由祭가 진행되었다. 제 2부는 사적비의 건립 경과보고, 추도문 보고, 사적비문 낭독, 내빈축사 등의 순서로 구성되었다.

포창패褒彰牌

18대 후손 최관수崔寬洙의 후원으로 대한광복 63년 (2008)에 금남최선생사적비錦南崔先生事蹟碑가 건립되었다. 이에 탐진최씨성지종회耽津崔氏聖智宗會 회장 최영기崔榮基가 최관수에게 사적비 건립에 있어 제반 경비를 전액 부담하여 숭조돈족崇祖敦族의 지성至誠과 노력이 여타 종원들의 모범이 된다는 내용으로 2008년 10월 24일 포창패褒彰牌를 수여하였다.

■ 나주최씨종친회는 탐진최씨성지파종회에 금남공 제사 용도의 위토답 3,830㎡[1,159평, 나주시 공산면 동촌리 407-2]의 매입대금[금 사천이백만원]을 2011년 9월 20일에 지불하였다.

금남최부선생강학비제막식錦南崔溥先生事蹟碑除幕式

소재지 : 전라남도 해남군 해남읍 해리2길 50

2011년 3월 해촌서원에서 거행된 금남최선생강학비제막식

금남최부선생강학비제막식錦南崔溥先生事蹟碑除幕式

소재지 : 전라남도 해남군 해남읍 해리2길 50

2011년 금남최선생강학비 병서錦南崔先生講學碑 幷序가 건립. 2011년 3월 12일 토요일 오후 2시 전라남도 해남군 해남읍 해리에 소재한 해촌서원에서 금남선생강학비錦南先生講學碑 제막식除幕式이 거행되었다. 해남향교에서 주관하고 탐진최씨성지파종회, 나주최씨종회의 후원과 주식회사 DGI 회장 최관수의 수비 재정 후원으로 행사가 진행되었다.

행사는 크게 2부로 나누어 구성되었다. 제1부에서는 헌관獻官 김정진金丁鎭, 집례執禮 조희창曺喜昌 등의 주관으로 제막고유제除幕告由祭가, 제2부에서는 감사패 증정, 강학비의 건립 경과보고, 강학비문 낭독, 내빈축사 등의 순서로 진행되었다.

금남선생강학비제막식錦南崔先生講學碑幷序除幕式

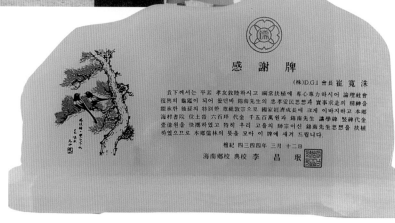

감 사 패感謝牌

(株)D. G. I 회장會長 최 관 수崔寬洙

    귀하貴下께서는 평소平素 효우돈목孝友敦睦하시고 강상부식綱常扶植에 전심전력專心專力하시어 논리사회부흥論理社會復興의 귀감龜鑑이 되어 왔던 바 금남선생錦南先生의 충효애민사상忠孝愛民思想과 실사구시 實事求是의 정신精神을 계승繼承한 후손後孫의 특별特別한 존조돈종尊祖敦宗으로 국가경제성장國家經濟成長에 크게 이바지하고 본향本鄕 해촌서원海村書院 위토답위土畓 육백평六百坪 대금代金 천오백만원千五百萬원과 금남선생錦南先生 강학비講學碑 수립대금일억竪立代金壹億원을 쾌척快擲하였고 특特히 우리 고을의 사종師宗이신 금남선생사상錦南先生思想을 부식扶植하였으므로 본향유림本鄕儒林의 뜻을 모아 이 패牌에 새겨 드립니다.

단기檀紀 사삼사사四三四四(2011)년年 삼월三月 이십일二十日

해남향교海南鄕校 전교典校 이 창 민李昌珉

금남선생강학비제막식錦南崔先生講學碑幷序除幕式

소재지 : 전라남도 해남군 해남읍 해리2길 50

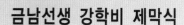

2010년부터 나주최씨대종회羅州崔氏大宗會에서는 금남錦南 최부崔溥의 강학비講學碑 건립에 대한 논의를 진행하고, 개막식을 거행하게 되었다.

감 사 패感謝牌

D. G. I 주식회사

회장會長 최 관 수崔寬洙

귀하貴下께서는 선현先賢을 숭모崇慕하고 전통문화계승傳統文化繼承에 남다른 열정熱情을 가져 해촌서원海村書院의 강학사업講學事業을 전폭적全幅的으로 지원支援함으로써 유림儒林의 사문진작斯文振作과 예교禮敎의 확산擴散에 기여寄與한 바 크기에 금남선생錦南先生 강학비講學碑 제막除幕을 기념紀念하여 이 패牌를 드립니다.

2011. 3. 12

전라남도 해남 교육지원청교육장

곽 종 월

금남최선생강학비錦南崔先生講學碑

2010년 음력 11월 1일, 전라남도 해남군에 소재한 해촌서원에 건립된

금남선생강학비錦南先生講學碑의 비문碑文

금남최선생강학비|錦南崔先生講學碑

소재지 : 전라남도 해남군 해남읍 해리2길 50

금남최선생강학비 양측면과 후면의 모습

금남최선생강학비 錦南崔先生講學碑

전라남도 해남군에 소재한 해촌서원에 건립된

금남선생강학비 錦南先生講學碑의 비문 碑文

■ 금남최선생강학비명병서錦南崔先生講學碑銘幷序 간략簡略 해제解題

1. 정의

2011년 3월 12일 전라남도 해남군에 소재한 해촌서원에 건립된 금남선생강학비錦南先生講學碑의 비문碑文

2. 체제 및 내용

최부의 생년生年, 출생지, 관력 등이 연대순으로 기록되어 있다. 또한 『표해록漂海錄』을 찬술하게 된 계기가 쓰여 있다. 최부가 해남에 머무르며 강학하여 윤효정尹孝貞, 임우리林遇利, 유계린柳桂隣 등의 제자를 배출하였고 그 가르침이 퍼져 이에 해남이 문헌의 고장이 되었음을 기술하였다. 이성우가 지은 명銘이 있다.

3. 특성 및 가치

월성月城 이성우李性雨가 짓고 최국경崔國慶이 쓰고, 최관수崔寬洙의 후원으로 해촌서원에 건립된 강학비이다. 최부의 해남에서의 강학활동과 나주최씨의 분관 및 간략한 세계世系를 기록하였다.

■ 금남최선생강학비명병서錦南崔先生講學碑銘幷序

錦南崔先生講學碑銘幷序 : 原文

朝鮮文治, 開花於集賢殿, 而癸酉以後, 士禍連仍, 嗚呼! 尙忍言哉. 于時以文章氣節, 歷敭顯要, 直言極諫, 赴湯鑊履虎尾, 如康莊袵席, 竟能明正學, 樹大義, 名聞天下, 師表百世, 卽我錦南崔溥先生是已. 謹按, 先生以端宗甲戌生於羅州聖智村. 其先耽津人, 昉於高麗平章事, 諱思全, 考諱澤, 成均進士, 妣驪陽陳氏. 成宗丁酉中, 成均進士, 壬寅登文科, 屢官爲成均典籍, 丙午重試亞元, 陞弘文副校理, 濟州敬差官, 壬子司憲府持平, 赴燕書狀官, 癸丑爲侍講院文學, 弘文館校理, 賜暇讀書, 甲寅陞副應敎兼藝文應敎, 乙卯爲生員會試參考官, 燕山丙辰, 以相禮拜司諫院司諫.

丁巳上章極諫燕山之失痛斥, 三公三卿貶差質正官再赴燕京, 還拜禮賓寺正, 旣忤權貴, 烏能免乎. 至戊午七月士禍作矣. 先生嘗於佔畢寒暄兩先生有師交之緣, 故杖流端川, 甲子餘火復熾十月被拿, 至京獄就刑時年五十一臨刑怡然若平日神氣非知命樂天, 烏能然乎於戲偉哉. 其任典籍也, 與徐四佳參修東國通鑑, 其所論著, 一百二十餘條贍暢明達可爲史家準的在弘文時與佔畢齋完輯輿地勝覽.

往濟州也, 適聞父喪, 奔赴遇風, 漂海跋涉水陸數萬里, 凡六閱月. 不脫制服所歷天災人梗, 可謂九死一生. 而素履艱貞孚感異類頑賊, 竟能達子明皇華國而歸. 所述漂海錄, 至今傳播國際, 大爲硏探資料. 及還連遭內艱, 合葬考墓, 居廬闋服. 時有臺諫非情之彈, 而玉堂諸僚啓曰崔溥連喪四年, 一不到家, 孝行卓異, 願與同官.

丁巳春燕山不迪已甚, 先生職在諫官, 遂極言君相之過惡, 貶削竄黜而處之坦蕩. 則甲子後命, 是成仁取義, 磊落之擧, 而壁立萬仞有辭千秋者也. 中宗改玉, 贈承政院都承旨, 肅宗己巳, 以士林議初配於石川祠, 後爲海村書院, 以先生爲主壁, 配享橘亭尹衢·石川林億齡·眉庵柳希春·翠竹軒朴伯凝·孤山尹善道五先生. 後又爲配享於康德祠, 最近戊子, 竪事蹟碑于綿城幽宅之下.

今又以海南士論, 營建講學碑于海院之傍, 嗚呼. 先生天賦精敏剛明, 博覽經史, 尤邃於易. 敎導後生亹亹不倦. 盖嘗受室是邑, 淑夫人海南鄭氏, 世宗朝獻納貴珹女. 生三女, 適善山柳桂隣, 羅州羅晊, 彦陽金雰, 後室咸陽朴氏, 有一子, 諱迪, 通德郞, 生諱萬齡, 成均進士, 生諱蕃號石亭, 壬辰之亂, 與金公千鎰·梁公山璹·高公敬命, 倡義殉節, 錄原從勳. 生三子, 諱龍海號橘齋, 諱斗南司憲監察至軍資監正號訥窩, 諱龍雲號雲南軍資監正, 爲羅州分貫之祖. 外孫柳成春, 文科吏曹佐郎, 己卯名賢, 希春文科副提學, 諡文節號眉庵, 己巳名賢.

羅士愃文科牧使, 士惇贈戶曹參議, 士忱生員縣監, 贈左贊成, 士惕禦侮將軍, [金]道濟[通德郎],德濟也. 先生受室之後, 屢年講學, 多有成德達材, 至若尹孝貞·林遇利·柳桂隣三公, 其中秀才. 以受於先生者, 傳授諸人, 翕然遂爲文獻之鄕. 京洛端川, 又有朴誾·權遇鸞等諸公, 質疑請益於此, 可以見先生所遇隨處傾困倒廩諄諄善誘之實矣. 宜其有重重祠碑前後之役也. 水不忍廢地不忍荒不其然乎. 後孫崔東賢·崔壽憲·崔國慶, 以本鄕人士閔富三氏之所錄, 問銘于性雨, 性雖不敢, 彛衷攸激序之, 如右係以銘曰,

人之爲行, 忠孝爲嶠, 孝本於仁, 忠生於義. 仁義之學, 聖訓天界, 先生於此, 質神無愧. 孚及豚魚, 感動異類, 噫彼壬人, 非獸非魅. 亦同此學, 頭天足地, 胡不相容, 剝害任恣. 嗚呼哀哉.

學不踏實兮, 曾豚魚之不比. 行不正道兮, 竟魅獸之不啻. 使君子素抱, 莫能展兮, 惻惻千古, 泣志士. 然奚損於, 先生兮. 猗壁立萬仞, 不可企. 可以惶人, 死心兮. 迄今讀之, 酸鼻無, 論夷夏共, 探硏兮. 佇看昏衢, 作燧燧. 先生精靈, 今猶生兮, 講學無窮, 左右莅. 噫彼壬人, 生已死兮, 草木同落, 有無齒.

檀紀四千三百四十三年 庚寅(2010) 陽復月(음력11월)初吉(1일) 月城 李性雨謹述.
後孫國慶謹書.
後孫寬洙竪碑後援

금남최선생강학비명병서 : 국역

조선에서 문덕으로 행한 정치가 세종대왕의 집현전에서 꽃을 피웠는데, 계유정난 이후로 사화가 끊임없이 계속되었으니, 아! 또한 차마 말할 수 없도다.

당시에 문장과 지기·절조로 요직에 올라 널리 칭송되었으면서 직언과 극간으로 솥에 삶아 죽이는 형벌에 다가가고 호랑이 꼬리를 밟는 것 같았으나 마치 번화한 거리나 잠자리에 있는 것으로 여겨 마침내 정학을 밝히고 대의를 세워 온 세상에 명성이 자자하고 백대에 사표가 된 어른은 바로 우리 금남 최부 선생이시다.

삼가 살피건대, 선생께서는 단종 갑술년(1454년)에 나주 성지촌에서 태어나셨다. 그 선조는 탐진인으로 고려에서 평장사를 지낸 휘 사전이고 고의 휘는 택이니 성균관 진사이며, 어머니는 여양진씨이다.

성종 정유년(1477년, 24세)에 성균관진사에 오르고 임인년(1482년, 29세)에 문과에 급제하여 여러 벼슬을 거쳐 성균관 전적에 오르고 병오년(1486년, 33세)에 문관중시 차장원에 합격하여 홍문관부교리에 올라 제주추쇄경차관으로 부임했다가 임자년(1492년, 39세)에 사헌부지평으로 옮겨 중국사신의 서장관으로 왕래하고, 계축년(1493년, 40세)에는 세자 시강원 문학과 홍문관교리가 되었으며 사가독서의 특전을 받기도 하였다. 갑인년(1494년, 41세)에 부응교에 오르고 예문관응교도 겸하였다. 을묘년(1495년, 42세)에 생원회시의 참고관이 되었다가 연산군 병진년(1496년, 43세)에 상례로써 사간원사간이 되었다. 정사년(1497년, 44세)에 글을 올려 연산군의 잘못과 삼정승·삼판서의 죄악을 준엄하게 질책하자, 질정관으로 폄직되어 두 차례나 연경에 왕래하고 한직인 예빈시 정이 되었는데 이미 권력가의 미움을 받았으니 어찌 면할 수 있었겠는가?

무오년(1498년, 45세) 7월에 이르러 사화가 일어났는데 선생께서 일찍이 점필재 김종직 (1431~1492), 한훤당 김굉필(1454~1504) 두 선생과 사우의 관계에 있었으므로 단천에 유배되었다. 갑자년(1504년, 51세)에 사화가 다시 치열해져 10월에 체포되어 서울에 올라 참형을 당하시니 당시 51세였다. 형장에 임해서도 태연한 기상이 평소와 같았으니 낙천지명이 아니면 어찌 그럴 수 있었겠는가? 아! 위대하도다.

성균관전적으로 있을 때 사가 서거정 선생과 『동국통감』을 편찬하였으니 그 논저가 일백이십여 조이니 명철하고 활달하여 사가들의 모범이 되었다. 홍문관에 있을 때 점필재 김종직 선생과 함께 『동국여지승람』을 완전하고 충실하게 하였다.

제주에 갔을 때 마침 아버지의 상고를 듣고 달려오다 풍랑을 만나 표류해서 수륙으로 몇 만 리를 떠돌았는데 무려 6개월이었다. 상복을 벗지 않은 채로 지나는 곳마다 천재와 인재를 겪었으니 구사일생이라고 말할 수 있다. 이런 상황에서도 자신의 본분을 지키고 정도를 지켜 변하지 않아 언어도 통하지 않는 이민족들과 흉악한 도적들도 믿고 감동하여 마침내 명나라 효종황제(재위, 1488~1505)에게 득달하여 나라를 빛내고 돌아오게 되었고, 저술하신『표해록』이 지금까지 국제사회에 널리 퍼져 크게 탐구하는 자료가 되고 있다.

본국에 돌아온 후 연이어 어머니 상을 당하여 아버지 묘소에 합장하고 여묘살이를 하여 상제를 마쳤다 이때 대간의 실정에 근거하지 않은 탄핵이 있었지만 홍문관의 관원들이 말하기를 "최부는 연이은 상사 4년 동안 여막에서 한 번도 집에 들른 일이 없었으니 효행이 특별합니다. 그와 동료가 되기를 바라옵니다."라고 하였다.

정사년(1497년) 봄에 연산군의 무도한 일이 너무 지나치자 선생은 간관의 책임이 있어 드디어 임금과 재상의 잘못을 지극히 말하다가 폄직과 벼슬에서 내쫓김을 당하면서도 태연자약하게 처신하였다. 갑자년 최후의 참형은 바로 살신성인과 사생취의를 한 뚜렷한 의거로써 만 길의 벼랑처럼 우뚝하게 솟아 천추에 빛나는 일이었다.

중종이 반정하여 승정원 도승지에 증직되고 숙종 기사년(1689년)에 사림의 공의로 석천사에 배향하였고 뒤에 해촌서원으로 바꾸어 선생을 주벽으로 모시고 귤정 윤구, 석천 임억령, 미암 유희춘, 취죽헌 박백응, 고산 윤선도 다섯 선생을 배향하였다. 후에 또한 강덕사에도 배향되었고 최근 무자년(2008년)에는 사적비를 면성의 유택 아래에 세웠다.

지금 또한 해남의 사림들이 강학비를 해촌서원 앞에 세우게 되니 아아! 선생은 타고난 천품이 정민하고 강명하여 경서와 역사에 박학다문하고 더욱 역학에 조예가 깊었다.

후생을 교도함에 있어서 온 힘을 다하였다. 일찍이 해남 고을에서 혼인하였으니 배위는 숙부인 해남정씨이고 세종조에 헌납인 귀함의 따님이다. 세 딸을 낳아 선산 유계린, 나주 나질, 언양 김분에게 시집갔고 후실 함양박씨에게서 아들 하나를 두었으니 휘는 적이니 통덕랑이요, 손 휘 만령은 성균진사요 증손 휘 번은 임진난에 김천일, 양산숙, 고경명과 함께 창의순절하였고 원종훈에 기록되었다. 현손 휘 용해는 호가 귤재이며 통덕랑이다. 휘 두남은 호가 눌와이며 사헌부감찰

군자감정이요 휘 용운은 호 운남, 군자감정이니 이 분이 나주로 분관한 선조이다. 외손 유성춘은 문과 이조좌랑이며 기묘명현이요, 희춘은 문과부제학이며 문절의 시호를 받았고 호는 미암이며 기사명현이다. 나사선은 문과목사요, 사돈은 호조참의로 증직되었으며, 사침은 생원 현감 좌찬성이요 사척은 어모장군이요, 김도제는 통덕랑이요, 그의 아우 덕제가 있다.

선생이 혼인한 후에 이곳에 머물러 강학을 다년간 하여 덕성을 이루고 재질을 통달한 제자들을 많이 배출하였으니 그 중에 윤효정, 임우리, 유계린 등 3공은 수재였다. 선생에게 배운 바로 많은 사람에게 전수하여 흐뭇한 풍속으로 문헌의 고장이 되었다. 서울에서 벼슬할 때와 단천 유배지에서도 또한 박은, 권우란 등 여러 공들이 의문을 질정하고 배움을 청하였으니 이에 선생께서는 만나는 대로 곳에 따라서 지니고 있는 포부를 모두 기울여 남을 일깨워 주는데 심력을 다하신 실상을 볼 수 있다. 거듭거듭 사우와 비석이 전후에 걸쳐 세워짐이 마땅하다. 선현의 유풍이 있는 우물과 터는 황폐하지 못한다 하였으니 과연 그러하다.

후손 최동현, 최수헌, 최국경씨가 본향인사 민부삼씨의 기록을 가지고 나에게 비명을 부탁하니, 내가 비록 감당할 수 없으나 감동한 바가 크기에 위와 같이 서술하고 아래와 같이 명을 짓는다. "사람의 행실은 충효가 으뜸이네, 효라는 것은 인에 근본을 두고 충은 의에서 나오네. 인의의 학문은 성인의 가르침이고 하늘이 주신 것이다." 선생은 이 충과 효에서 신명에 대질해도 부끄러움이 없도다. 마음이 돼지와 물고기에까지 미치고 이민족들도 감동하였다. 아! 저 소인배들은 짐승도 아니고 도깨비도 아니며 또 이 학문을 함께 하며 하늘에 머리를 두고 땅에 발을 놓고 사는 것을 어찌 서로 용납하지 못하고 마구 해코지를 하는가. 아! 슬프다. 배움을 실천하지 않음이여. 참으로 돼지와 물고기만도 못하며 정도로 행하지 않음이여! 마침내 도깨비와 짐승만도 못하구나. 군자들로 하여금 포부와 경륜을 펼칠 수 없게 함이여! 한을 머금은 천고에 지사를 울리네. 그러나 어찌 선생을 훼손하였으랴. 아아! 벼랑이 만 길의 높이로 솟은 것 같아 기상을 따를 이 없었네. 사람들의 죽은 마음도 깨어나게 함이여! 지금도 읽으면 눈물이 솟네. 모든 나라 인사들 함께 연구함이여! 깜깜한 거리에서 봉화를 보겠네. 선생의 정신영혼이 지금도 살아계심이여! 학문을 강론함이 끝이 없어 좌우에 계시네. 아! 저 소인배들은 살았을 때 이미 죽음이여! 초목과 함께 조락하니 백골도 없을 것이다.

단기 4343(2010)년 경인 양복(음력 11월) 초길(1일) 월성 이성우 삼가 짓다.
후손 국경 삼가 쓰다. 후손 관수 비를 세움에 재정을 후원하다.

금남최선생강학비 錦南崔先生講學碑

소재지 : 전라남도 해남군 해남읍 해리2길 50

금남최선생 강학비 전경

해촌서원의 육현사에서 육현六賢에 제사를 모시고 있다.

숭조사업에 심혈을 기울이고 있는 후손들의 모습

숭조사업에 심혈을 기울이고 있는 후손들의 모습

금남선생의 숭조사업을 위해 탐진최씨성지종회와 나주최씨종회는 친목을 도모하고
협의를 해 나갔다.

숭조사업에 심혈을 기울이고 있는 후손들의 모습

숭조사업의 계승

숭조사업에 심혈을 기울이고 있는 후손들의 모습

후손들은
친목을
도모해 가며
숭조사업에
적극적으로
참여하고 있다.

숭조사업에 심혈을 기울이고 있는 후손들의 모습

숭조사업의 정신은 후손들에게 면면히 이어나가고 있다.

숭조사업에 심혈을 기울이고 있는 후손들의 모습

2020년 5월 1일 천안에서 나주최씨 청양파, 서산파, 보령파, 문중 분들을 모셔 놓고,
나주최씨문헌총서 연구 진행 마무리 결과 보고를 하고 있다.

탐진최씨 족보 현황 및 수록정보

번호	표제	간지	왕대	발행연도	권수	청구기호	수록정보
1	耽津崔氏族譜	庚申	正祖 24	1800	9卷8冊	BA2518-82-252	
2	耽津崔氏世譜	戊辰	純祖 8	1808	2卷2冊	929.1-탐진최씨人	
3	耽津崔氏世譜	丙辰	哲宗 7	1856	4卷4冊	古2518-82-244	錦南先生誣系辯論
4	耽津崔氏族譜	丁巳	哲宗 8	1857	11卷11冊	古2518-82-125	辨誣辭
5	耽津崔氏世譜	壬辰	高宗 29	1892	不分卷1冊	古2518-82-79	
6	耽津崔氏族譜	丙申	建陽 1	1896	文集1冊, 本譜5卷5冊, 共6冊	古2518-82-147	辨誣辭
7	耽津崔氏族譜 : 莊景公派	丁酉	高宗 34	1897	13卷13冊	古2518-82-81	
8	耽津崔氏族譜	丁未	隆熙 1	1907	首卷1冊, 本譜2卷2冊, 共3冊	古2518-82-70	
9	耽津崔氏世譜序	丙辰		1916	1冊	古2518-82-152	
10	耽津崔氏世譜	己未		1919	不分卷2冊	B10B232A	
11	耽津崔氏派譜	乙丑	大正 15	1926	2卷1冊	한古朝58-가13-49	
12	耽津崔氏世譜	戊辰	昭和 3	1928	本譜 6卷5冊, 世蹟2卷1冊, 共8卷6冊	한古朝58-가13-73	錦南先生誣系辨

번호	표제	간지	왕대	발행연도	권수	청구기호	수록정보
13	耽津崔氏世譜		昭和3	1928	世蹟2卷1冊, 本譜 5卷5冊, 共6冊	古2518-82-146	錦南先生誣系辨
14	耽津崔氏族譜 : 甲戌譜	甲戌	昭和9	1934	首卷1冊, 本譜7卷7冊, 共8冊	한古朝58-가13-97	辨誣辭
15	耽津崔氏世蹟	乙亥	昭和10	1935	2卷2冊	한古朝58-가13-104	
16	갑술신간 耽津崔氏族譜	乙亥	昭和10	1935	19冊	한古朝58-가13-98	錦南先生誣系辨
17	耽津崔氏世譜	丁酉		1957	本譜5卷4冊, 世蹟2卷1冊, 共7卷5冊	古2518-82-107	
18	耽津崔氏族譜	戊戌		1958	10卷10冊	古2518-82-117	辨誣辭
19	耽津崔氏世譜	己亥	檀紀4292	1959	3卷4冊	B10B 232	
20	參姓譜	乙未	肅宗41	1715	不分卷1冊		송준호 개인 소장본
21	耽津崔氏族譜	辛未	英祖27	1751	2卷2冊		성지파 소장본
22	耽津崔氏族譜	甲子	純祖4	1804	9卷9冊		성지파 소장본
23	耽津崔氏世譜	甲戌	純祖34	1834	1卷1冊		성지파 소장본
24	耽津崔氏族譜	丁巳	哲宗8	1857	11卷11冊		성지파 소장본

금남공 관련 족보 현황

번호	표제	저작자	발행	간지	왕대	발행 연도	권수	청구기호	序	跋	지역
1	耽津崔氏族譜	崔梴崋	龍興寺	庚申	正祖24	1800	9卷8冊	BA2518-82-252	梴崋		
2	耽津崔氏世譜	崔昌民	靑林祭閣	戊辰	純祖8	1808	2卷2冊	929.1-탐진최씨ㅅ	金壽祖		
3	耽津崔氏世譜	耽津崔氏世譜所	耽津崔氏世譜所	丙辰	哲宗7	1856	4卷4冊	古2518-82-244	張憲周		洛龍
4-1	耽津崔氏族譜	耽津崔氏族譜所		丁巳	哲宗8	1857	11卷11冊	古2518-82-125	金翊鎭		
4-2	耽津崔氏族譜	崔守行	山水齋	丁巳	哲宗8	1857	11卷11冊	929.1-탐진최	趙斗淳	종업	
5	耽津崔氏世譜	崔萬衡	耽津崔氏世譜廳	壬辰	高宗29	1892	不分卷1冊	古2518-82-79	萬衡		鎭安德峴里
6	耽津崔氏族譜	崔在三	村興學齋	丙申	建陽1	1896	文集1冊, 本譜5卷5冊, 共6冊	古2518-82-147		在三, 宗洙	屯基面
7	耽津崔氏族譜 : 莊景公派	耽津崔氏族譜所	北山水齋	丁酉	高宗34	1897	13卷13冊	古2518-82-81	金文濟	在澈, 在三, 東曄, 圭澈	扶安堂
8	耽津崔氏族譜	崔斗鉉		丁未	隆熙1	1907	首卷1冊, 本譜2卷2冊, 共3冊	古2518-82-70	李淳翼	斗鉉	寶城
9	耽津崔氏世譜序	耽津崔氏譜所	耽津崔氏譜所	丙辰		1916	1冊	古2518-82-152			
10	耽津崔氏世譜	崔斗天		己未		1919	不分卷2冊	B10B232A			
11	耽津崔氏派譜	崔光奎	耽津崔氏祭閣	乙丑	大正15	1926	2卷1冊	한古朝58-가13-49			羅州

번호	표제	저작자	발행	간지	왕대	발행연도	권수	청구기호	序	跋	지역
12	耽津崔氏世譜	崔榮珍	慕忍齋	戊辰	昭和3	1928	本譜6卷5冊, 世蹟2卷1冊, 共8卷6冊	한古朝58-가13-73	宋曾憲	洛喜	羅州
13	耽津崔氏世譜	耽津崔氏世譜所			昭和3	1928	世蹟2卷1冊, 本譜5卷5冊, 共6冊	古2518-82-146	宋曾憲	洛善	
14	耽津崔氏族譜 : 甲戌譜	崔東貴	元堂山永慕齋	甲戌	昭和9	1934	首卷1冊, 本譜7卷7冊, 共8冊	한古朝58-가13-97	鄭萬朝		沃溝
15	耽津崔氏世蹟	崔鍾涉	耽津崔氏大譜所	乙亥	昭和10	1935	2卷2冊	한古朝58-가13-104	寅洙, 欽玉, 秀殷, 光奎	洛龜, 鍾涉	光州
16	갑술신간耽津崔氏族譜	崔鍾涉	耽津崔氏大譜所	乙亥	昭和10	1935	19冊	한古朝58-가13-98	閔丙承		光州
17	耽津崔氏世譜	耽津崔氏世譜所	永思齋	丁酉		1957	本譜5卷4冊, 世蹟2卷1冊, 共7卷5冊	古2518-82-107	元奎, 榮植	榮植	
18	耽津崔氏族譜	耽津崔氏族譜所	崔美鉉	戊戌		1958	10卷10冊	古2518-82-117	宋在晟		康津
19	耽津崔氏世譜	최종섭		己亥	檀紀4292	1959	3卷4冊	B10B 232	煉錫, 鍾涉		
20	參姓譜	羅斗冬		乙未	肅宗41	1715	不分卷1冊		李弘命		
21	耽津崔氏族譜	耽津崔氏族譜所		辛未	英祖27	1751	2卷2冊		崔載高		
22	耽津崔氏族譜			甲子	純祖4	1804	9卷9冊		李義肅	金日柱	
23	耽津崔氏世譜			甲戌	純祖34	1834	1卷1冊		崔泰翰	崔泰基	
24	耽津崔氏族譜			丁巳	哲宗8	1857	11卷11冊		李義肅		

현전하는 『탐진최씨족보』
소장자 : 나주최씨 서산파 최관수 개인 소장

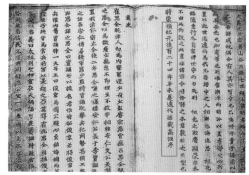

가장 오래된 『탐진최씨족보』 신미(1751)보

나주최씨가 탐진최씨에서 이관, 분파되었다는 것을 알기 위해서는 먼저 『탐진최씨족보』에 관한 전수조사가 우선시 되어야 했다. 연구진은 이를 위하여 전국에 산재해 있는 『탐진최씨족보』를 모두 수집, 촬영하여 연구에 임하였다. 현재 확인되는 탐진최씨 족보는 처음 편찬되었던 1751년(영조27)의 신미보辛未譜부터 일제시기까지 총17종에 현전하지 않는 2종 그리고 삼성보까지 모두 20종이다. 신미보는 최부선생 재실에 보관되어 있었다. 『탐진최씨세보』를 정리하여 후기에 첨부하였다.

2018년 9월 5일 한국학중앙연구원 문형관 B107에서는
"나주최씨금남공의계보 확인 및 나주최씨 사료집 편찬 연구" 중간보고가 있었다.

중간보고를 통해 연구진은 "나주최씨금남공의 계보 확인 및
나주최씨 사료집 편찬 연구"의 의미를 파악할 수 있었다.

7-2 『탐진최씨족보』의 성격

辛未譜(1751) : 탐진 최씨족보 最古本

1751(영조27)년에 편찬

서문 : 崔宅仁, 崔載高

특징 : 현전하고 있지는 않 지만 후대에 편찬되는 족보들이 신미보 (1751)를 언급하거나, 신미보의 서문을 舊序 로 기재하고 있는 것으 로 보아 신미보는 후대 의 족보 편찬의 지침 자 료

戊辰譜(1808) : 탐진최씨족보 중 현전하는 가장 오래된 족보

1808년(순조8)에 편찬

권책수 : 2권 2책

서문 : 울산김씨 金壽祖

특징 : 금남공의 세계를 '1세 井元 - 2세 澤 - 3세 溥'로 표기 / 최부의 조부인 최정원을 명기 - 진의부위를 역임하였고, 그 위의 세계를 찾을 수 없다고 표현 / 外玄孫 유희춘일기[미암일기]에 공의 휘와 관직 및 묘 소지명 등을 기재 - 외팔세손인 나두동이 현재 제사 를 지내고 있다고 기록 / 금남공의 외손보인 『삼성 보』와 『삼성보』를 편찬했던 금남공의 외손들과 깊이 관련이 보임

2018년 9월 5일에 실시된 중간발표에서는 현전하는 『탐진최씨족보』 가운데 가장 오래된 것은 1808년 무진보로 보고되었다. 연구 과정에서 연구진은 1751년 신미보가 최부선생 재실에 보관되어 있다는 것을 확인 할 수 있었다.

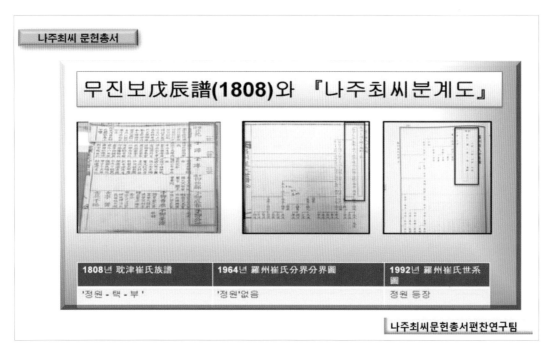

『탐진최씨족보』의 전수조사를 통해 세계의 변화를 알 수 있었다.

2020년 2월 4일 최종결과보고회 보고자료

2020년 2월 4일 한국학중앙연구원 문형관 220호 회의실에서는
'나주최씨문헌총서'에 관한 최종결과보고회가 개최되었다.

나주최씨 문헌총서

'나주최씨 문헌총서' 결과 보고회

나주최씨
금남가문의 형성과 역사적 전개

장소: 천안 경복궁, 일시 : 2020.05.01.11:00

주관 : 나주최씨문헌총서편찬연구팀

나주최씨문헌총서편찬연구팀

나주최씨 문헌총서

나주최씨문헌총서편찬연구팀일동

1 2년여에 걸친 연구를 통해 연구진은 선현이 남겨 놓은 지조 및 충의의 정신을 담은 자료들을 조사 수집하여 『나주최씨문헌총서 – 나주최씨금남가문의 형성과 역사적 전개』라는 자료집을 편찬하였습니다.

2 문헌총서가 지니고 있는 중요한 의미는 "나주최씨"가 금남공 최부의 후손으로서 정신적 자부심을 지니고 살아왔고, 명가의 가풍을 계승하면서 선현들의 정신을 묵묵하게 이어나가는 후예임을 확인할 수 있었다는 점입니다.

3 선현들이 이루어 놓은 찬란한 정신문화를 꾸준히 계승해 서 명가의 가풍을 잘 보존해 나가는 자랑스러운 후손이 되기를 바랍니다

4 연구를 위해 아낌없는 지원을 해 주신 최관수 회장님께 감사의 인사를 드립니다.
연구 진행 시작부터 끝까지 연구팀을 도와주신 최문수 나주최씨 서산파 회장님의 희생에 감사의 인사를 드립니다.

감사합니다.

나주최씨문헌총서편찬연구팀

2020년 5월 1일 나주최씨 청양, 서산, 보령,파에 그동안의 연구와

『나주최씨문헌총서 – 금남가문의 역사적 전개와 형성』

자료집 편찬에 대한 보고를 진행하였다.

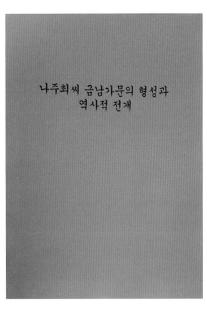

중간발표 자료집   최종보고 자료집   나주최씨문헌총서 최종본

나주최씨 문헌총서

나주최씨문헌총서편찬 연구진의 활동

나주최씨문헌총서편찬연구팀

　　김학수 교수님을 비롯한 연구원, 그리고 최관수, 최문수 회장님이 금남최선생강학비를 둘러보고 있다. 연구팀은 호남 및 호서 지역을 돌며 나주최씨 관련 문헌 및 자료를 수집하였다. 이를 토대로 『나주최씨문헌총서 – 나주최씨 금남가문의형성과 역사적 전개』를 편찬하였다.

● **연구 주제** : 나주최씨 금남공의 계보 확인 및 나주최씨 사료집 편찬 연구

● **연구 기간** : 2018년 3월 5일 ~ 2020년 3월 31일

● **연구책임자 및 공동연구원**

연구책임자 : 김학수 – 한국학중앙연구원 한국학대학원 졸, 문학박사

현 한국학중앙연구원 글로벌 한국학부 조교수

현 한국계보학회 회장

전 한국학중앙연구원 장서각 수석 책임연구원

공동연구원 : 안보경 – 한국학중앙연구원 한국학대학원 졸, 철학박사

현 한국교통대학교 교양학부 강사

전 한국학중앙연구원 장서각 고문서실 연구원

이종록 – 한국학중앙연구원 한국학대학원 역사학과 박사과정 수료

전 한국학중앙연구원 장서각 고문서실 연구원

이병유 – 한국학중앙연구원 한국학대학원 역사학과 박사과정 수료

권지은 – 한국학중앙연구원 한국학대학원 글로벌 한국학부 박사과정

감수 : 도성달 – 교육학박사

전 한국학중앙연구원 부원장

현 한국학중앙연구원 명예교수

● **연구 목적** : 나주최씨 금남공의 계보 확인 및 나주최씨 사료집

『**나주최씨 문헌총서 나주최씨 금남 가문의 형성과 역사적 전개**』 편찬

● **연구과정** :

| **2018년** |

3월 5일_나주최씨 금남공의 계보 확인 및 나주최씨 사료집 편찬 협의 회의

3월 15일_연구계획서 시안 및 연구원 구성

3월 21일_연구원 임무 지시 회의

5월 9일_한국학중앙연구원에서 연구원들과의 첫 회의

5월 24일_연구를 위한 문서 전달

6월 27, 28일_해남 나주, 담양, 무안 등 해남지역 현지답사

9월 5일_제 1 차 중간보고

| 2019년 |

1월 8일_연구 활동 점검을 위한 신년교례회

3월 8일_충청지역 현지답사

3월 29일_제 2 차 중간보고

4월 11일_자료 확인을 위한 가승출판사 방문

6월 4일_제 3 차 중간보고

8월 10일_나주 최적 등 산소 탁본 작업

9월 19일_중간 점검 대책 회의

9월 21일_서산파 최논금 산소 사진 촬영

9월 25일_국립광주박물관외 전남지역 최부관련 자료 촬영

10월 4일_무안 금남선생 재각齋閣 족보 촬영

| 2020년 |

2월 4일_최종 보고회 및 초고 편집 발표

2월 26일_제 2 차 편집회의

3월 13일_제 3 차 편집회의

3월 14일_나주 해남 출장

3월 18일_제 4 차 편집회의

3월 19일_제 5 차 편집회의

3월 21일_서산 출장

3월 24일_제 6 차 편집회의

3월 25일_제 7 차 편집회의

3월 26일_제 8 차 편집회의

3월 28일_제 9 차 편집회의

3월 30일_제 10 차 편집회의

3월 31일_제 11차 편집회의

5월 1일_나주최씨 청양, 서산, 보령파 문중에 최종 보고

● 연구를 위해 도움을 주신 기관 및 인사人士분들 :

계명대학교

국립광주박물관

국립중앙도서관

전남대학교

조선대학교

한국여성사박물관

한국학중앙연구원

● 자료집 제작 재정 지원 및 연구 진행 총괄 :

최관수 (현 나주최씨대종회 고문, 현 ㈜ D.G.I 회장)

● 자료집 제작 및 연구 진행 감수 :

최문수 (현 나주최씨 서산파 종친회장)

● 족보 제공 및 탁본 관련 협조 (가나다순)

김주홍 (국립광주박물관 선사고고학 주무관)

나경수 (나주나씨 나질 후손, 나주나씨 홍보위원장)

나천수 (나주나씨 나질 후손, 문학박사, 한문고전번역)

나화수 (나주나씨 나질 후손, 나주나씨 종친회 총무)

최영기 (전 탐진최씨성지파종회 회장)

최영무 (무양서원 관리위원회 위원장)

최정기 (현 탐진최씨종회 회장)

최화상 (현 탐진최씨성지파종회 회장)

● 탁본 작업

김충현

(한국학중앙연구원 한국학대학원 한국사학과 박사과정 수료)

나주최씨 문헌총서
羅州崔氏 錦南家門의 形成과 歷史的 展開

초판 인쇄일 | 2020년 7월 30일
초판 발행일 | 2020년 8월 15일

발간인   최관수
발행처   나주최씨 문헌총서 편찬 연구회(연구책임자 김학수)
편찬자   안보경 이종록 이병유 권지은
감　수   도성달
교정교열   최문수
사진 및 도판 제작 최문수
발행인   안호헌

펴낸곳   도서출판 흔들의자
                출판등록_2011. 10. 14(제311-2011-52호)
                주소_서울 강서구 가로공원로84길 77
                전화_02-387-2175 팩스_02-387-2176
ISBN 979-11-86787-26-7 93990
ⓒ최관수 2020. Printed in Korea